アメリカ著作権法入門

アメリカ著作権法入門

白鳥綱重

信山社

はしがき

　知的財産権とは、知的創造の結果生み出された情報の価値の把握に関する権利をいい、代表的には、著作物、発明、マーク（標章）などが知的財産として保護される。それらを保護する著作権、特許、商標などが知的財産権の代表的なものである。

　我が国では、平成14年夏に知的財産戦略大綱がまとめられ、同年11月には知的財産基本法が成立、昨年7月には、知的財産戦略本部において知的財産推進計画（正式には「知的財産の創造、保護及び活用に関する推進計画」）が決定されるなど、「知的財産立国」に向けた取組が急速に進められているところである。その際には、諸外国の法制度や動向が参考にされることが多く、特に特許関係を中心に、米国の動向が注目される。例えば、我が国で「知的財産高等裁判所」を創設することとしたのも、米国における仕組みを参考にした側面が大きい。

　もちろん、国が違えば法も文化も異なり、他国の制度が我が国でそのまま導入できるわけではない。しかし一方で、コンピュータ・プログラムに関するこれまでの知的財産権保護の対応に見られるように、海外、とりわけ経済大国である米国の動向が我が国に与える影響が大きいというのも事実である。しかし、思いのほか、特許法などに比べて、アメリカの著作権法に関する、日本語による入門書が少ない。制度的にも、米国がコモン・ロー系に属するのに対し、日本がシビル・ロー系に属するという法体系の大きな違いがあり、両者は単純には比較しうるものではないが、知的財産権に関するア

はしがき

メリカの動向を理解するためには，その法制度を理解しておくことが肝要である。

　一方，米国の教科書の多くはケース（判例）中心であり，我々日本人にとっては，法の全体像を摑みにくいことも多い。そこで本書は，体系から理解しやすいように全体の項目立てを行った上で，米国著作権法の基本構造・理論について，米国のロースクールで取り上げられる基本判例を交えつつ紹介している。これから米国の著作権法を学ぼうとする方にとって，米国の著作権法の全体像を理解する上での入門書として本書をご活用いただけるのであれば，これに勝る喜びはない。なお，本書はこのように，米国著作権法の骨格を理解できることを目指すものであり，詳細に学術的な分析をすることを目的とするものではない。

　本書の執筆は，ワシントン大学ロースクール (University of Washington, School of Law) の CASRIP (Center for Advanced Study and Research on Intellectual Property)（ディレクター：竹中俊子教授）における研究活動を踏まえた点が大きい。貴重な機会を提供していただいた関係機関・関係者の皆様，そして竹中俊子教授をはじめとしてワシントン大学ロースクールでお世話になった方々に対して，心から感謝申しあげたい。また，出版にあたりお世話になった信山社の神山貴氏，同社編集部今井守氏にも心から感謝申しあげる次第である。

　最後に，私の執筆活動を支え，励ましてくれた妻に，改めて感謝の意を表したい。

　　　2004 年 9 月　　　　　　　　　　　　　　　　　著　者

はしがき

本書を読むにあたって

　本書は米国法を題材にしているため，我が国の法律とは異なる点も多く，本書を読んでいただく際には，米国の法制度についての簡単な概略を知っておいていただきたいので，以下についてご留意願いたい。

〈米国法・裁判所制度の特徴〉

　米国は連邦制を採用しているため，裁判所も連邦裁判所と州裁判所とが存在する。ただし，著作権法は連邦法として存在するため，著作権に関する訴訟は，基本的には連邦裁判所で審理される。連邦控訴裁判所に関しては，米国全土が地理的に 11 の巡回区（Circuit）に区分され，各巡回区の控訴裁判所は，原則として，その巡回区内にある連邦地方裁判所からの控訴を受理している。また，連邦控訴裁判所としては，このほかに，特別区域であるワシントン D.C. のコロンビア巡回区控訴裁判所，そして，特許事件等に関する裁判を管轄する連邦区控訴裁判所（"Federal Circuit" と略されることが多い）とがある。

　ニューヨーク州が位置するのは第 2 巡回区，カリフォルニア州やワシントン州が位置するのは第 9 巡回区であり，両巡回区は，事件数の多さから判例も豊富にあり，両巡回区の判決は特に注目される。本書で取り上げている判例も，多くはこれらの巡回区の裁判所の判決である。

　ただ，同一巡回区内の同等以上の裁判所の判決には判例拘束力はあるが，他の巡回区の裁判所の判決については判例拘束力はない。

vii

はしがき

従って，各巡回区の控訴裁判所において意見を異にするという事態もしばしば発生する。そのような場合には，連邦最高裁判所の判断が期待されるということになる。なお，連邦最高裁判所は全米で一つだけであり，ワシントン D.C. に所在している。

<本書での用語の用い方>

判例や法律等の引用については，原則として，通称「ブルー・ブック」と呼ばれる，判例等の引用方法を統一するためにまとめられている書籍（"The Bluebook, A Uniform System of Citation"［Seventeenth Edition］）に従っている。

判例でいえば，次のようになっている。

例）

　　　　　　　　　　　　　　④判例集の略称 ⑤判例集の頁 ⑦判決年
Nichols v. Universal Pictures Corp., 45 F.2d 119 (2nd Cir. 1931)
①第一当事者名　②第二当事者名　　③判例集の巻　　⑥裁判所名

米国の判例の名称は，事件のキーワードを用いる我が国の判例とは異なり，訴訟当事者の名前を用いている。上記の例は，Nichols 氏が Universal Picture Corporation に対して起こした訴訟であることを示している（①〜②）。そして，［45 F.2d 119］は，Federal Reporter（合衆国控訴審裁判所判例集）第 2 次シリーズの 45 巻 119 頁以降に掲載されている判例であることを示している（③〜⑤）。また，例えば，［45 F.2d 119, 121］とあれば，特に 121 頁を指すことを示す。［2nd Cir. 1931］は，第 2 巡回区控訴裁判所（2nd Circuit）の 1931 年の判決であることを示すものである（⑤〜⑥）。なお，本書において，判例の略称としては，当事者の方の名（の一部）を用いて，「○○ケース」のように表している（上記の例でいえば，「*Nichols* ケース」等）。

なお，連邦裁判所の判例集としては，代表的なものとしては，最高裁判決の場合は，「U.S.」(United States Reports, 合衆国判例集)や「S.Ct.」(Supreme Court Reporter, 合衆国最高裁判所判例集)，連邦裁判所の場合は「F.」(Federal Reporter)(なお，現在は第3次シリーズまで刊行されている)，地方裁判所の場合は，「F. Supp」(Federal Supplement, 合衆国地方裁判所判例集)がある。

ところで，米国著作権法では，「パブリック・ドメイン」(公有, public domain)という用語がしばしば登場するため，本章でも使用している。これは，米国著作権法が，一定の期間内で著作権保護（独占権）を付与する一方，保護期間が終了するなどして，著作権保護が受けられないものについては，広く活用させようとするという考え方を採用している点に由来するものである。「パブリック・ドメインにある」とは，このように，著作物が広く自由に活用できる状況を示すものである。著作権保護に関する基本的な考え方は，詳しくは，第1章第2節（「著作権の正当化根拠」）等を参照のこと。

なお，本書において，条文や判例については，英語の文献に当たる方のために，キーワード的な用語を中心に英語も一部併記している。ただ，和訳は必ずしも定着していないものもあることはご留意願いたい。

〈本書の構成〉

「米国著作権法」といった場合，制定法である連邦著作権法（合衆国法律集第17編, Title 17 of US Code）が，まずは想定される。本書で中心的に取り扱うのも，この連邦著作権法であり，本書では，1976年に制定された現行連邦著作権法の全体像について取り上げ，解説を行うものである。しかし一方で，米国はコモン・ロー（判例法）の

はしがき

国であるから,「○○法」といった場合に, 広義には, 制定法による保護ばかりではなくコモン・ローによる保護も含むものである。また, 米国は連邦制を採用していることから, 権利の保護に関しては, 一般に連邦における保護と州における保護という二層構造がある点も特徴的である。このように法構造が我が国における保護の仕組みと異なる点が大きいため, 基本的な内容を整理しておく必要がある。

そこで, 本書では, 著作権を含めた米国における知的財産権保護の全体像, 米国著作権法の保護の特徴, 著作権保護をめぐる関係条約の動きと米国連邦法がこれまで辿ってきた改正の概要など, 現在の米国の連邦著作権法を理解するうえで必要と思われる基礎的な事項について, まず第1章において取り上げている。

第2章から第4章までは, 米国における著作権保護の全体像が分かるように, 著作権の保護対象, 権利保護, 権利侵害と救済のそれぞれについて, 基本的な事項に焦点を当てて紹介している。第2章から第4章までの全体像については, 第1章の末尾に, 関係図を載せているので, 併せてご参照いただきたい。第2章では著作権の保護対象（保護要件, 保護対象の範囲）について, 第3章では権利保護関係（排他的権利とその制限, 権利の帰属・移転, 保護期間）について, 第4章では権利の侵害と救済（権利の侵害, 訴訟手続と救済方法）について取り上げた。

ところで, 連邦著作権法は, 純粋な「著作権」に限らず, 著作者人格権をはじめとして著作権の周辺に属する権利も併せて規定している。そこで, 本書では, これらについてもまとめて「著作権以外の保護」として, その概略を最終章（第5章）において紹介している。

目　　次

はしがき（v）

本書を読むにあたって（vii）

〈参考文献〉（xiv）

第1章　米国著作権法の特徴 …………………………… 3

第1節　米国知的財産権法 ………………………… 3
1．米国における知的財産権保護の二層構造（3）
2．連邦法による保護（13）
3．州法による保護（23）

第2節　米国法著作権の保護の特徴 …………………… 36
1．二つのアプローチと米国著作権法（36）
2．著作権保護の正当化根拠（40）

第3節　著作権関係条約と米国著作権法 ……………… 48
1．著作権関係条約と米国のアプローチ（48）
2．米国連邦法による著作権保護の推移（57）

第2章　著作権の保護対象 ……………………………… 71

第1節　保護要件 …………………………………… 71
1．総　論（71）
2．表現性の要件（expression）（76）
3．オリジナル性の要件（originality）（82）
4．固定性の要件（fixation）（86）

目　次

　　第2節　保護対象の範囲（subject matters） ……………*90*
　　　1．著作権法第102条(a)列挙のカテゴリー（*90*）
　　　2．編集著作物・派生的著作物（第103条）（*128*）
　　　3．外国著作物の保護（第601条，第104条）（*138*）
　　　4．合衆国政府の著作物（第105条）（*141*）

第3章　権利保護関係 ………………………………… *143*

　　第1節　排他的権利とその制限 ……………………… *143*
　　　1．排他的権利の種類（*143*）
　　　2．権利制限規定（*151*）
　　第2節　権利の帰属・移転 …………………………… *159*
　　　1．1976年法における特徴（*159*）
　　　2．．権利の帰属形態（ownership）（第201条，202条）（*161*）
　　　3．権利の移転（transfer）（第203条〜第205条等）（*169*）
　　第3節　保護期間 ……………………………………… *172*
　　　1．保護期間（建築の著作物を除く）（*172*）
　　　2．建築の著作物の保護期間（*176*）

第4章　権利の侵害と救済 …………………………… *179*

　　第1節　権利の侵害 …………………………………… *179*
　　　1．権利侵害の考え方（*179*）
　　　2．権利侵害の主張に対する抗弁（*195*）
　　　3．フェア・ユース（*209*）
　　第2節　訴訟手続と救済方法 ………………………… *234*
　　　1．訴訟手続（procedural matters）（*234*）
　　　2．救済方法（remedies）（*238*）
　　　3．刑事罰（第506条）（*242*）

第 5 章　著作権以外の保護 ……………………………… *243*

　第 1 節　著作者人格権（第 106 条 A）………………… *243*
　　1．ベルヌ条約第 6 条の 2（Article 6 bis）(*243*)
　　2．米国のスタンス (*244*)
　　3．権利の内容・範囲（第 106 条 A）(*248*)
　第 2 節　その他の保護（第 900 条以下）………………… *253*
　　1．半導体チップの保護（第 9 章）(*253*)
　　2．家庭内録音法（第 10 章）(*254*)
　　3．音楽の固定（第 11 章）(*256*)
　　4．DMCA（第 12 章）(*257*)
　　5．船体デザインの保護（第 13 章）(*265*)

1　判例索引 (巻末)
2　事項索引 (巻末)
3　英文索引 (巻末)
4　条文索引 (巻末)

目　次

〔参考文献〕

○ Ralph S.Brown & Robert C.Denicola, CASES ON COPYRIGHT UNFAIR COMPETITION, AND RELATED TOPICS BEARING ON THE PROTECTION OF WORKS OF AUTHORSHIP (8th Ed) (Foundation Press, 2002)
○ Marshall Leaffer, UNDERSRANDING COPYRIGHTS (3th Ed) (Matthew Nender, 1999)
○ Margreth Barret, INTELLECTUAL PROPERTY-PATENTS, TRADEMARKS, & COPRIGHT (3th Ed) [The professor Series] (Emanuel, 2000)
○ Robert C.Lind, COPYRGHT LAW (Carolina Academic Press, 1999)
○ Robert C.Lind, TRADMARK LAW (Carolina Academic Press, 1999)
○ Paul Goldstein, COPYRIHT, PAENT, TRADEMAKE AND RELATED STATE DOCTRINES CASES AND MATERIALS ON THE LAW OF INTELLECTUAL PROPERTY (Revised 4th Ed) (Founfation Press, 1999)
○ David Nimmer & Mmlville B.Nimmer, NIMMER ON COPYRIGHT (Matthew Vender & Co. Inc., 2001)
○斎藤博『著作権法』(有斐閣, 2000 年)
○作花文雄『詳解 著作権法 (第 2 版)』(ぎょうせい, 2002 年)
○半田正夫『著作権法概説 (第 11 版)』(法学書院, 2003 年)
○山本隆司『アメリカ著作権法の基礎知識』(太田出版, 2004 年)
○木村耕太郎著『判例で読む米国特許法』(商事法務研究会, 2001 年)

○なお，米国連邦著作権法の条文については，インターネットによる情報が豊富であり，本書では，条文全体の掲載はしていない。

　　インターネットによる情報としては，

　　例えば，コーネル大学のホームページが充実している（規則やその他

の法令も収められている)。

→ [http://www4.law.cornell.edu/uscode/17/index.html]

邦訳のものについては，社団法人 著作権情報センター (CRIC) のホームページが詳しく，参考になる。

→ [http://www.cric.or.jp]

アメリカ著作権法入門

第1章　米国著作権法の特徴

第1節　米国知的財産権法

1．米国における知的財産権保護の二層構造

(一)　知的財産権の種類

「知的財産権」は"Intellectual Property Right"の和訳である。単に"IP Right"とか"IPR"と略されることもある。「知的財産権法」(Intellectual Property Law) は，各種の知的財産権に関する法の総称であり，知的財産権の個々・具体的な保護のあり方は各国多様であるといえるが，その中でも著作権，特許，商標の保護が重要な地位を占めているという点は各国でも共通していると思われる。米国においては，これらは連邦制定法に定めが置かれ，米国の知的財産権を扱うケースブックは，多くがこの三大知的財産権について取り上げている。これらに次いで重要な位置付けがなされているのが，不正競争法 (unfair competition law) とトレード・シークレットであり，これらは州法における保護が基本となっている。

このように，知的財産権の保護は，連邦法と州法のいわば二層構造になっている。連邦法と州法とで同じような保護がある場合の両者の関係は，以下に述べるように連邦法が独占的に適用される（「専占する」(preempt) という）というのが原則であるが，一方で，商標は連邦法とともに州法においても保護されうるものとされ，不正競

争法も，一部は連邦の商標法に規定が置かれている。また，米国はコモン・ロー体系の国であり，「州法による保護」といった場合にも，州の制定法だけでなく州のコモン・ロー（判例法）による保護が重要であることに注意しなければならない。このように，米国における知的財産権保護の関係は，連邦制という枠組みの中で複雑多岐に渡っているのが実情であるといえる。米国における知的財産権の保護について，代表的なものについて連邦法・州法の観点から簡単に整理すると，次のような関係になっている[1]。

> [連邦法による保護] 特許，商標，著作権
> [州法による保護] 不正競争法，不正利用の理論，トレード・シークレット，パブリシティの権利，コモン・ロー上の著作権

(二) 連邦法と州法との関係

(1) 連邦法による preemption（専占）

A．米国憲法第6編第2項（最高法規条項）

知的財産権の保護について連邦法による保護と州法による保護の両方がありうるとしても，連邦法と州法とで保護がダブったり，矛

---

1) むろん，ここに掲げたもので全てではないし，知的財産権法自体，その他の法領域とも密接に絡んでいるのであって，それらをどこまで含めるかにより，知的財産の種類は更に非常に多岐に渡ることになる。例えば，契約法や不法行為法は，知的財産権の活用や侵害を考えるうえで重要な基礎になっているが，これらは州法の話である。一方，独占権の濫用の観点などから反トラスト法（独占禁止法，Antitrust law）が知的財産権保護を考える上でしばしば問題になるが，こちらは連邦法による規律となっている。また，マスクワークなど，「独自の」（*sui generis*）保護が与えられているものもある。

盾した内容の保護が置かれた場合，その適用関係はどうなるのであろうか。この関係の処理については，いわゆる「最高法規条項 (Supremacy Clause)」と呼ばれる米国憲法第6編第2項が次のように定めている。

> この憲法及びこれに準拠して制定される合衆国の法律……は国の最高法規とする。これらに反対する定めが各州の憲法又は法律中にある場合であっても，各州の裁判官はこれらに拘束される。

> **This Constitution, and the Laws of the United States which shall be made in Pursuance thereof... shall bethe supreme Law of the Land; and the Judges in every State shall be bound thereby, any Thing in the Constitution or Laws of any State to the Contrary notwithstanding.**

本条項はもちろん，知的財産権法以外も含めた一般的な規定である。米国憲法は第1編 (Article I) において連邦議会に立法権を付与しており，憲法による授権の範囲内で連邦議会により制定された連邦法は州法に優先することになる。今「優先」と書いたが，その実際は，矛盾する範囲で州法に強制力をもたせず，あるいは無効にし，連邦法が州法の定めに取って代わるというほどの強い意味合いのものである。これを"preemption"（専占）という。一般的には，州法が「連邦議会の完全な目的・目標の達成と遂行に障害となるようなもの (an obstacle to the accomplishment and execution of the full

---

2) この基準は，外国人登録についての州法の実効性が争われた Hines v. Davidowitz, 312 U.S. 52 (1941) において打ち立てられたものである。本判決では，米国における外国人の取扱いについての立法権限は連邦議会に授権されているのであり，外国人登録に関するペンシルバニア州の立法は，統一性・包括性等を企図して制定された外国人登録に関する連邦法により専占される，とされた。

purposes and objectives of Congress)」であれば，連邦法が専占するとされている[2]。

B．判例の基本スタンス

知的財産権関係の連邦法の専占について示されている基本的な判例が，Sears, Roebuck & Co. v. Stiffel Co.[3] と Compco Corp. v. Day-Brite Lighting, Inc.[4] である。これらのケースは事案が類似しており，連邦最高裁判所において同じ日に判決が出されている。前者の **Sears** ケースは支柱ランプ（pole lamp），後者の **Compco** ケースは蛍光灯設備（fluorescent lighting fixture）に関する事案であり，それらの類似製品が製造・販売されていた。両者とも連邦法による保護である特許及び著作権の保護はなされない事案であったため，別途，州の不正競争法による保護が可能であるのかが争点となったものである。最高裁は，連邦法である特許及び著作権による保護がなされないものを州法で保護することは，連邦法の趣旨と抵触することになるから，当該州法は連邦法により専占されるものだとした。すなわち，連邦議会は特許及び著作権制度を設け，発明や著作物について一定期間の限られた独占的権利を付与する一方，それ以外のものについてはパブリック・ドメイン（公有）に属するものとして自由にコピーができるようにすることで，権利者保護と社会への開示・還元という相対立する利益を調整している。従って，連邦法である特許や著作権により保護が与えられないとされるものはパブリック・ドメイン（公有）に属するべき，というのがその目的・趣旨とするところであるから，州法によってそのコピーを禁じることは許さ

---

3) Sears, Roebuck & Co. v. Stiffel Co., 376 U.S. 225 (1964)
4) Compco Corp. v. Day-Brite Lighting, Inc., 376 U.S. 234 (1964)

れないと考えられることになる。

この *Sears/Compco* ケースで示された判例の基本的立場は，その後の判例で紆余曲折を経つつも，Bonito Boats, Inc. v. Thunder Craft Boats, Inc.[5] で確認された。**Bonito Boats** ケースは，特許保護が与えられないボート船体のデザインについて，それを真似するためのモールディング方法の使用等を禁じるフロリダ州制定法の実効性が争われた事案である。最高裁は，*Sears/Compco* ケースに沿って判断をし，本件のように，連邦法によっては保護されない知的創造物について特許類似の保護を州において設けることは許されないとして，憲法の最高法規条項のもと，当該州法は連邦法により専占されると判示した[6]。

結局，州法による知的財産権の保護の場合についても，「連邦議会の完全な目的・目標の達成と遂行に障害となるようなもの」か否かが専占の判断基準になっているといえる。

C．専占の例外

憲法の最高法規条項のもと，専占についての判例のスタンスはある程度明確になっているといえるが，この場合でも州法による独自の知的財産権保護が一切できなくなったわけではない。上記の考え方に基づいた専占が妥当するのは，連邦法による保護要件を満たしていないため保護されない対象物や，連邦法による保護を受けていたが保護期間が満了した対象物について，州法により保護しようとする場合においてである。そもそも連邦法が保護の対象とは想定し

---

5) Bonito Boats, Inc. v. Thunder Craft Boats, Inc., 489 U.S. 141 (1989)
6) 但し，本判決後，船舶船体のデザインについては，著作権とも特許とも異なる，独自の保護がなされることになった。後掲・第5章第2節5（船体デザインの保護）参照。

ていないものや，州法による保護が連邦法による保護と矛盾・抵触しない場合については，依然として州法による保護の余地がある。

具体例を見よう。例えば，Goldstein v. California[7]では，録音物(sound recordings)の無断複製について刑事罰を設けていたカリフォルニア州制定法の実効性が争われた。録音物は，この訴訟提起当時は著作権法による保護の対象とはされていなかった。最高裁は，その時点での録音物の保護については，連邦議会は利益バランスについての線引きを示しておらず，むしろその保護のあり方については手付かずの状態にあるとして，カリフォルニア州による録音物保護の立法を禁じるべき理由はないと判示した。また，Kewanee Oil Co. v. Bicron Corp.[8]では，オハイオ州におけるトレード・シークレットの保護立法の実効性が争点となったが，州におけるトレード・シークレット法は営業秘密の保持といった信頼関係，営業的倫理の水準維持を意図するものであり，また特許法とともに発明の促進に寄与する制度であって，連邦の特許法の目的や連邦議会の目的と抵触するものではなく，州トレード・シークレット法は連邦特許法により専占されないと判示している。

州法における知的財産権保護としては，トレード・シークレットの他にも様々な形態があり，連邦法である特許法又は著作権法により専占されるかについては，個々の場面ごと考える必要がある。但し，著作権法には連邦法による専占に関して個別に要件が定められており，それが次に見る著作権法第301条である。

---

7) Goldstein v. California, 412 U.S. 546 (1973)
8) Kewanee Oil Co. v. Bicron Corp., 416 U.S. 470 (1974)

(2) 著作権法第 301 条

A. 概　要

著作権の保護は，かつては，未発行段階の著作物は州コモン・ローにより保護し，発行後は連邦著作権法により保護するという，二元的な仕組みが採られていた。しかし，現在の著作権法 (1976 年法) は，連邦制定法による保護に一元化し，州法による著作権関係の保護は連邦法により専占されることを宣言している。それが示されているのが著作権法第 301 条であり，同条(a)は，専占がある場合の基本的要件を示している。

その内容は，一言で言えば，著作権と実質的に同じ保護を定めるものが専占の対象となるというものであり，具体的には，①保護対象の要件（保護対象が著作権と同じ）と②同等性の要件（権利が著作権と同等）を満たすものについては，連邦著作権法でのみ規律され，コモン・ロー及び州制定法による保護は受けえないことになる（第 301 条(a)）[9]。ちなみに，本条が適用になるのは 1978 年 1 月 1 日以降のものについてである（第 301 条(b)参照）。

なお，録音物 (sound recording) は，上記 *Goldstein* 判決では州法による保護は専占の対象とはならないとされたが，それは録音物がかつては著作権の保護の対象外であったからである。現在では，1972 年 2 月 15 日以降に固定された録音物については著作権保護の対象とされているため，それらの州法による保護は専占の対象となる（第 301 条(c)参照）。また，同条は州の保護に対しての専占の議論であっ

---

[9] 第 106 条Ａに定める著作者人格権に相当する権利についても，同じく連邦著作権法による専占の対象となる（著作権法第 301 条(f)）。著作者人格権については，後掲・第 5 章第 1 節（著作者人格権（第 106 条Ａ））を参照。

て，他の連邦制定法に基づく権利や救済方法に対して影響を及ぼすものではない（第301条(d)）。

このように，本条によって，著作権関係の権利についての専占の判断基準が示されているわけであるが，個々の適用場面では解釈に委ねられるべき面も多いと思われる。その際には，憲法の最高法規条項における専占についての考え方に立ち返って考える必要が出てくるであろう。

第301条(a)で示されている①保護対象の要件及び②同等性の要件の内容は，それぞれ次のとおりである。

B．保護対象の要件

この要件は，有形的表現媒体に固定されたもので，第102条及び第103条に定める著作権保護の対象となるもの（subject matter）についての権利を州法により保護するものについては，著作権法により専占されるというものである。第102条及び第103条に定める著作権保護の対象となりうる著作物である限り，仮に保護要件を欠くために著作権法上は著作権保護が受けられないもの，あるいはパブリック・ドメイン（公有）に属するものについても，州法によるそれらの保護は専占の対象となる。即ち，州法でそれらについて保護することはできない。但し，固定されたものであることが専占の条件とされているから，そもそも固定されない著作物の保護については専占の対象外である。

一方，後述のように，著作権は「表現」物を保護するものであり，「表現」の前提となる事実やアイデア等には著作権保護は及ばないものである（第102条(b)）。だが，これら事実やアイデア等も専占の対象となるとみるべきかについては争いがありうる。ここで，事実やアイデア等については，そもそも著作権による保護がありえないと

いう点を重視すれば専占の対象とはならないとみるべきことになるし，逆に，著作権の保護の対象となる著作物それ自体はそもそも事実・アイデア等を含むものである，という点を重視すれば，著作物に含まれる事実・アイデア等は著作物の一部として専占の対象になるとも考えうる。ただ，著作権法が，それら事実・アイデア等は広くパブリック・ドメイン（公有）に属し自由利用に供するべきものとして捉えているとすれば，州法で独自の保護をすることは，そもそも著作権法の目的・趣旨に矛盾・抵触することになると思われる。

C．同等性の要件

この要件は，第106条に定める著作権者の排他的権利に相当する(equivalent)権利を州法により保護するものであれば，著作権法により専占されるというものである。

第106条は著作権者の排他的権利として，複製，翻案，頒布，実演及び展示についての権利を明示している。州法による保護がこれらの排他的権利に相当するものであれば，専占の対象となる。とはいえ，どのような場合に「相当する」(equivalent)といえるのか，その同等性の判断基準自体について第301条は明示しているわけではなく[10]，この要件の解釈をめぐっては争いがありうるところである。ただ一般的には，「特別な要素」(extra elements)の有無を検討するアプローチが多くの裁判所で採用され，州法による保護が第106条の排他的権利と「質的に異なる」(qualitatively different)要素

---

10) 例えば，著作権法第301条(b)(3)は，著作権法のいかなる規定も，「排他的権利に相当しない」権利を侵害する活動について，州法において権利や救済方法を定めている場合，それらを無効にしたり制限したりしない旨定めているが，同条項は「相当しない」(not equivalent)ということの定義を示しているわけではない。

を与えるものである場合は，著作権法による専占はないと考えられている。したがって，例えば，信頼関係の破壊やパブリシティの権利の侵害，あるいは商品・サービスの出所等の不正表示からの保護を主たる内容とするものであれば，著作権侵害の場合と質的に異なるものであるとして，そのような州の保護は専占されないと考えられる。

また，契約法は州法の領域であるが，契約については交換的取引 (bargained-for exchange) の立証が必要とされている。しかし，この立証は著作権侵害の立証の際には求められていない要素であり，また契約当事者間でのみ効力を有するという点でも著作権とは異なる。このため，契約については，著作権とは異なる「特別な要素」がみられることから，著作物についての契約であっても一般的には著作権法による専占の対象外といえると考えられる。しかしながら，契約関係は全て専占の対象外とするのでは著作権法の趣旨に抵触する場合も出てきうる。例えば，著作権法は権利者保護と利用者保護の調整の観点から著作権の権利制限規定を設けているが，それら制限規定を完全に潜脱しようとする内容の契約は著作権法の目的・趣旨に矛盾・抵触することになろう。ここでも，憲法の最高法規条項における考え方，即ち，個々の契約内容が著作権法の目的・趣旨に矛盾・抵触するか否かの検討が必要になってくると思われる。

連邦法，州法により保護される知的財産権はそれぞれ具体的にどのような内容のものなのであろうか。まずは連邦法による保護の内容から見てみよう。

2．連邦法による保護

　本書でメインに取り扱おうとしている著作権は連邦法に位置付けられるものであり，専占の観点からも，特許，商標とともに重要な役割を持つものである。ただ，各知的財産権はそれぞれの趣旨から保護されているものであり，知的財産権の保護を考える際には，一つのものについてもそれぞれの観点から複数の知的財産権として捉えることが可能でありうることに留意する必要がある。特に連邦制定法により保護される特許，商標，著作権はそれぞれ特徴のはっきりした制度ではあるが，相互に関連し合う部分が大きい。

　著作権を理解するにあたっては，他の知的財産権，とりわけ特許及び商標との基本的な性格・趣旨の違いを理解しておく必要がある。

(一) 著　作　権

　著作権について規定する連邦法は，USC（合衆国法律集，United States Code）の第17編（Title 17）であり，著作権法という場合，通常はこの制定法を指している（Copyright Act of 1976）。本書のタイトル「アメリカ著作権法」はまさにこの制定法についてのことである。

　著作権とは，一定のオリジナルな表現物について付与される排他的権利のことであり，それら表現物が無断で複製されたり頒布・展示されたりしないことなどが著作権法において定められている。著作権は行政機関の審査など要せずに，また登録がなくても発生するものであり，我々の日常活動にもなじみが深い。例えば，絵を描いたり，文章を書いたりした場合，それらの表現物は著作物として，そこに著作権が発生する。アイデアそれ自体は著作権として保護されないが，それを独自に表現したものについて著作権としての保護が発生することになる。ただし，日本の著作権法と異なり，米国著

作権法では，その表現を有形媒体に固定（fixation）することが著作権保護の要件となっている点は注意を要する。

実質的要件として重要な点は「オリジナルであること」（独創性）ということである。「オリジナル」ということについては大きく2通りの意味がある。一つには，創作性があること，そしてもう一つは，独自に作成したものであること。創作性の要件については非常に緩やかに解釈され，高度な創作性は要求されていない。後者の，「独自に作成」ということについても，何も完全にゼロから作り上げたものである必要はなく，著者にとって新しいものを作成することで足りる。すなわち，他人の作品に依拠していなければよく，たとえ偶然的に他人の作品と同一の作品を創作したとしても著作権侵害にはならない。従って，既存の著作権者の側からみると，著作権は排他的な権利とはいえその独占性は絶対的なものではなく，相対的なものであるということになろう。これは，消費者の観点からいえば，競合する，似たような他の著作物（代替品）を市場において見つけることができるということでもあり，経済的な独占権という面では弱い権利であるといえる。但しその反面，著作権の保護期間は比較的長く，原則として著者の死後70年まで存続する。

㈡ 特　　許

特許は，USCの第35編において定められ，これが特許法（Patent Act）と呼ばれている。特許には，実用特許（utility patent），意匠特許（design patent），植物特許（plant patent）の三種類があるが，一般に特許といったときには実用特許を指し，これが日本の特許制度に相当する。意匠特許は日本の意匠制度に相当するものである。ここでは代表格である実用特許について概略を紹介する（本書では以下，特に記さない限り「特許」とは実用特許を指す）。

著作権の対象がアイデアの表現物であるのに対し，特許の対象となるものはアイデアそのものであるといえる。具体的には，新規かつ有用な方法 (process)，装置 (machine)，製造物 (manufacture)，もしくは混合物 (composition of matter)，またはこれらのいずれかの改良を発明又は発見した場合に特許による保護が可能である（特許法第 101 条）。いわば，アイデアのうちでも技術的・実用的なものが特許保護の対象となるといえる。ただし発明・発見によって直ちに特許が発生するわけではない。特許が成立するためには，有用性 (utility)，新規性 (novelty)，非自明性 (nonobviousness) などの要件をクリアしなければならず，その審査には USPTO（米国特許商標庁, United States Patents and Trademark Office）が当たっている。保護要件は著作権と比べるとかなり厳しいものといえる。新規性の要件にしても，著作権の場合と異なり，発明者にとって新規であればよいのではなく，世界にとって新規なものである必要がある。よって，審査では先行技術 (prior art) の有無が重要な判断事項となる。先行技術があってもそれに依拠していなければよい，というものではない。また，最初の発明を保護するという観点から，米国はいわゆる先発明主義 (first-to-invent system) を採用している。すなわち，同一の発明がある場合は，最初に発明した者に特許が与えられるとい

---

11) 先発明主義は，最初の発明を保護する点で公平の理念に適っているといえる。しかし，多くの場合，最初の発明者の確定作業には困難を伴うものであり，先発明主義を採用している国は世界でも米国だけである。米国以外の国は，先願主義 (first-to-file system)，すなわち同一の発明については最初に出願した者に特許を与えるというルールを採用している。権利関係の明確化，発明の早期開示，さらには特許制度の国際的ハーモナイゼーションの観点からも，米国は先願主義に移行するべきだという主張も強い。
12) この手続はインターフェアレンス（Interference，抵触審査手続）と呼ばれている（特許法第 102 条(g)）。

うルールである[11]。その際の先発明者の決定は，着想（conception）及び実用化（reduction to practice）の時期などを勘案して決定される[12]。

発明といえるためには着想（アイデアの形成）があることが重要であって，実用化（アイデアの物理的な具体化）は，発明が特許を受けるための必須の要件ではない[13]。現実の実用化を立証しなくとも，特許法第112条所定の特許明細書の開示要件を満たした出願により，その出願の時点で実用化があったものと擬制される。ただ，このように擬制されるものではあるとはいえ，実用化は，特許の対象である発明が完成したことを示す重要な指標としての役割を果たしているものである。

特許が付与されると，特許権者は当該発明を独占的に生産，使用，販売する権利を有する。先行技術についての判断に基づき，同一の発明であれば侵害者の内心を問わず特許権侵害となる点でも，著作権の場合よりも権利が強力であるといえる（絶対的独占権）。一方，権利が強力である反面，保護期間は短く，出願日から20年で消滅する。

とはいえ，このような独占的権利により投下資本の回収が図られることで更なる研究開発のインセンティブが付与されうるものであり，特許は経済的な面でもインパクトが大きい。特に米国ではビジネス方法（ビジネスモデル）についても特許が広く付与される傾向にあり，知的資産としての重要性が一層高まっているといえる。

---

13) Wayne K. Pfaff v. Wells Electronics, Inc., 525 U.S. 55, 48 U.S.P.Q. 2d 1641 (1998) 参照

㈢ 商　　標

　商標についての連邦法の規定は USC の第 15 編であり，これを商標法（Trademark Act of 1946），または，最初の法案提出者の名に因んで，ランハム法（Lanham Act）と呼ばれている。"Trademark Act"という場合と "Lanham Act"という場合とでは，同一の条文であっても条文番号が異なるので注意が必要である。

　商標として保護の対象となるマークとして代表的なものがトレードマーク（Trademark, TM と略記することも多い）である。これは，自己の商品を他から識別し，出所を示すために用いるマークのことで，言葉，名称，シンボルなども含む。例えば，"Coca-Cola"（コカ・コーラ）など，普段何気なく目にしたり聞いたりしているマークでも，よく見ると Ⓡ という記号が付されていたりして，こんなところにもトレードマークが！と思うこともしばしばであろう[14]。Ⓡ の記号は USPTO に登録された連邦登録マークに付しうる記号であるが，実は登録は商標として保護されるための要件ではない。しかし，連邦登録により全国的な保護が可能になること，登録は登録者が当該マークの権利者であることを擬制的に公告（constructive notice）するものとなること，そして更には，5 年間継続して登録したマークを使用することにより登録者が当該マークを排他的に継続使用できることが確実になること（incontestability）など，連邦登録をすることのメリットが大きい。登録に当たり USPTO では審査を行うが，特許の場合に比べると審査は短期で終結するし，簡素なものである。

　なお，商標保護はそもそも州コモンロー，不正競争法（unfair com-

14）なお，商品ではなくサービス（役務）について用いられるものはサービスマーク（service mark）といい，トレードマークと同様の保護が与えられている。

petition law）から発展してきた理論であり，商標登録がなくても，不正競争法により保護の対象となるものである。そして，連邦法である商標法は，不正競争法も一部明文化しているところであり，商標法第1125条（ランハム法第43条）において，出所等の不正表示，有名マークの希釈化などについての規定を置いている（後掲・本章第1節3（「希釈化理論」）参照）。また，マークが有する営業上の信用からの利益を得る目的で他者のマークをドメイン・ネームとして登録することなどを禁じる，いわゆるサイバー・スクワッティング（cybersquatting）も同条において規定されている。

商標として保護されるためには，当該マークが識別力（distinctiveness）を備えている必要がある。即ち，商品・サービスの出所（source），いわば商品・サービスの提供者を識別する役割を果たすものでなければならない。従って，商品・サービスそのものを指すのに通常使われるマークは，一般名称の用語（generic term）として商標の保護から外れる。例えば，自動車に商品名として「Car」という名称を使用しても商標として保護されない。一方，商品・サービスの性格や質などを描写するマークは，描写的用語（descriptive term）といわれる。例えば，ある小型自動車の商品名として「Mini」と付けた場合はこれに当たるだろう。この場合，それだけでは商標保護に十分な識別力があるとはいえないが，二次的意味（secondary meaning）の存在，即ち，長期間の使用などにより消費者（公衆）が当該マークから出所を特定できるようになれば，識別力が備わったものと判断される。これらに対し，商品・サービスについての何か示唆するに過ぎない場合（示唆的マーク，suggestive mark）や，用語本来の意味とは全く関係なく用語を使用している場合（任意組み合せマーク，arbitrary mark），あるいは完全な造語（奇抜的マーク，fanciful mark）の場合は，本来的に識別力がある（inherently descriptive）とされる。自動車の商品名として「Vision」とつけた場合などがこれに当たるだろう。また，「XEROX」（複写機），「Camel」（タバコ）というのも本来的に識別性があるマークの例である。

なお，米国法上，商標の保護には，商品取引に伴った「使用」(use)が保護発生の前提として求められている。その名も「トレードマーク」なのだから，「トレード」（取引）における使用があってこそ商標として保護されるという考えだともいえる ("If no trade, no trademark")。連邦登録の申請上はこの要件も一部緩和されているが[15]，「使用」が，米国法上商標が保護されるための基本的かつ特徴的な条件であることには変わらない。なお，連邦登録についての更新制度はあるが，当該マークが出所を示すという商標としての機能を果たして使用されている限り，商標は実質的に永久的な保護を享受しうる。

㈣ 著作権・特許・商標の比較

著作権，特許，商標はそれぞれの趣旨に基づいた権利であり，単純に比較できるものでもないだろうが，整理の意味でここで簡単にまとめてみる。

連邦法の規定をみると，著作権及び特許，とりわけ著作権については権利保護の範囲が明確に定められているのに対して，商標については不明確である。これは，前者（著作権・特許）の権利性が，権利者保護の観点から捉えられているのに対して，商標は不正競争法

---

15) 現実の使用がある場合のほか，本来的に識別力があるマークについては，善意の使用意思（intent to use）を示すことにより，USPTOへの商標登録の申請をなしうる（商標法第1051条(b)，ランハム法第1条(b)）（この申請は通称，「ITU」申請という）。

をその基礎に置き，消費者保護（市場）の観点が強いからであるといえる。このことはまた，各連邦法の根拠である米国憲法の規定ぶりからも窺える。著作権法及び特許法の米国憲法上の根拠は，憲法第1編第8条第8項（いわゆる「特許・著作権条項」）であり，連邦議会が，権利者への一定期間の独占権を付与できる旨定めている。これを受け，特に特許法は絶対的な独占権を付与する反面，保護期間は短期となっている。このような独占権の付与により，産業の発展に寄与することになり，著作権については文化の発展にも貢献するものである。これに対し商標法の憲法上の根拠は，憲法第1編第8条第3項（いわゆる「コマース条項」）に求めることができる。この条項は，州間取引・通商等の定めをすることについて連邦議会に権限があるとする規定であり，独占権の付与というよりは公正な取引・競争の確保の観点であるといえる。実際，商標の場合，著作権・特許と異なり，一定の類型化された権利が侵された場合に権利侵害となるという構成ではなく，出所等について消費者を混乱させる恐れ (likelihood of confusion) がある場合に侵害となるという位置付けとなっている。また，このように商標については消費者保護の観点が強いからこそ，まぎらわしい商標から消費者を保護する必要がある以上は商標の保護期間を短期に限定する必然性もない，と導きやすいことになろう。

なお，このコマース条項からも導かれるように，連邦商標法で保護されるためにはマークが州間取引・通商 (interstate commerce) において使用されている必要があるが，そうないマークについては，各州における不正競争法による保護が可能である。これは特許及び著作権の場合には，州法で類似の保護がある場合に，連邦法のみにおいて保護するという法の趣旨に反するものとして無効とされる（専占される）のと対照的である。

このように権利性の観点からみると著作権は特許と親近性があるが、一方で保護対象の観点からみると著作権は商標と親近性がある面があり、また、権利発生のための実質的要件の厳格さという観点から見ると、商標は著作権と特許の中間に位置しているといえる。保護対象の面では、例えば機能的な側面（functionality）—商品の利用目的上必要不可欠な特徴など—は、特許に限り特別に独占が認められているものであり、著作権、商標上の保護対象からは外れている。機能的に当然導かれる表現は著作権の対象とならないし[16]、機能的なマークは商標の不登録事由としても明示されている。一方、実質的要件の面について著作権・特許を比較すると、著作権は無審査・無登録で権利が発生し、その要件も非常に緩やかであるのに対し、特許は実質的要件が非常に厳しく、行政機関による審査も時間・コストがかかる点で違いが顕著である。これに対して商標は、識別力という実質的要件が課せられているが、著作権と同様に、登録は実体上の権利発生要件ではない。しかし前記のように、商標については、登録をすることが商標法上強く期待されている。著作権についても、登録がないと著作権侵害として訴えることができないという点で登録をすることについてのインセンティブがあるが、総合的には商標の方がインセンティブが強いといえる。このように、実質的要件の厳格さ、権利発生における行政機関の介入度という観点から見ると、著作権が一番緩やかであり、商標、特許の順で厳しくなっていくと位置付けることができる。

また、米国の著作権、特許、商標の制度で特徴的だと思われるのは、それぞれの権利において何らかの権利保護の指標が設けられて

---

16)「実用品」（useful article）については基本的に著作権保護の対象外である（後掲・第2章第2節1（四）なども参照）。

いるということである。著作権では「固定」，特許では「実用化」，そして商標では「使用」がこれに当たる。これらは，漠とした知的財産の中から，著作権，特許，商標それぞれのカテゴリーで保護されるべき範囲を確定して取り出し，具体化する役割を果たしているといえる。知的財産は「財産」であり，財としての取引の対象範囲を確定しようとするのが，米国知的財産権法における一貫した姿勢であるともいえそうである。

これら形式的要件の厳格さは，実質的要件の厳格さに反比例しているようである。上記のとおり，特許においては「実用化」要件は擬制されうるし，商標においては申請の段階で「使用」要件は一部緩和されている。こうして，実質的な要件が厳しい特許ほどこれらの形式的要件は緩やか（形式的）であるのに対し，実質的要件が緩やかな著作権ほど形式的要件は厳格であるといえる。ただ，保護要件等を総合的に見れば，当然，特許がダントツで厳しい。特許の成立には厳格な審査を経る必要があるのであり，また審査過程においては，特許明細書において適切に発明の内容が開示されているかということも重要な審査事項となっており，ベスト・モードの開示といった，米国特許法に特有の要件も課せられている。

以上，著作権，商標，特許の特徴について概要を簡単に図にまとめると以下の通りである。

	著　作　権	商　　標	特　　許
Ⅰ 保護対象	各種の著作物（表現物）	言葉，名称ほか	方法，装置ほか
機能的側面の保護 (functionality)	保護対象外	保護対象外	保護対象
Ⅱ 保護要件			
(1) 実質的要件	オリジナルであること (originality)	識別力 (distinctiveness)	有用性 (utility) 新規性 (novelty) 非自明性 (nonobviousness)
(2) 形式的要件	固定 (fixation)	使用 (use)	実用化 (reduction to practice)
(3) 総合的な厳しさ	緩やか（審査不要） ←――――――――――→ 厳しい（審査必要）		
Ⅲ 保護期間	長い	長い	短い

3．州法による保護

　州法による知的財産の保護は連邦法以上に様々な形態がありうるが，これらの多くは不正競争法を軸にした整理が可能であると思われる。本書では，不正競争法のリステイトメントをもとに，代表的なものについて概観する。これに加え，コモン・ロー上の著作権についても簡単に触れる。

㈠　不正競争法（**unfair competition law**）

　まず，不正競争法という名の統一的な制定法があるわけではない。「不正競争法」という用語は，不正な競争方法を用いたさまざまなタイプの活動についての理論を総称した語であり，個々の理論は州コ

モン・ローにおいて発展してきたものを含んでいる。よって，その範囲は確定的なものではなく，いわばアメーバのように広がりを持ち続ける概念であるといえる。ただ，不正競争法の基本的な内容はリステイトメント（第三版）にまとめられており[17]，そこでの整理のされ方は，膨大な不正競争法を理解するうえで大変参考になる。

同リステイトメントはその第 1 条において，不正競争において問題となるケースを大きく 3 つに分類している。即ち，欺瞞的商法 (deceptive marketing)，商標侵害 (infringement of trademarks)，営業上の価値の不正使用・取得 (appropriation of trade values) の 3 つである。ただ，商標はそもそもは欺瞞的商法の理論において発展してきたものであり，不正競争法における規制の対象となるのは，大きくは，欺瞞的な行為と不法侵害的な行為とに整理できるであろう。

(1) 欺瞞的な行為

これは一言でいえば，消費者を欺く行為であり，不正な競争によって，消費者が，商品やサービス，その他の商業上の活動に関して混乱する恐れ (likelihood of confusion) がある場合であるといえる。

A．出所についての不正表示

(A) パッシング・オフ（詐称通用，**passing off**）

出所等についての不正表示に関する理論であり，虚偽表示・欺瞞的表示により，自己の事業や商品・サービスが他者のものであると消費者を誤解させる行為をパッシング・オフという。ある会社が自社の商品を販売する際に，その商品に他社のブランド名を付して販

---

17) Restatement (Third) of Unfair Competition, American Law Institute 1995

売するようなケースを想定すれば分かりやすいだろう。パッシング・オフは不正競争法のコアとなる部分であり，狭義で「不正競争法」と言うときはこれを指す。また，この例からも分かるように，パッシング・オフは商標制度の基礎ともなっている。

(B) リバース・パッシング・オフ（逆詐称通用，**reverse passing off**）

上記とは逆に，他者の事業や商品・サービスが自己のものであると消費者を誤解させる行為を，リバース・パッシング・オフという[18]。

B．商品・サービスについての不正表示

(A) 虚偽広告（**false advertisement**），及び
(B) 商事上の誹謗・中傷（**commercial disparagement**）

これらは商品・サービスの性格，質などについての不正表示を行う場合であり，自己の商品・サービスについての不正表示を虚偽広告，他者の商品・サービスについての不正表示を商事上の誹謗・中傷という。

なお，出所についての不正表示及び商品・サービスについての不正表示は，連邦商標法においても明文化されている（商標法第1125条(a)，ランハム法第43条(a)）。このため，登録されていないマークであっても，州間取引に関わるものであれば，同条に基づいて連邦裁判所に救済を求めることができ，連邦商標法上の一般的な救済手段が受けられるというメリットがある。

---

18) <u>Smith v. Montoro</u>, 648 F.2d 602 (9th Cir. 1981) 参照（後掲・第5章第1節）。なお，単に他者の表示を削除するだけでなく，明示的に自己その他の者の表示を付する場合を「明示的逆詐称通用」(express reverse passing off) というが，<u>Smith v. Montoro</u> はまさにそのような事案である。

(2) 不法侵害的な行為

ここで主に整理されるのは，他者の営業上の価値を不正使用・不正取得（以下単に「不正利用」という。）する行為であり，上記の欺瞞的な行為が消費者の観点から捉えられているのに対して，これは権利性の観点も強いものといえる。このためか，一般には不正競争法とは独立した理論として捉えられているように見受けられる（特に，トレード・シークレット，パブリシティの権利）。

A. 希釈化理論 (dilution)

希釈化とは，商品・サービスについてマークや商号が有している機能・能力を減じることであり，他者のマークの独自性・識別力を弱めたり (blurring)，他者の営業上の評判に傷をつけたり (tarnishment) することなどが含まれる。例えば，「SONY」という名前を勝手に使用してポルノショップを経営すれば，「SONY」の営業上の評判に傷をつけることになり，希釈化が生じているといえる。

この理論で特徴的なのは，これがコモン・ローではなく，州における制定法を通じて形成されてきたという点である。ここで問題とされるマーク・商号は異種の商品・サービスについてのものであることが多いが，そのように競争関係になく商標侵害やコモン・ローによる不正競争としての救済が受けられないものについても使用差止めによる救済を認めよう，というのがもともとの趣旨である。

希釈化理論は，1996年に連邦商標法にも取り入れられた（商標法第1125条(c)，ランハム法第43条(c)）。同条では，被害にあっているマークが有名なものであること，侵害者が当該有名マークを営業上使用していることなどが要件とされている。また，州法による救済手段は一般に差止命令に限られているが，連邦法による救済手段では，

B．不正利用の理論（misappropriation）

Misappropriation とは，時間，お金，労力を費やして生み出した商業上の価値を他者が不正利用し，それによって損失を被った場合の理論である。"misappropriation"という名前が不正競争法の一理論として最初に登場したのは，連邦最高裁判所判決においてである（*INS*ケース)[19]。このケースは，AP 通信社が東海岸でメンバーに配信した第一次大戦の最新情報を，AP 通信社の競業他社である INS 社が AP 社のメンバーの運営する掲示板で読み，それを自らの言葉で書き直して西海岸の自ら(INS 社)のメンバーに配信したという事案である。このため，時差の関係で，西海岸においては，AP 社のメンバーよりも，*INS*社のメンバーの方がそのニュースを早く出版できたという場合もあった。とはいえ，そのような「事実」自体は著作権では保護されるものではないし，その他の伝統的な知的財産権法においても保護の対象とはなりえる事例ではなかった。しかし最高裁判所は，AP 社が時間，お金，費用をかけて収集したニュースについて「準財産権（quasi property）」を認め，それを INS 社がフリーライドしたものであり，AP 社はそれによって損失を被ったものとして，ここに misappropriation という新しい種類の不正競争法の法理を打ち出したのであった。

このようにもともとは連邦コモン・ローによって打ち立てられた理論であったが，INS 判決はいまや拘束力はない。後に出された Erie Railroad Co. v. Tompkins[20] において，最高裁が「一般的な連邦コモン・ロー（federal general common law）は存在しない」こと

---

[19] International News Service v. Associated Press, 248 U.S. 215 (1918)
[20] Erie Railroad Co. v. Tompkins, 304 U.S. 64 (1938)

を明示し，連邦裁判所には各州で適用されるコモン・ローの実質的なルールを定立する権限が合衆国憲法上も与えられていないことを確認したからである。このため **INS** ケースで打ち立てられた misappropriation の理論も多くの州では採用されていないようであるが，採用している州もいくつか存在する（例えばイリノイ州，ニューヨーク州など）[21]。

ただ，misappropriation の理論は概念が非常に広いものであり，また特許や著作権など連邦法上の知的財産権法の趣旨に抵触し専占されるとされる場合が多いなど，議論が多いところである。他者の商業上の価値の不正利用が問題になる実際の訴訟では，次に見るトレード・シークレットやパブリシティの権利などによる場合の方が一般的のようである。

C．トレード・シークレット（trade secret）

トレード・シークレットは営業秘密のことであり，営業上の情報

---

[21] National Basketball Association v. Motorola Inc., 105 F.3d 841 (2nd Cir. 1997) は，NBA（全米バスケットボール協会）のバスケットボールの試合のスコアに関する最新情報が，被告 Motorola の製造した装置によって，AOL のサイトに送信されていたというケースであるが，ここにおいて，第1審裁判所は，不正利用の理論 (misappropriation) に基づいた原告 NBA の主張を認めていた。第2巡回区控訴裁判所は，結局は第1審の判決を覆したものの，その論拠は，不正利用の理論に基づく主張が連邦著作権法により専占 (preemption) されるとしたものであり，州法における不正利用の理論自体は認めた上での判決である。なお，本判決は専占がなされうるための「特別な要素」(extra elements) の要件として，次の3つを挙げている。即ち，①事実情報の価値が時間に敏感であること (time-sensitive value)，②被告によるフリーライドがあること，③被告のフリーライドによって，原告の製品又はサービスの存在そのものが危ぶまれること，の3点である。本件は，被告の行為によっても，NBA の主たる事業（バスケットボールの試合を行い，試合放送の許諾（ライセンス）を行なうこと）を脅かすものではないことから，不正利用の理論に基づく主張は専占されることとなったものである。

のうち，一般に秘密を保つことにより他の競争者との関係において有利な立場に立てるなど，秘密にすることで独立した経済価値が生まれ，秘密を保持することに合理性があるものを広く含む。例えば，「ケンタッキー・フライドチキン」の製造方法等のノウハウや，顧客リストなど。トレード・シークレットは，その不適切な使用・開示がある場合，典型的には，こうした特別な情報・知識を持った従業員が独立して起業したり，ライバル会社に転職する場合などに問題とされうる。

保護対象は特許と重複する部分も多いが，トレード・シークレットにおいては特許法における厳格な保護要件は課されていないし，また，特許が対物的（in rem）な権利であるのに対し，トレード・シークレットは対人的（in personam）な権利である点に特徴がある。即ち，トレード・シークレットは，それを使用・開示しないという約束が破られた場合などに問題となるのであり，しかも，その違反者に対して追及しうるものに過ぎない。また，秘密性がなくなった時点でもはやトレード・「シークレット」ではなり，その点でも，権利性は特許に比べて弱いといえる。

なお，トレード・シークレットについてのコモン・ロー上の基本的な原則をまとめた「統一トレード・シークレット法（Uniform Trade Secrets Act）」が存在し，多くの州で採用されている。

D．パブリシティの権利（**right of publicity**）

パブリシティの権利は，有名人のアイデンティティーが商業上不正に利用されないように保護する理論として発展してきたものである。この位置付けから分かるように，パブリシティの権利は，プライバシー権とは区別されている。プライバシー権は，放っておいてほしいという個人の利益が害されないようにする理論である。即ち，

名前（name）や外観（likeness）といった個人のアイデンティティーが不正使用されること自体，ないようにするというもので，いわば，「使用自体を禁止」ということである。これに対してパブリシティの権利は，そのようなアイデンティティーの商業上の利用価値，経済価値を保護する理論である。要するに，「使用してもいいが，金を払え」ということである。特に有名人は，そのアイデンティティーが公衆に知られているからこそ「有名人」なのであって，アイデンティティーについては，それ自体についてのプライバシーの側面はむしろ弱く，その商業上の利用価値の把握という側面が強いというのも理解されやすいのではないかと思われる。

コモン・ロー上保護の対象となるアイデンティティーとしては，名前・外観が代表的なものといえるが，声やサインその他の特徴やイメージなども広く含みうる[22]。一方，パブリシティの権利について多くの州ではコモン・ローを基礎にしているが，パブリシティの権利を明文化している州もある（例えばニューヨーク州，カリフォルニア州）。

---

[22] 例えば，White v. Samsung Electronic America, Inc, 971 F.2d 1395 (9th Cir. 1992) の多数意見は，ビデオカセットデッキの宣伝広告で使われた，ブロンドのかつら，宝石及びガウンを身につけたロボットが，某テレビ番組の有名な司会者バンナ・ホワイトを連想させるものであり，そのアイデンティティを不正利用したものであると判示した。また，Midler v. Ford Motor Co., 849 F.2d 460 (9th Cir. 1988) は「あるプロの歌手の特徴的な歌声が広く知られている場合に，（他者が）商品を販売するためにその声を意図的に真似して使用する場合」にコモン・ロー上の訴えが可能であるとした。なお，歌（song）であれば音楽著作物として著作権の保護対象であるから全面的に著作権法の領域となる（よって専占される）のに対し，声（voice）は著作権の保護対象ではないから，パブリシティの権利による声の保護は，著作権法による専占の対象にはならない。

E．未利用のアイデア（**undeveloped idea**）

　他者に提示したアイデアが勝手に利用されたような場合の救済について，米国では州コモン・ローの事例が蓄積しており，それらは"undeveloped ideas"（未利用のアイデア）とか"idea submission"（アイデアの提示）などと呼ばれている。独立のカテゴリーとして不正競争法のリステイトメントに書かれているわけではないが，広がりを持つ不正競争法の1つとして位置付けることも可能であろう。

　この場合，そのようなアイデアの保護（金銭的救済）の形態としてはいくつかのアプローチがありうる。代表的には，明文の契約（express contract），事実から推定される契約（contract implied in fact），法律上推定される契約（contract implied in law）の各アプローチである。アイデアに対して対価支払を約束する明文の契約を結べば，それは強制力を有するものである。一方，そのような明文の契約がない場合であっても，事実関係からそのような契約意思があるものと推定できれば，同様に強制力を持つものといえる。例えば，対価支払を受けるのが通常である慣行がある場合などは，アイデアの利用について当事者間に対価支払の契約意思があるものと推定されやすいであろう。また，対外的に秘密にすることを前提としてアイデアを提示した場合も，同様の契約が推定されうる。以上とは異なり，法律上そのような契約を推定できるとする場合もある。これは，不当利得（unjust enrichment）が成立する場合，即ち，他人のアイデアから利益を得ており，衡平上，対価支払が求められる場合に成立する。準契約（quasi contract）とも呼ばれている。なお，他人が自発的にアイデアを提示している場合は，不当利得があるとはされにくい。

　ただ，一般的には，様々なアイデアは誰もが自由に利用できる状態であるのが望ましいという側面も否定できない。だからこそ著作

権法は保護範囲を表現物に限定し，特許法では保護要件として厳格な要件を課している。このためか，裁判所は未利用のアイデアの保護に当たっては，アイデアが新規(novelty)かつ具体的(concreteness)なものであることを一般に求める傾向にある。

なお，アプローチとしては，以上のほかに財産権 (property) としてのアプローチもあるが，新規かつ具体的なアイデアは特許やトレード・シークレットで保護されうるものでもあるし，このアプローチで保護されるケースはほとんどない。

(二) コモン・ロー上の著作権 (**common law copyright**)

コモン・ロー上の著作権とは，未発行の著作物についての著作者が，著作物の最初の発行をコントロールし，あるいは発行自体をしないようにすることができる権利を指す。このようなことから，別名，"right of first publication"(第一発行の権利)ともいわれる。保護は創作の時点から開始し，発行によって消滅する。

ここで「発行」(publication)といった場合，「一般的な発行(general publication)」と「制限的な発行 (limited publication)」の二通りがありうるが，コモン・ロー上の著作権が消滅しうる「発行」は前者の「一般的な発行」である。この点について判示したのが次のケースである。

判例 **Estate of Martine Luther King, Jr., Inc. v. CBS, Inc, 194 F.3d 1211 (11th Cir. 1999)**

1. 事案の概要

本件は，1994年にCBSがドキュメンタリーを制作するに当たり，1963年のキング牧師の有名な演説 ("I have a dream……") を許諾無しに引用した事案である。なお，演説は1963年にラジオ・TVで同時生中

継され，新聞記事としても全米中で報道され，国民の多くが知るところとなった。CBS に対する今回の著作権侵害の訴えに対し，CBS 側は，キング牧師の演説は既にパブリック・ドメイン（公有）に属していると主張し，連邦地裁も，キング牧師の演説が広く複製され広まっているという点に鑑み，CBS 側の主張を支持していた。しかし，第 11 巡回区控訴裁判所は，概ね次のように判示して原審を破棄・差し戻した。

2. 判旨

「一般的な発行」のみがコモン・ロー上の著作権を消滅させうるのであり，これは，特定のグループに限定的な目的の下で伝達する「制限的な発行」とは区別される。一般的な発行は，①著作物の有形的複製物が公衆に頒布され，誰もがその著作物について支配を及ぼしうる状況になるか，あるいは②当該著作物が展示され誰もが自由に複製できる状況になるか，いずれかの場合にのみ認定できるものである。しかし，たとえ明示の制限がない場合であっても，複製についての制限は推定されうるものである。本件との関係でいえば，公衆に対してではなく，ニュース・メディアに対しニュース性のある出来事を即座に報道できるように頒布する行為は，限定的な発行に過ぎない。演説などといった著作物の実演（performance）が一般的な発行に当たらないことは多くの先例の示すところであり，そこでの聴衆が非常に多いか否かといった演説自体の特徴は，一般的な発行か制限的な発行かの区別においては重要ではない。

ところで，コモン・ロー上の著作権は発行をコントロールする権利であるから，未発行の著作物の複製や頒布などもコントロールしうることになり，制定法における著作権保護と重なる面が多い。コモン・ロー上の著作権は州コモン・ロー上の保護であるのに対し，制定法による著作権保護は連邦法による保護である。

第1章 米国著作権法の特徴

そこで，両者の関係が問題となるが，かつては，州コモン・ロー上の著作権による保護と，連邦制定法上の著作権による保護とはきちんとすみ分けがなされていた。本章で後述するように，米国における著作権法は，1909年に制定された連邦著作権法の下では「発行」が著作権保護の重要なメルクマールとされていた。このため，1909年法の下においては，著作物の発行以前の段階は州におけるコモン・ロー上の著作権，発行以降は連邦制定法による著作権，という形で著作物の保護について州法と連邦法との二元的な保護がなされていたところである。もっとも，「発行」の有無の認定は事案によっては困難な場合もありえることから，メルクマールとして不明確性がある点は否定できない。また，1909年法の下においては，発行された著作物についても州法による保護が明確に否定されていたわけではなく，どこまで州法による著作権法保護が可能なのか不明確ということもあった。

現行の1976年法においては，発行ではなく，「固定」が著作権保護のメルクマールとされるとともに，前述のように著作権の保護については連邦著作権法が専占する（preempt）ことになり，著作権保護は原則として連邦制定法による保護に一元化されることになったところである。この結果，現行連邦著作権法下においてはコモン・

---

23) 例えば，Estate of Hemingway v. Random House, 23 N.Y. 2d 341, 296 N.Y.S.2d 771, 244 N.E.2d 250 (Court of Appeals of New York, 1968) は，口頭による言葉・会話であっても，発言者がその発行の時期・可否等をコントロールする権利を有することの可能性について示唆している。ただ，本件は，作家ヘミングウェイと親しい友人であったホッチナーが，ヘミングウェイとの対話メモ等に基づいて本を出版した事案であるが，ニューヨーク州控訴裁判所は，出版についてヘミングウェイによる黙示の同意があったものと認定し，未固定の著作物について一般にコモン・ロー上の著作権が成立するかについての直接の判断は避けている。

ロー上の著作権が登場する機会は少なくなったといえるが,それでも,連邦法で専占されない範囲においてはなお保護の余地がある。従って,「固定」がなされない著作物もコモン・ロー上の著作権による保護の余地があろう[23]。

第2節　米国法著作権の保護の特徴

1．二つのアプローチと米国著作権法

　著作権は，著作物についての権利であり，日本の著作権法に即して言えば，「思想又は感情の創作的な表現物」について認められる排他的権利である（日本著作権法第2条1項1号）。著作権は表現物についての権利であるという基本的な位置付けは日本も米国も概ね共通しているのではないかと思われる。しかし，著作権の性格についてみたときには，大陸法の流れを汲む日本法と英米法系に属する米国法とでは性格を異にしている。

　大陸法系（シビル・ロー系）諸国は，伝統的に，著作権を「著作者の権利」と見ている。著作権は，例えばフランスでは *droit d'auteur*, ドイツでは *Urheberrecht* として知られており，これはまさに"author's right"（著作者の権利）ということである。ここでは，著作者による創作活動は著作者の人格の発現の一側面である等とみて，「著作者」に重点をおく，より自然権的なアプローチであるといえよう[24]。これに対し，英米法系（コモン・ロー系）諸国においては，"copyright"という言葉に端的に表れている通り，著作権の性格としては，

---

24) 自然権的アプローチは，代表的には，ロックやヘーゲルの思想に遡ることができる。ロックは労働理論（labor theory）を展開した。これは，人は自らの身体に関して自然権を有するということから出発し，自らの身体が産みだす労働，そして労働が産みだす果実についても権利を享受できるとする。知的財産は我々の身体の一部である脳の労働の果実であるから，ロックの労働理論もここで当てはめることができる。一方ヘーゲルは，人格理論（personality theory）を展開した。これは，知的財産は著作者の意思・人格を外的世界に対して発現したものとして保護する考え方である。

第2節　米国法著作権の保護の特徴

コピーをすることについての権利ということが基本にあり，財産的側面に重点が置かれた，より産業政策的なアプローチであるといえよう[25]。

この特徴的な二つの大きな流れは，著作権制度の捉え方自体にも影響を与えている。より自然権的なアプローチをとる大陸法系諸国では，著作権は自然人による創作が基本であり，また著作者の人格権も積極的に認める傾向にある。また，創作という精神作用に着目しているという点で，行為主体・態様に着目したアプローチであるともいえる。大陸法系諸国においては，著作者について認められる「著作権」のほかに，著作物などの既存の精神財を伝達する作用をしている実演家，レコード製作者及び放送事業者のそれぞれについては，いわゆる「著作隣接権」が保護され，著作権とは区別されている。これとは対照的に，英米法系諸国では，著作者が自然人であるか法人であるかは問わないのが基本であり，また著作者の人格権を保護するべきということにも必ずしもならない。ここでは，コピーの対象になるものが著作権の保護の対象になりうるのであり，表現物という成果物・行為結果に着目したアプローチであるともいえる。実演，レコード（録音物），放送番組についても，コピーの対象になりうるものであればそれは「著作物」たりうる。英米法系諸国においては，著作隣接権という独立した概念は存在せず，それらは著作権制度の中に融合しているように思われる。

---

25) 産業政策的アプローチは，一定の財産的独占権を著作者に付与することで創作のインセンティブを高め，それによって公共の存在，社会全体の利益を増進しようとする考え方である。但し，産業政策的アプローチは，自然権的アプローチと必ずしも相容れないものではない。自然権的な発想を出発点としつつも，著作権保護を積極的に位置付ける考え方であるとして捉えることも十分可能であろう。

第1章　米国著作権法の特徴

米国法における著作権も，自然人と法人との別を問わず保護されるものであり，著作者の人格権にしても，著作権法の中に規定が設けられているものの非常に制限的なものであり，著作権法（制定法）上は著作者人格権の保護には消極的な姿勢がうかがえる。これは大陸法系アプローチと異なり，著作権保護が自然権的発想から直接には導かれているものではないことからは当然ともいえるが，その前提として，米国においては，経済的価値が高い著作物を創り出す面において法人が果たす役割が大きいということも，重要な要因になっているのではないかと考えられる。米国著作権法は，著作権の所有形態の一つとして職務著作の制度（works made for hire）を置いており，著作権保護の上で重要な役割を果たしている。

また，米国著作権法の特徴の一つとして，「固定」が著作権保護の要件とされているということがある。これは少なくとも日本の著作権法には原則としてはみられない要件である[26]。自然権的発想から捉えた時は，著作者による創作により生み出された表現物がある限り，固定の有無に関わらず保護されるべきものといえるからである。一方，固定を保護要件とすることにより，著作権の保護の対象となる範囲が見極めやすく，その経済的価値を捉えやすい。必ずしも必然的な結びつきがあるわけではないが，産業政策的なアプローチに，より親和性があるといえよう。そして，米国においては，「固定」された表現物であることが著作権保護においては重視され，作成主体の種類を問わないことから，自然人・法人の別なく「著作者」たり

---

[26] 但し，「映画の著作物」については，我が国においても「固定」を著作権保護の要件とすべきかについては争いがあるところである（日本著作権法第2条3項は，「この法律にいう『映画の著作物』には，映画の効果に類似する視覚的又は視覚的効果を生じさせる方法で表現され，かつ，物に固定されている著作物を含むものとする。」と規定している）。

うることはもとより，実演，録音物，放送番組についても，保護要件を満たしさえすれば，それらは"work of authorship"（著作者の作成した著作物）として著作権が発生しうる。

　大陸法系諸国と英米法系諸国とではこのように著作権に対する基本的なアプローチが異なっており，この考え方の違いは著作権の調和的な国際的保護の枠組みの構築においても障害となってきたが，両アプローチは融和しつつあるように思われる。例えば日本の著作権法も職務著作についての規定を置き（日本著作権法第 15 条），法人についても「著作者」になる余地があるし，米国についても，比較的最近になってベルヌ条約へ加入したこと，制限的ながらも著作者人格権についての規定を創設したこと（米国著作権法第 106 条 A）は，著作権保護の国際的調和に向けた大きな一歩であるといえる[27]。

　ところで，米国著作権法は自然権的アプローチによるものでないというところから，米国法上の著作権は人権性の観点は乏しいように思われる。米国著作権法においては，人格権保護に対しての積極的な姿勢が見られないことに加えて，著作権自体について，表現の自由からの観点や，あるいは財産権といった面でも，人権性の観点から論じられることは殆どないようである。米国著作権法において人権性が登場する場合といえば，それはむしろ著作物を利用する第三者側においてであり，著作権の保護が第三者の表現の自由を抑制するのではないかという形で問題とされる。これは次に見る，米国法における著作権保護の正当化根拠にも関わる問題である。

---

27) 後掲・本章第 3 節 2（米国連邦法による著作権保護の推移）及び第 5 章第 1 節（著作者人格権（第 106 条 A））参照。

2．著作権保護の正当化根拠

㈠ 著作権保護の目的

米国著作権法の根拠は，米国憲法に求められる。米国憲法第 1 編 8 条第 8 項は次のように定めている。

連邦議会は次の事項について権能を有する
……著作者及び発明者に対し，それぞれの著作及び発明に対する排他的な権利を限られた期間保障することにより，学術及び有用なる技芸の発展を促進すること。

The Congress shall have Power
... to Promote the Progress of Science and useful Arts, by securing for limited Times to Authors and Inventors the exclusive Right to their respective Writings and Discoveries.

この憲法の規定（いわゆる「特許・著作権条項」）に基づき，著作権についての独占的権利が特許に並んで連邦法において保障されているが，米国における著作権の保護の基礎が，自然権的なものというよりもむしろ政策的な配慮によるものであることは，この規定ぶりからも推察される。また，同条項に示されているとおり，著作権（及び特許）の保護は無制限なものではない。ここでは，著作者らに対し一定期間の保護を付与する一方，その保護期間終了後は，公衆が自由に創造物を享受できるようにすることが意図されている[28]。著作権保護の目的は究極的には公益目的にあることについて，ある最高裁判所の判決において，端的に次のように述べられている[29]。

---

28) Sony Corp. of America v. Universal City Studios, Inc., 464 U.S. 417, 429, 104 S.Ct. 774, 782 (1984)

「我が国の著作権法の直接的な効果は,『著作者』の創造的な労力に対して公平な対価を保障することにある。しかし,究極的な目的は,このようなインセンティブにより,一般公益のための芸術的創造性を刺激することにある。本裁判所が述べてきたように,『独占権を付与することについてのアメリカ合衆国の唯一の関心,主たる目的は,著作者の労力から公衆によって得られる一般的な利益にある』。」

また,別の判決では次のようにも述べられている[30]。

「本条項は,連邦議会に特許及び著作権を認める権能を付与した規定であるが,その背景にある経済哲学は,私的利益を与えることで個々の努力を促すことにより,『学術や有用なる技芸』についての著作者や発明者の才能を通じて公共の福祉を最も良く増進させることができる,との確信にある。」

㈡　連邦議会の裁量

では,このような目的を実現するために,著作権の範囲をどのように定めるべきだろうか。これを定める役割は,同条項に示されているとおり,連邦議会にある。その際には,創作についてのインセンティブ確保の観点から,著作物をコントロールしたり利用することについての著作者側の利益を考慮しなければならないのはもちろんであるが,それと同時に,アイデアや情報の自由な流通等についての社会の利益も考慮しなければならない。特に,著作権は「表現」に関わるものであり,既存の著作物を前提にして新しい著作物が創られ,それによって文化の向上が図られ公益が増進されるという側

---

29) Twentieth Century Music Corp. v. Aiken, 422 U.S. 151, 156 (1975)
30) Mazer v. Stein, 347 U.S. 201, 219 (1954)

第1章　米国著作権法の特徴

面があることも考えると，既存の著作物を利用する第三者の表現の自由も重要な考慮要素となる。

連邦議会は，こうして，適切な範囲で公衆が著作物にアクセスできるように著作権の範囲を確定する役割を担っているのであり，その決定は，その時々の社会・経済情勢を踏まえた非常に裁量性の高い事項であるといえる。特に，技術の進展が著作権に与える影響は大きく，著作権法はこれまでも頻繁に改正され，最近ではデジタル化・ネットワーク化に対応した著作権制度の構築が，国際的にみても大きな関心事となっている。

この連邦議会の裁量権は具体的にどのような形で問題とされるのであろうか。これは抽象的に論ずるよりも具体的なケースを取り上げた方が分かりやすい。ここで具体例として，著作権の保護期間延長化立法の合憲性が争われた Eldred v. Ashcroft を紹介する。米国法における著作権の保護期間は，従来は我が国と同様に，原則として著作者の死後 50 年までとされていたが，1988 年の立法（いわゆる "Sonny Bono Copyright Term Extension Act"。同法は "CTEA" とも略されるが，日本では「ソニー・ボノ法」という呼称の方が馴染みがあるかもしれない。）によって，20 年延長され，原則として著作者の死後 70 年までとなった。日本の著作権法も，平成 15 年の改正により映画の著作物の保護期間を延長したところであり，我が国においても同ケースは注目されていたのではないかと思われる。

判例 **Eldred v. Ashcroft, 123 S. Ct. 769　(2003)**

I. 事案の概要

　原告は，保護期間終了によりパブリック・ドメイン（公有）に属する

ようになった著作物を活用する団体や個人などであり，例えば，パブリック・ドメイン（公有）に属するようになった書籍について，電子化してインターネットで配信する非営利団体や，復刻版を出版する会社などが含まれていた。本件は，著作権の保護期間を延長したソニー・ボノ法が違憲であることの確認を求めて，原告らが，司法長官である Ashcroft 氏を訴えた事案である。

連邦地裁では，原告らの主張は全面的に棄却されたため，原告らは控訴し，ソニー・ボノ法は以下の点から連邦議会の裁量の範囲を超えたものであり違憲である旨主張した。即ち，①ソニー・ボノ法の適用は，表現の自由を保障する米国憲法修正第１条に違反すること，②既存の著作物につき保護期間を延長することは，オリジナル性（独創性）という著作権の保護要件に反すること，③保護期間の延長は，米国憲法第１編第８条第８項（「特許・著作権条項」）に定める「限られた期間（Limited Times)」という要件に反すること，の３点からソニー・ボノ法の違憲を主張していた。

２．判旨（2001 年 2 月 16 日控訴審判決[31]）

控訴審であるコロンビア特別地区控訴裁判所は，それぞれの争点について次のように判示して請求を棄却した。

まず，修正第１条関係の争点については，最高裁判所の先例[32]を引用し，表現の自由はそもそも連邦著作権法に組み込まれていることを確認した。即ち，著作権法は，表現という形態のみ保護するものであって，アイデアや事実自体を保護するものではなく，また他人の著作物を利用する場合であっても，非営利目的等の場合にはフェア・ユースとして許

---

31) 239 F.3d 372, 345 U.S. App. D.C. 89
32) Harper & Row Publishers Inc. v. Nation Enters., 471 U.S. 539, 85 L. Ed. 2d 588, 105 S. Ct. 2218 (1985) など。同判決はフェア・ユースについての重要判決でもあり，判決の内容は後述する（後掲・第４章第１節３）。

容されうる。著作権法はこのように修正第1条に適切な配慮を払っているものである。第二に，オリジナル性の要件についての議論として，原告らは，著作権が成立したものについてはその時点でオリジナルではなくなるのであり，オリジナル性がないものについて保護期間を延長することはできない旨主張していた。しかし，裁判所は，オリジナル性の要件は著作権成立の際に求められる要件であるところ，本件は著作権が無いところに著作権を成立させる場合とは異なるとして，オリジナル性の要件の欠如を理由とする原告の主張は立論として不十分であるとした。第三の，「限れられた期間」の要件について原告らは，文言通りの解釈ではなく，「著作者（Authors）」「著作（Writings）」の要件とともに，特許・著作権条項の前文に掲げる目的（The Congress shall have Power... to Promote the Progress of Science and useful Arts）に照らして解釈するべきだと主張していたが，裁判所はこれを退けた。この点については結局，ソニー・ボノ法による保護期間延長といっても永久の保護をするものではない以上，「限られた期間」という要件は満たす，と裁判所は認定しているようにも見える。

ただ，裁判所はまた，保護期間延長は，古い著作物，とりわけ，修復が必要な映画の保存についてのインセンティブを著作者に与えうるものであると連邦議会が判断していることに触れ，また，延長後の保護期間はEUにおけるそれと軌を一にしていること，そして，そもそも著作権保護をめぐるバランス調整は連邦議会の裁量の問題であり，裁判所はこれまでその判断を尊重してきたとして，ソニー・ボノ法は特許・著作権条項の下における連邦議会の適切な裁量の範囲内にあると結論付けている。

3. 判旨（2003年1月15日最高裁判決）

連邦最高裁判所は，裁量上告を認め，次の2点について判断を下した。即ち，第一に，現存する著作物の保護期間を延長するソニー・ボノ法は，特許・著作権条項の下における連邦議会の裁量権限を踰越するのではな

第2節　米国法著作権の保護の特徴

いか，第二に，そもそもソニー・ボノ法による著作物の保護期間延長は修正第1条に反するのではないか，という2点についてである。最高裁は，これらの争点について否定的に判断し，ソニー・ボノ法を合憲とした控訴審の判断を支持した。

まず，前者の争点については，上告人（原告）らは，「限られた(limited)」の意味を狭義に解し，一旦確定した保護期間は不可変であるべきはずだと主張していた。しかし最高裁はこの主張を退け，ソニー・ボノ法における「著作者の死後70年間」という期間は，辞書的な定義上も「限られた期間」であるといえるとし，また，現存著作物と将来の著作物を区別せず等しく保護期間延長をすることは，特許・著作権条項の下，歴史的にみても連邦議会における揺るぎない慣行でもあること等に鑑み，「限られた期間」の要件は満たすものと判断した。加えて，実質的に見てもソニー・ボノ法に定める保護期間はEUにおける保護期間と同じであり，このような長期の保護は米国内において著作物を創作・再生し広めることについてのインセンティブを著作者に与えうるものでもあること，また，同法は人口統計・経済・技術の変化を踏まえて連邦議会が制定した立法であることから，連邦議会の合理的な裁量の範囲内にあるとした。

なお，オリジナル性の要件をめぐる上告人（原告）らの前記の主張については，先例についての解釈を誤ったものであるとして一蹴している。また，上記のようなソニー・ボノ法の立法の正当性から鑑みるに，同法は「科学の発展を促進する」立法であると結論付けるに足る合理性があるといえるともしている。

第二の争点については，特許・著作権条項と修正第1条は近い時期に採用されていることからも，著作権の制限的な独占は表現の自由の原則と調和し，著作権制度に組み込まれていると考えられるとし，現に著作権の目的は自由な表現の創作と発行を促進するものであることを確認した。そして，控訴審と同様に，著作権の保護は表現についてであってアイデアには及ばないこと，一方，表現についてもその利用にはフェア・

> ユースが可能であること，更には，ソニー・ボノ法自体において表現の自由に配慮した規定を置いていること[33]を指摘。(著者のオリジナルな表現物が勝手に利用されないようにするという)著作権保護の伝統的な枠組みに変化を与えるものでない限り，修正第1条についての更なる検討は不要であるとし，結局，本件のソニー・ボノ法についても，修正第1条に反するものではないと結論付けている。

著作権の国際的な保護については，他の同盟国の著作者にも自国の著作者に対する保護と同じ保護を与えるという内国民待遇が原則となっているが，ベルヌ条約上，著作権の保護期間については相互主義の適用が認められている。これにより，他の同盟国が自国よりも保護期間を短く定めている場合は，同国の著作物は自国においてもその短い期間のみ保護されるに過ぎないことになる。従って，EUにおける保護期間が原則「著作者の死後70年」，米国における保護期間が原則「著作者の死後50年」という状況下においては，米国の著作物はEUにおいても「著作者の死後50年」まで保護されるということになる。連邦議会は，EUにおける長期の保護期間に合わせることについてのメリットを認め，ソニー・ボノ法を制定するに至ったものであり，適切な立法の裁量の範囲内にあるとの裁判所の判断は妥当であるといえる。ただ，特許・著作権条項を前提として考え

---

33) 最高裁は，憲法修正第1条に配慮した規定として，著作権法第108条(h)及び第110条(5)(B)を挙げている。前者は，発行済みの作品で，商業的に利用できず，かつ合理的な価格でコピーできないものについて，図書館等が，当該作品の著作権の保護期間満了前20年の間に，保存・研究目的によりファックス又はデジタル形式で複製，頒布，展示又は実演することを可能にする規定である。後者は，レストラン等の小規模な事業者が，ライセンス済みのラジオやテレビから流される音楽につき，実演に関するロイヤルティを支払う必要はないとする規定である(第3章第1節2も参照)。

たときに，どの程度の長さの期間までが同条項にいう「限られた期間」と言いうるのかということについては，依然として不透明さが残っているように思われる。

第 1 章　米国著作権法の特徴

第 3 節　著作権関係条約と米国著作権法

1. 著作権関係条約と米国のアプローチ

㈠　万国著作権条約（U.C.C.）への参画に至るまで

著作権制度の捉え方には，前記のように大陸法系と英米法系とで基本的な大きな違いがあり，この考え方の違いは，著作権関係条約への米国のかかわり方にも大きな影響を与えている。それが顕著に表れているのが，長期にわたるベルヌ条約への不参加，万国著作権条約（U.C.C.）の制定への参画であった。

(1)　初期のアプローチ

知的財産権は各国法においてそれぞれの保護が付与されており，一国における保護は他国に及ぶものではないという属地主義（territoriality）が原則である。また，米国における著作権法は 1790 年に最初に制定されたが，外国人の著作物は保護されておらず，外国人の著作物についての無断複製等の問題が発生していた。そこで，米国は 1891 年の著作権法改正（The Chace Act）により，相互主義を前提に外国人の著作物についても一定の条件のもとで保護を認めるようになり[34]，また同年以降，米国著作物の国際的な保護を意図して，二国間合意を締結していくようになる。しかし，各国における

---

34) 同改正において，いわゆる「製造条項（manufacturing clause）」が設けられた。即ち，外国人の書籍・刊行物については，米国著作権法の保護を受けうるには，それらが米国において作られたものであることを必要とするというものである（後掲・第 2 章第 2 節 3（外国著作物の保護）参照）。

第3節　著作権関係条約と米国著作権法

保護のあり方は様々であり、二国間合意を締結した場合であっても、それらの国で米国の著作物が保護されるかについては各国国内法を個別に確認しなければならないという不安定さがあった。また、当然のことながら、合意を締結していない国々との関係では著作権の保護は不十分であった。

(2)　ベルヌ条約の登場——1886年

ベルヌ条約が登場したのは、ちょうどこの頃である。ベルヌ条約は1886年にスイスのベルヌにおいて締結されたものであり、以後6回にわたり改正が行われている。現在のところ、1971年のパリ改正条約が最新の改正である。ベルヌ条約は著作権に関しての基本的な条約であり、正式名称を「文学的および美術的著作物の保護に関するベルヌ条約」(Berne Convention for the Protection of Literary and Artistic Works) という。

ベルヌ条約がその保護の対象とする「文学的及び美術的著作物」の範囲は広く、書籍、講演、楽曲などを始めとして、建築、写真、応用美術の著作物ほか、文芸、学術及び美術の範囲に属する全ての製作物を含むものとされており（第2条1項）、またベルヌ条約はその後の条約においても準用されるなど、いわば最低限の基準としての役割を果たすベルヌ条約の意義は大きい。2004年7月26日現在の加盟国数は155カ国に及んでいる。

ベルヌ条約の基本的な特徴として、内国民待遇（National Treatment）が原則となっている（第5条1項）。すなわち、他のベルヌ同盟国の著作者にも自国の著作者に対する保護と同じ保護を与えなければならないとする原則である。ただし、著作権の保護期間や追求権などについては、例外的に相互主義が取り入れられている（第7条8項、第14条の3第2項等）。また、財産的権利とは区別される権

49

利である，著作者人格権（moral rights）の保護が明示的に謳われているのもベルヌ条約の大きな特徴である（第6条の2）。そのほかには，翻訳権（第8条），複製権（第9条），音楽等の演奏権・上演権（第11条）などについての規定を置いている。

ただ，米国法との関係でみたときのベルヌ条約の最大の特徴は，無方式主義を採用しているということであろう。ベルヌ条約には，登録，著作権の表示など一切の方式は，著作権の保護に当たっては必要としない旨の定めが置かれている（第5条第2項）。米国は当時の著作権法において方式主義を採用しており，このベルヌ条約の定める無方式主義が，米国がベルヌ条約に加入する際の大きな障害となっていた。もとより，英国はベルヌ条約の制定当初からベルヌ条約に参加していたし，必ずしも英米系諸国だからといって方式主義を採用するとも限らないが，「固定性」の要件と同様に，著作権保護に何らかの方式を要求することは，著作権の財産権的な側面を強調する英米法系諸国に馴染みやすい考え方ではなかったかと思われる。

こうして，ベルヌ条約は登場したのであるが，無方式主義などが障害になり，米国は直ちにはその枠組みには加わらなかった。

(3) 万国著作権条約（U.C.C.）——1952年

もちろん，米国はベルヌ条約に加盟しなかったからといって，著作権の国際的保護について何も手を施さないまま過ごしていたわけではない。著作権保護に関する二国間合意に加え，特にラテンアメリカの国家との間で，多国間合意を締結する動きを見せ始める。これらは総称してパン・アメリカン条約とも呼ばれるもので，米国は1902年のメキシコ市条約，1910年のブエノス・アイレス条約に加盟している。パン・アメリカン体制の下では，著作権保護に際して登録などの方式を要求する方式主義を採用しており，この点でベルヌ

条約と対極をなしている。

しかし，その一方で，ベルヌ条約同盟国とパン・アメリカン諸国との二つの系統を橋渡しする必要性が認識され，米国も積極的に働きかけて，ユネスコ（UNESCO，国連・教育科学文化機関）主導の下，1952年に万国著作権条約(Universal Copyright Convention：略称"U.C.C."）が成立することになった。U.C.C.はこのように二つの対極的な制度を架橋するという意義を持つ条約であり，特に，緩和された方式主義を採用している点に特徴があるといえる。即ち，無方式主義を採用するU.C.C.加盟国の著作物であっても，登録，著作権の表示等の方式が要求される加盟国においては，緩和された要件の下で保護されうることになった。具体的には，最初の発行の時から，著作物の複製物全てについて，著作権者の名前，最初の発行の年及びⒸの記号を，適当な方法かつ適当な場所に表示していれば保護されることになった（第3条第1項）。

U.C.C.はまた，ベルヌ条約と同様に，内国民待遇の原則を掲げている（第2条）。一方，両条約における保護水準を比較してみた時に，U.C.C.における水準はベルヌ条約に比べて一般に低い。例えば，保護期間についてみれば，ベルヌ条約が原則として著作者の死後50年までとしているのに対し（ベルヌ条約第7条第1項），U.C.Cの場合は，原則として著作者の死後25年よりも短くてはならないとするのみである（第4条第2項(a)）。しかし，U.C.C.による低い水準の保護によってベルヌ条約の高水準の保護を切り崩してしまうということはない。両条約は相対立するものではなく，むしろ，U.C.C.はベルヌ条約の規定に影響がない旨を宣言しており（第17条第1項），ベルヌ条約とU.C.C.の両条約の加盟国の著作物については，より高い保護であるベルヌ条約の適用が保障されているものである。

U.C.C.は，1971年に，開発途上国の加入に配慮した改正が行われ

ている。

㈡　ベルヌ条約加盟とその後——1989 年

(1)　米国によるベルヌ条約加盟

U.C.C.の制定は，ベルヌ条約への架橋という役割を果たしている点で非常に重要な意義があるといえるが，U.C.C.自体は，ベルヌ同盟諸国，パン・アメリカン諸国がともにそれぞれの枠組みを前提として参加できるものであり，米国も U.C.C.へ加盟したからといって，それが直ちに米国のベルヌ条約加盟に結びついたわけではなかった。

加えて，ベルヌ条約に加盟していない状況であっても，ベルヌ条約上の保護を享受することが可能であった。これは，"back door to Berne"（ベルヌ条約への裏口）と言われている。即ち，ベルヌ条約の下においては，ベルヌ条約に加盟していない国の著作者であっても，ベルヌ条約加盟国において最初に発行するか，あるいは加盟国及び非加盟国において同時に発行すれば，ベルヌ条約によって保護されるとされている（第 3 条第 1 項）。また，1971 年のパリ改正条約では，「同時」の意味について，最初にベルヌ条約に加盟していない国で発行した場合であっても 30 日以内にベルヌ加盟国において発行した場合は「同時」といえると規定している（第 3 条第 4 項）。このため，米国がベルヌ条約に加盟していない状況下であっても，米国の著作者は，例えばパリ改正条約の加盟国であり隣国でもあるカナダで，米国での発行から 30 日以内に著作物を発行すれば，ベルヌ条約の恩恵を受けることができた。

しかし，この恩恵を享受できるにはそれなりの資力があることが前提として必要であるといえ，全ての著作者が平等にこの恩恵を享受できるわけではなかった。また一方で，米国著作物について，外

国における海賊版による被害が増加しており，U.C.C.による枠組みだけでは不十分であるという問題が顕在化していた。このような中で，米国が著作権の国際的保護において主導権を握ることの必要性が痛感され，また，米国は80年代半ばにユネスコを脱退したが，このことは，米国がU.C.C.以外の枠組みであるベルヌ条約へ加盟することの強い動機付けになったものと思われる。

このような経緯を経て，米国はようやくベルヌ条約に加盟することになった。ベルヌ条約制定から実に100年以上経過した1989年3月1日のことであった。

(2) TRIPS協定──1994年

ただ，ベルヌ条約への加盟を果たしたことで著作権保護が十分といえるようになったわけではなかった。知的財産権保護をめぐっては南北の見解の対立がはっきりしており，また既存の条約の枠組みでは紛争解決の仕組みが柔軟性を欠き，権利執行（エンフォースメント）の実効性が図れないという不満があった。

そこで，米国を含む先進諸国は，国際貿易の枠組みの観点からの知的財産権の保護を模索していた。そこで結実したのが，TRIPS協定（Agreement on Trade-Related Aspects of Intellectual Property Rights）である。同協定は，WTO（世界貿易機関，World Trade Organization）を設立するいわゆるマラケシュ協定の付属書の一つとして，GATT（関税及び貿易に関する一般協定，General Agreement on Tariffs and Trade）のウルグアイ・ラウンドにおいて，1994年4月15日に作成された。

TRIPS協定は，著作権だけでなく，商標，特許なども含んだ知的財産権全般について，その国際的保護の基準及びその権利確保の手続きについて定めを置いている。TRIPS協定は，内国民待遇（第3

第1章 米国著作権法の特徴

条)と同時に,最恵国待遇(第4条)を定めているのが特徴的である。最恵国待遇(Most Favored Nation Treatment)とは,他の国の国民に与える利益,特典,特権又は免除は,他の全てのWTO加盟国の国民に対して,即時かつ無条件に与えられる,という原則である。また,著作権関係でいえば,TRIPS協定は,著作者人格権に関する規定(ベルヌ条約第6条の2)を除いて,ベルヌ条約第1条から第21条までに定める保護内容を遵守するよう求め(第9条),ベルヌ条約の枠組みを前提にして,それに追加して保護を求める形となっている。第10条は,コンピュータ・プログラムがベルヌ条約上の「文学的著作物」に含まれることを明らかにし,また,データの編集物も保護するべきことを求めている。また,第11条は,コンピュータ・プログラム及び映画の著作物についての商業的な貸与の権利について規定している。第14条では,実演の固定に関しての保護など,実演家,レコード製作者及び放送機関の保護についての規定を置いている。同条により,第11条はレコードにも準用されている。

エンフォースメント及び紛争解決手続きについての規定もTRIPS協定の大きな特徴である。TRIPS協定は,加盟国においてエンフォースメントについての民事上・行政上の手続きと救済措置を設けるべきことを求め,またWTOの紛争解決手続というより実効性のある紛争解決方法も組み入れている。なお,開発途上国についてはTRIPS協定の適用を原則として最大5年,後発開発途上国については原則として10年延長するという経過措置を置いていることも特徴的である。

(3) WIPO条約——1996年

ベルヌ条約はWIPO(世界知的所有権機関,World Intellectual Property Organization)により管理されており,これまでもベルヌ条約の

改正がなされてきたのは前記の通りである。ただ，ベルヌ条約の改正は全会一致が原則であり，さまざまな利害が絡み合う中での合意形成は非常に困難になってきている。一方で，デジタル環境の急速な発展が著作物の権利関係に与える影響は大きく，デジタルネットワークにおける著作物の保護・活用のルール作りが重要な課題となっていた。そこで，WIPO は，ベルヌ条約本体の改正という形ではなく，ベルヌ条約を補足するという形で，ベルヌ条約の議定書 (Protocol to Berne Convention) の策定に向けた検討を開始していた。また，デジタル環境における著作物の保護という側面だけでなく，実演・レコードの権利強化という側面についても検討が行なわれた。特に，レコードの権利強化は，レコード・テープ・CD の海外での十分な保護を企図していた米国にとって非常に重要な課題であった。こうして 1996 年 12 月 20 日に採択されたのが，WIPO 著作権条約 (WIPO Copyright Treaty: 略称 "WCT") と WIPO 実演・レコード条約 (WIPO Performances and Phonograms Treaty：略称 "WPPT") である。

WIPO 著作権条約の規定を見ると，ベルヌ条約を TRIPS 協定のレベルまで引き上げる，という側面がまず見られる。WIPO 著作権条約は，ベルヌ条約第 20 条に定める特別の取極 (special agreement) として位置付けられており，またベルヌ条約第 1 条から第 21 条までの規定の遵守が前提とされていることに加えて（第 1 条），TRIPS 協定と同様に，コンピュータ・プログラムがベルヌ条約上の「文学的著作物」に該当すること（第 4 条），データの編集物（データベース）の保護（第 5 条），コンピュータ・プログラム及び映画の商業的貸与の権利（第 7 条）などについての規定を置いている。一方で，一般的な頒布権（譲渡権）についての規定を設けた（第 6 条）のは新しい特

徴である。この点，ベルヌ条約では頒布権は映画についてのみ認められていたに過ぎなかった（ベルヌ条約第14条参照）。

これに対して，WIPO実演・レコード条約は，独自色が強いものとなっている。実演家，レコード製作者の権利については，既に1961年に作成されたローマ条約（正式には，「実演家，レコード製作者及び放送機関の保護に関する国際条約 (International Convention for the Protection of Performers, Producers of Phonograms and Broadcasting Organization)」）があるが[35]，WIPO実演・レコード条約はこのローマ条約とは基本的に切り離されたものである。実演家の人格権（第5条），固定されていない実演に関する実演家の財産的権利（第6条），頒布権（第8条及び第12条），商業的貸与権（第9条及び第13条）などについて規定を置いている。

両WIPO条約を通じての最大の特徴は，デジタル化に対応した規定であり，両条約ともに実質的に共通した内容の規定を置いている。その一つは，公衆への利用可能化（アップロード）に関しての権利である（WCT第8条，WPPT第10条及び第14条）。ただし，WIPO著作権条約はさらに進んで，アップロードだけでなく，アップロードされた著作物を公衆に送信する権利まで含むものとなっている（WCT第8条）。もう一つの特徴は，技術的な保護手段の回避についての規定（WCT第11条，WPPT第18条）と，電子的な権利管理情報の改ざんに関しての規定（WCT第12条，WPPT第19条）である。

(4) その他

英米法系諸国における著作権の捉え方の特徴として，「著作隣接権」という概念を独自に打ち立てていないということがある。この

---

35) なお，ローマ条約もWIPOが管理している。

ためか，米国は著作隣接権に関する条約である上記のローマ条約には加盟していない。その一方で，例えばレコードについては，著作物が固定される媒体として米国著作権法上予定されており，1971年にジュネーブにて作成された，いわゆるレコード保護条約（正式には「許諾を得ないレコードの複製からレコード製作者を保護するための条約 (Convention for the Protection of Producers of Phonograms against Unauthorized Duplication of their Phonograms)」）には署名している。同条約は，ジュネーブ条約（Geneva Convention）とも呼ばれ，レコードの無断複製物の作成，公衆への頒布を目的とする輸入及び公衆への頒布からの保護を内容としている（第2条）。

2．米国連邦法による著作権保護の推移

(一) 初期段階

世界的にみて著作権についての最初の制定法と言われるのが，英国において1710年に成立したアン制定法（Statute of Anne）[36]である。アン制定法は，書籍の著作者又はその権利の譲受人に対して，発行に関しての一定期間の独占権を与えており，例えば印刷出版されていない書籍については，最初の発行から14年間（著作者がその期間満了時に生存している場合は，著作者について更に14年間）の保護を与えている。ここで著作権の保護は永久的なものではなく，期間満了によっていわばパブリック・ドメイン（公有）に帰すること，及び，そもそも発行の時点でコモン・ロー上の権利が消滅することが，1774年の貴族院（House of Lords）の判例である Donaldson v. Beckett[37] において打ち立てられている。

---

36) Anne, c. 19 (1710)
37) Donaldson v. Beckett, 4 Burr. 2408 (H.L. 1774)

第1章　米国著作権法の特徴

ただ，アン制定法自体が大陸法系寄りの考え方を採用していたのか，英米法系寄りの考え方を採用していたのかは，必ずしも明確であったわけではない。現に，***Donaldson***判決よりも5年前に王座裁判所(King's Bench)により判決が出されていた Millar v. Taylor[38]においては，コモン・ロー上の著作権による保護は無期限なものであり，制定法上の著作権とは関わりなく存在していると判示されていた。仮に，同判決のように，コモン・ロー上の著作権が著作物の発行後も，更には制定法上の著作権の保護期間終了後も消滅せずに存続するということであれば，著作権を自然権的なものとして捉える大陸法系の考え方に，より親和性があるといえよう。ただ，同判決は***Donaldson***判決によって覆されており，結論的には，英米法系諸国に強く見られる，経済的な観点から著作権を捉える考え方が強く反映されているように思われる。

米国において憲法が制定されたのが1787年であり，米国憲法の第1編第8条第8項に基づき最初の連邦著作権法が米国において制定されたのが，1790年のことである[39]。1790年法はアン制定法をモデ

---

38) Millar v. Taylor, 98 Eng. Rep. 201 (K.B. 1769)
39) Act of May 31, 1790, Ch. 15, 1 Stat. 124
40) これ以前にも，1802年の改正で印刷物が保護対象として追加されているほか，1865年改正では写真が，1870年改正では，絵画，図面，彫像，純粋美術のモデルやデザインが，著作権の保護対象として追加された。

一方，次にみる1909年法の下では，「著作権の全ての著作」(all the writings of an author) に著作権保護が及ぶこととされた（第4条）。なお，1909年法は，同条とは別に，著作権の登録 (registration) の申請ができる著作物として，書籍，定期刊行物，音楽，映画，録音物など，合計14の著作物のカテゴリーを掲げていた（第5条）。映画は1912年法の改正で，録音物は1972年の改正で，このカテゴリーに追加されたものである。

現行の著作権法である1976年法下での扱いについては，第2章第2節を参照のこと。

第3節　著作権関係条約と米国著作権法

ルとしているとされており，著作者又はその権利の譲受人に対して，地図，海図，書籍について，更新を可能とする14年間の保護を与えていた。

1790年法はその後，幾度かの改正を経ている。例えば，1831年の改正では音楽の著作物も保護対象として追加され[40]，また，保護期間が14年から28年に延長された。また，著作権について現在のように議会図書館（Library of Congress）の所掌とされたのが1870年の改正であった。また，その間出された重要な判決としては，Wheaton v. Peters[41]があり，ここにおいて最高裁判所は，上記***Donaldson***判決に沿った判断をして，発行された著作物については連邦法により統治されるという考え方に基づいた判決を下している。

なお，1790年法の下では，著作権保護のためには，登録，納本，公告等が求められている。このため，1790年法の下で著作権として実際に保護されるためには，これらの方式を履行している必要がある。方式を履行していない場合には，当該発行済み著作物はパブリック・ドメイン（公有）に属することになる。

㈡　1909年法

1909年に，全面改正された新しい著作権法が登場した。

1909年法は，まず著作権保護の仕組みに特徴がある。即ち，著作権保護の要件としては，発行（publication）と著作権の表示（notice）が要件となった（第10条）。このように「発行」が著作権保護の主要なメルクマールとなったことは，コモン・ロー上の著作権との共存の道を探るものとなっている。1909年法は明文で，未発行の著作物についてはコモン・ロー上の権利を否定するものではない旨の規定

---

41) Wheaton v. Peters, 33 U.S. 591 (1834)

を置いており（第2条），これによって，①発行以前は各州におけるコモン・ロー上の著作権で保護し，②発行後は連邦著作権法で保護する，という著作権の二元的な保護の仕組みが確立されたのである。

ただ，1909年法は著作権保護に際して著作権の表示を必要としているため，このような方式主義の採用は，無方式主義を採用するベルヌ条約に米国が加盟する上での大きな障害として残り続けた。また，1909年法は，1947年の改正により，著作権の保護期間として，「発行から28年間，更新により更に28年間」という合計で56年間の保護を可能とする保護期間を定めたが（第24条），これも，ベルヌ条約で最低限の基準として定める「著作者の死後50年まで」（ベルヌ条約第7条）という期間には及ばないものであった。

1909年法は，従前不明確であった部分も明確にし，首尾一貫性をもったより精緻な立法を企図して制定されたはずであったが，実際は不備が多かったようである。著作権保護の主要な要素である「発行」の定義も，法文上明確にはされていなかった。1950年代半ばから，全面改正に向けた取組が連邦議会において始まり，1976年10月19日に現行法である新しい著作権法が成立し，1978年1月1日から施行された。

㈢　1976年法

(1)　1909年法との特徴的な違い

1976年法においては，「発行」はもはや著作権保護の主要なメルクマールではない。しかし，方式主義を引き続き採用したことには変更がなかった。1976年法の下では，著作権の表示（notice）が全ての発行済み著作物に必要とされており，逆に，表示がない著作物については，著作権保護は失われ，パブリック・ドメイン（公有）に入る

第3節　著作権関係条約と米国著作権法

ことになる（第401条(a)及び第405条参照）。このように方式主義を引き続き採用していたということは，ベルヌ条約加盟に対しての障害として引き続き残ることになったことを意味している。とはいえ，「発行」が主要な要素でなくなったこととの関連で，1976年は次の点で1909年法と違う特徴がある。

一つは，保護期間の延長である。保護期間については，発行の時点から一律に何年，ということではなく，ベルヌ条約の水準とする「著作者の生存の間及びその死後50年」まで延長されることになった（1998年の改正前の第302条(a)）。また，ベルヌ条約は，無名又は変名の著作物については，著作物が公衆に適法に提供された時から50年と定めているが（ベルヌ条約第7条第3項），1976年法はそれよりも長く，発行の時から75年，又は創作の時から100年としている（1998年の改正前の第302条(c)）。従って，保護期間については，ベルヌ条約加盟の障害ではもはやなくなった。

もう一つの大きな特徴は，連邦法による専占の仕組みの確立である。既に述べたように，1976年法は第301条をおき，著作権は連邦法による保護に一元化されることが確立された。1909年法の下では，発行の時点を基準にした二元的な保護，即ちコモン・ローによる保護と連邦法による保護とのすみ分けがなされていたが，1976年法の下では，発行の有無に関わらず，純粋に連邦著作権法の規定に従い著作権保護の有無が判断されることになった。

なお，「発行」について一言。

「発行」は確かに著作権保護の主要な要素ではなくなったとはいえ，1976年法の下においても，上記の保護期間の規定（第302条(c)）のほか，いろいろな規定に組み込まれている。例えば，外国人の著作物の保護は発行の有無で判断が異なってくるし（第104条），また

発行によって著作権局に著作物を納付する義務も発生してくる（第407条）。このように，1976年法の下でも依然として重要な意義を有していることから，法は第101条において「発行」の定義規定も設けているところである[42]。

(2) ベルヌ条約執行法（BCIA, 1998年）

1976年法は今日に至るまで何度か重要な改正を経ているが，その中でも特に重要な改正が，1988年のベルヌ条約執行法（The Berne Convention Implementation Act of 1988：略称"BCIA"）[43]である。上記のように，米国は1989年3月1日にベルヌ条約への加盟を果たしたのであったが，方式主義の採用に典型的に見られるように，それまでの1976年法にはベルヌ条約と衝突する内容が含まれていた。一方，ベルヌ条約は米国法において自動執行力を持たない。そこでベルヌ条約への加盟を果たすべく，1976年法に修正を加えるために制定されたのがベルヌ条約執行法であった。

ベルヌ条約執行法は，ベルヌ条約との調和を図るため，著作権保護における方式主義を撤廃した。即ち，1989年3月1日以降に頒布される著作物については，著作権の表示は保護要件としては不要とされた。著作権としての保護を受けるためには，従来のような方式は不要であり，表現物が有形物に固定されることで足りることになった（第102条参照）。また，1976年法では当初，著作権に基づく訴

---

42)「発行」とは，「著作物のコピー又はレコードを売買その他所有権の移転，貸与により公に頒布することをいう。その後の頒布，公の実演，又は公の展示を目的としてコピー又はレコードを提供することは，著作物の発行に該たる。著作物の公の実演又は公の展示はそれ自体では発行とはならない。」と定義されている（著作権法第101条："publication"の定義）。
43) Pub. L. No. 100-568, 102 Stat. 2853 (1988)

第3節 著作権関係条約と米国著作権法

訟提起ができるための要件としての著作権の登録(registration)や著作権に関する文書の登記 (recordation) が必要とされていたが，ベルヌ条約執行法は，後者の登記の要件については完全撤廃し（第205条参照），前者の登録の要件については，原則として米国の著作物に限ることとした（第411条参照）。なお，ベルヌ条約は，著作物の本国(country of origin) 以外の国における保護についての無方式主義を謳っているものであるから（ベルヌ条約第5条参照），米国が自国の著作物についてのみ方式主義を採用したとしてもベルヌ条約に反するものとはいえないであろう。

このほかにもベルヌ条約執行法は，音楽の演奏権を規定するベルヌ条約第11条に配慮し，それまでジュークボックスにおける非演劇的音楽著作物の演奏についてはジュークボックス業者側に有利な内容の強制許諾の制度を置いていたのを改め，両者の交渉による使用許諾が可能になるように改めた（第116条A，現行第116条）。また，ベルヌ条約執行法は，裁判所が著作権法に定める額の範囲において損害賠償額を決定する，いわゆる法定損害賠償 (statutory damages)の額の範囲を上限・下限ともに二倍にした。この改正は，ベルヌ条約の規定に直接関係するものではない。しかし，一方で米国著作権法は，法定損害賠償の前提要件として著作権の登録を必要としている（第412条）。このことから，米国としてはベルヌ条約加盟に伴い米国外のベルヌ同盟国の著作物については登録を訴訟提起の要件から外しはしたものの，依然としてそれら外国の著作物についても，登録をすることについての強いインセンティブを与えようとしているとみることができる。

以上のように，ベルヌ条約執行法は，特に方式主義を改めた点においても重要な改正となったが，その基本は，ベルヌ条約に適合するための改正は必要最小限に留める，というものであった（いわゆる

ミニマリスト・アプローチ)。このため，米国内法で既に保護が与えられていると考えられるものについてはベルヌ条約執行法の対象として取り上げられず，例えば著作者人格権（ベルヌ条約第6条の2）についても手付かずのままとされた[44]。

(3) その後の主要な改正

改正後の具体的な内容・改正法をめぐる議論については，一部触れたものもあるが，多くは次章以降で現行法を紹介する中において論じる。ここでは，主要な改正内容についてごく簡単に紹介するに留める[45]。

A．視覚芸術の著作権の権利に関する法律（VARA，1990年）

英語名は，Visual Artists Rights Act of 1990（略称"VARA"）[46]。
著作者人格権についてはベルヌ条約加盟の際は国内法で対応済みとされ，ベルヌ条約執行法においても何らの規定も置かれなかったが，1990年の同法により，視覚芸術（visual art）という限られた範囲の著作物について，しかも制限的な範囲で著作者人格権（moral rights）の規定が設けられた（第106条A）。氏名表示権（right of attribution）と同一性保持権（right of integrity）の二種類の権利が規定されている。

---

[44] 134 Cong Rec S14552 (daily ed. Oct. 5, 1988) 参照（ここにおいて Leahy 上院議員は，ミニマリスト・アプローチを前提に，著作者人格権に関してはベルヌ条約加盟に伴っての米国法の改正は不要であると主張している。)
[45] ここで紹介した改正以外にも，例えば，著作権としてではなく，それ自体を保護する「独自の」(*sui generis*) 保護として，1984年には半導体チップの保護，1998年には船体デザインの保護に関しての規定が，連邦著作権法に設けられた。後掲・第5章第2節1及び5参照。
[46] Pub. L. No. 101-650 (Title VI), 104 Stat. 5089 (1990)

B. 建築著作物保護法 (1990年)

英語名は，Architectural Works Protection Act of 1990[47]

ベルヌ条約は，建築を明示的に保護の対象として掲げているが(ベルヌ条約第2条第1項)，上記のベルヌ条約執行法では特に手当てはなされていなかった。しかし，同法によって，建築著作物が著作物の8つ目のカテゴリーとして明示的に加えられ，米国著作権法上の保護が明らかにされた(第102条)。

この法律といい，上記のVARAといい，ベルヌ条約執行法の不備を補う改正法という側面があるように思われる。

C. ソフトウエアの貸与に関する修正法 (1990年)

英語名は，Software Rental Amendments Act of 1990[48]

著作物の適法な複製物の所有者は複製物を自由に処分できる。この場合，著作権者の頒布権は，貸与権も含めて消尽するのが原則とされており，これをファースト・セール・ドクトリン (first sale doctrine) という (第109条(a))。この例外として，音楽の著作物を収録したレコードの貸与権は消尽しないという改正が1984年に行われていたが[49]，これと同様に，コンピュータ・プログラムの商業的貸与権は消尽しないとする規定が設けられたのが，この1990年の改正である。レコードの貸与権と同様に，ファースト・セール・ドクトリンの例外として著作権法第109条(b)に規定が置かれている。

---

47) Pub. L. No. 101-650 (Title VII), 104 Stat. 5089 (1990)
48) Pub. L. No. 101-650 (Title VIII), 104 Stat. 5089 (1990)
49) Record Rental Amendment of 1984, Pub. L. No. 98-450, 98 Stat. 1727 (1984)

第 1 章　米国著作権法の特徴

D．家庭内録音法（AHRA, 1992 年）

英語名は，Audio Home Recording Act of 1992（略称"AHRA"）[50]
デジタル録音技術の急速な発展はレコード産業を脅かすようになり，その中で登場したのが家庭内録音法である。ここにおいては，例えば，第二世代のデジタルコピーを制御する，いわゆる連続コピー制御システム（SCMS）をデジタル録音装置に内蔵するべきことや，デジタル録音装置・媒体の製造・輸入・販売業者に対してロイヤルティの支払を義務付けることなどの規定を置いている。なお，このような規制が設けられている一方，そのような録音装置・媒体の製造・輸入・販売や，それを利用して消費者が非商業目的で音楽を録音することなどは著作権侵害として訴えられることがないことが確認されている。一連の規定は，著作権法第 10 章（第 1000 条台の規定）に置かれている。

E．ウルグアイ・ラウンド合意法（URAA, 1994 年）

英語名は，Uruguay Round Agreements Act of 1994（略称"URAA"）[51]。

ここでの大きな改正事項の一つは，遡及的保護に関する規定を設けたことである。ベルヌ条約第 18 条第 1 項は，保護期間が満了したもの以外は原則として遡及的に保護するべきことを定めているが，ベルヌ条約執行法ではこれについての手当てはなされなかった。しかし，米国はその後態度を軟化し，1993 年の NAFTA 協定法[52]にお

---

50) Pub. L. No. 102-563, 106 Stat. 4237 (1992)，後掲・第 5 章第 2 節 2 （「家庭内録音法」）も参照
51) Pub. L. No. 103-465, 108 Stat. 4809 (1994)

いて，米国著作権法上の「表示」要件の欠如のために保護を受けられないでいたメキシコとカナダの映画著作物について遡及的保護を認めたのを皮切りに，TRIPS協定締結に伴う1994年の改正においてその範囲を更に広げ，ベルヌ同盟国及びWTO諸国の著作物で米国著作権法に定める方式を履行していない著作物についての遡及的保護を認めた（第104条A）[53]。

もう一つの特徴は海賊版対策 (anti-bootleg) の規定である。即ち，生の音楽の実演の固定や伝達，さらにはその録音物の複製物の取引が実演家の許諾なしに行われることなどを禁じた（第1101条）。TRIPS協定第14条は生実演の固定や公への伝達についての実演家の権利を定めており，この規定に配慮した改正であるといえる。

F．録音物のデジタル実演権に関する法律 (DPRSRA, 1995年)

英語名は，Digital Performance Right in Sound Recordings Act of 1995（略称"DPRSRA"）[54]。

同法はデジタル技術の急速な発達を踏まえての立法であり，レコード業界の長年の要望を踏まえ，録音物のデジタル送信が無断で行われないようにする立法措置を行った。ここにおいて，デジタル送信による録音物についての公の実演権が，排他的権利の一つとして規定された（第106条(6)）。

---

52) The North American Free Trade Agreement ("NAFTA") Act of 1993, Pub. L. No. 103-182, 107 Stat. 2057 (1993)
53) 後掲・第2章第2節3（「外国の著作物」）参照
54) Pub. L. No. 104-39, 109 Stat. 336 (1995)
55) Pub. L. No. 105-304, 112 Stat. 2860 (1998)

G．デジタル・ミレニアム法（DMCA，1998 年）

英語名は，Digital Millennium Copyright Act of 1998（略称 "DMCA"）[55]。

同法も急速に進むデジタル化・ネットワーク化を踏まえての立法であり，WIPO 著作権条約・WIPO 実演・レコード条約への対応を図るため，技術的な保護手段の回避についての規定（特に第 1201 条）と，著作権の権利管理情報の改ざんに関しての規定（特に第 1202 条）が設けられた。また，あわせて，オンライン・サービス・プロバイダーの責任制限に関する規定が置かれている（第 512 条）。

H．ソニー・ボノ法（CTEA，1998 年）

英語名は，Sonny Bono Copyright Term Extension Act or 1998（略称 "CTEA"）[56]。

これは上述の，著作権保護の正当化根拠のところで触れた Eldred v. Ashcroft で登場した法律である。同法により，著作権の保護期間を 20 年延長し，原則として，著作者の生存期間プラス 70 年を保護期間とする改正が行われた（第 302 条）。

---

56) Pub. L. No. 105-298, 112 Stat. 2827 (1998)

第3節　著作権関係条約と米国著作権法

> 以上、他の知的財産権との関係や、現在に至るまでの米国著作権法の改正経緯も含め、米国著作権法の特徴について概観してきたが、次章からはいよいよ、米国著作権法(1976年法)の具体的な内容に入ることとする。第2章から第4章までの関係を示すと、下図の通りである。まずは次章において、著作権の保護対象について取り上げる。

〈米国法における「著作権」に関する関係図〉

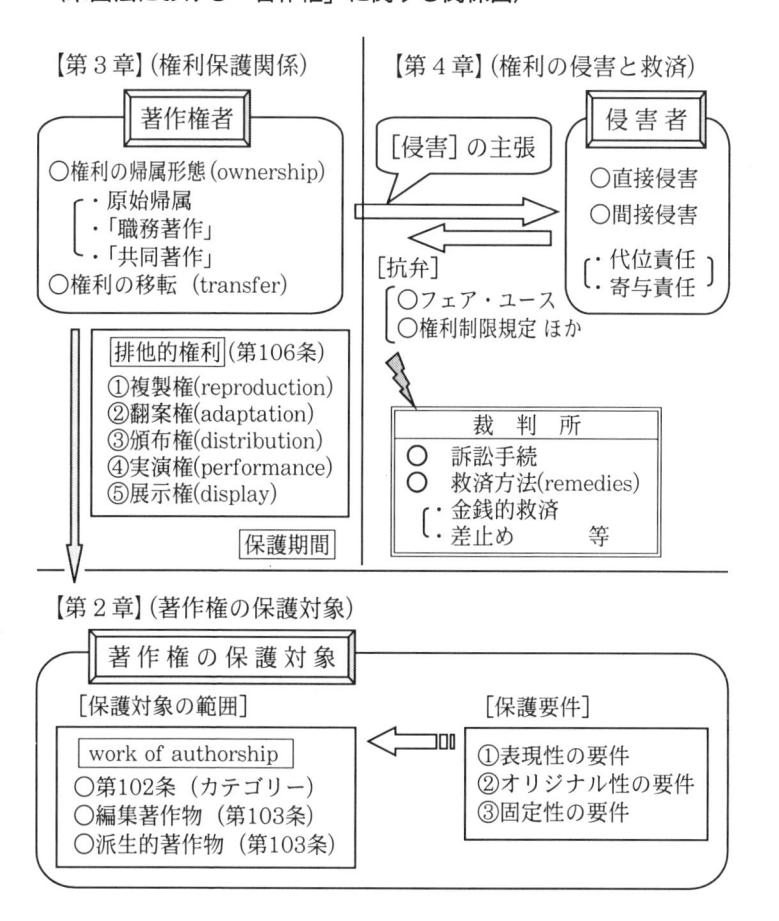

【第3章】(権利保護関係)　【第4章】(権利の侵害と救済)

　著作権者　　　　　　　　　　　　　　　　侵害者

[侵害]の主張

○権利の帰属形態(ownership)　　　　　　　○直接侵害
　・原始帰属　　　　　　　　　　　　　　　○間接侵害
　・「職務著作」
　・「共同著作」　　　　　　　　　　　　　　・代位責任
○権利の移転　(transfer)　　　　　　　　　・寄与責任

[抗弁]
　○フェア・ユース
　○権利制限規定 ほか

[排他的権利](第106条)
①複製権(reproduction)
②翻案権(adaptation)　　　　　　　裁　判　所
③頒布権(distribution)　　　　　○　訴訟手続
④実演権(performance)　　　　　　○　救済方法(remedies)
⑤展示権(display)　　　　　　　　　・金銭的救済
　　　　　　　　　　　　　　　　　　・差止め　　　等
[保護期間]

【第2章】(著作権の保護対象)

　著 作 権 の 保 護 対 象

[保護対象の範囲]　　　　　　　　　　[保護要件]

work of authorship　　　　　　　　①表現性の要件
○第102条 (カテゴリー)　　　　　　　②オリジナル性の要件
○編集著作物 (第103条)　　　　　　　③固定性の要件
○派生的著作物 (第103条)

69

第 2 章　著作権の保護対象

第 1 節　保護要件（statutory requirements）

1. 総　　論

㈠　著作権法第 102 条(a)

著作権法第 102 条(a)の柱書は次のように規定する。

著作権の保護は，本編に従い，著作者が作成したオリジナルな著作物で，有形的な表現媒体に固定されたものに及ぶ……。

Copyright protection subsists, in accordance with this title, in original works of authorship fixed in any tangible medium of expression...

ここで「本編」とは，合衆国法律集の第 17 編である米国著作権法（Title 17 of USC）を指す。よって同条項から，米国著作権法上著作権の保護を受ける著作物は，①「expression（表現物）」であること，②「original（オリジナル）」であること，そして，③有形物に「fix（固定）」されていること，が基本的な要件として導かれる。どのようなものが "works of authorship"（著作者が作成した著作物）とされるのかについては，保護対象の範囲（Subject matters）の問題として次節において取り扱う。

ところで，第 1 章でみたように，ベルヌ条約執行法（1988 年）によ

第 2 章　著作権の保護対象

り方式主義は撤廃され，著作権表示などの方式は米国法上も著作権保護の要件としては不要になった。ただ，米国の著作物については，登録 (registration) が訴訟提起に必要な要件とされている。そこで，上記 3 つの著作権の保護要件 (①表現性の要件，②オリジナル性の要件，③固定性の要件) について触れる前に，登録制度も含めた方式一般についての現行法における扱いについてここで概観する。

㈡　現行法下での「方式」の概要（主として第 401 条～第 412 条関係）

(1)　著作権表示（**notice**）

1909 年法の下においては，著作権の表示は，発行 (publication) とともに，著作権保護の重要なメルクマールであった。そして，1976 年法の下においても表示は保護要件として生き続け，ベルヌ条約執行法による改正までは，発効済みの著作物の複製物に著作権表示が付されることが著作権保護の要件とされていた。この場合の表示の内容としては，①「ⓒ」の記号か，「Copyright」やその省略形の「Copy.」の文字，②最初の発行の年，③著作権者の名前，を表示することが求められている (第 401 条)。録音物のレコードについては，「ⓒ」（マル C）の代わりに，「ⓟ」（マル P）が用いられる (第 402 条)。ここで，仮に著作権表示を欠いた場合は，著作権は失われることになる。但し，その場合でも，部数が少ない場合や，発行後 5 年以内に著作物を登録 (registration) し，かつ表示に向けての合理的な努力をした場合など一定の場合には，著作権は失われないとされている (第 405 条(a))。著作権表示を欠いてはいないが，表示に誤りがあった場合等の扱いについては，第 406 条に規定が置かれている。

一方，ベルヌ条約執行法による改正後，即ち 1989 年 3 月 1 日以降

第1節　保護要件（statutory requirements）

に発行された著作物については，著作権の表示はもはや著作権保護の要件ではなくなっている。しかし，著作権表示の今日的意義がなくなったわけではない。侵害者が著作権侵害について善意である場合，賠償するべき損害額は裁判所により軽減されうるが，適切な著作権表示がある場合は，そのような「善意」の抗弁は原則として成り立たないとされている（第401条(d)及び第402条(d)）。このように，著作権法は著作権の表示を引き続き奨励しているものである。

(2) 納付（deposit）及び登録（registration）

A．納　付

米国著作権法上，著作権者は，発行した著作物について，最良版の完全なコピー（著作物が録音物の場合は，レコード等）2部を，発行から3ヶ月以内に議会図書館に納付する義務が課せられている（第407条）。これは議会図書館の所蔵品をより充実させることを目的としており，違反者には罰金が課せられる。しかし，これは著作権の保護要件ではないから，納付をしない場合であっても著作権の保護が失われるものではない。また発行していない著作物については同条の納付義務は課せられていないし，その他にも例外規定などが連邦規則において定められている[1]。

B．登　録

(A) 登録のインセンティブ

登録は1976年法の下では保護要件ではない（第408条(a)）。しかし，登録は著作物を特定する役割を果たすものであり，米国著作権

---

1) 37 C.F.R.§§202.19-202.21 (1987)

法上，登録をすることについての様々なインセンティブが盛り込まれている。

まず，何度か述べてきたように，米国の著作物に関して著作権侵害訴訟を提起しようとする場合には，登録が前提条件とされている（第411条(a)）。この場合，仮に登録が著作権局から拒絶された場合であっても，訴状の写しとともに著作権侵害の通知を著作権局に送達することにより，訴えを提起することが可能である。なお，著作者人格権の侵害を理由とする訴えの場合には，前提条件としての登録は不要とされている。

また，登録の発行日前に開始された侵害に対しては，法定損害賠償（statutory damages）や弁護士費用（attorney's fee）の救済は原則として受けられない（第412条）。外国の著作物については，登録は米国内で訴訟提起をする場合の条件からは外されているが，このように救済方法に制限があるので，外国の著作物についても依然として登録をすることの強い動機付けとなっていると思われる。

登録のその他の重要な機能としては，有効性についての一応の証拠（prima facie evidence）となるということがある。即ち，著作物の最初の発行から5年以内になされた登録の証明は，著作権の有効性及び証明書記載の事実についての一応の証拠となり，立証責任が軽減されるというメリットがある（第410条(c)）。

なお，登録（registration）とは異なり，移転証書等，著作権に関する書類を登記（record）することは，ベルヌ条約執行法により訴訟提起の前提条件からは外されたが，登記により，登記記載の事実について全ての者に対して告知をしたものと擬制され（第205条(c)），著作権の二重譲渡がある場合は最初に移転登記を行ったものが優先することになる。しかし，第一譲受人が優先するためには，権利移転から1ヶ月以内に登記をすることなどが必要とされ（第205条(d)），

第 1 節　保護要件（statutory requirements）

また，そもそも擬制的告知があるといえるためには，著作物について登録がなされていることが前提条件となっている（第205条(c)）。従って，ここにおいても登録についてのインセンティブが働くようになっており，しかも早期の登録を促すものとなっているといえる。

(B) 登録手続と著作権局

登録をするためには，所定の申請用紙[2]に記入の上，手数料[3]を添えて著作権局に提出することになるが，あわせて著作物の納付が義務付けられている（第408条(b)）。なお，議会図書館への第407条に基づく納付をもって第408条に基づく登録のための納付があったものとすることができるとされているが（第408条(b)参照），両者は趣旨も異なる別の制度である。実際，例えば，第407条の納付は未発行の著作物については不要であるのに対し，第408条の登録のための納付は未発行の著作物についても必要とされ，その場合は完全なコピー又はレコード1部を著作権局に納付する必要がある。

登録は，著作権局による審査を経た後に行われ，登録証明書が申請者に交付されることになる（第410条(a)）。この著作権局による著作権登録のための審査は，著作権の保護対象となるものであるか，その他の法的・形式的要件を満たすものであるかのみを判断するものであり，特許についての特許商標庁（PTO）による厳しい審査とは

---

2) 著作権局のウエブサイトである［http://www.loc.gov/copyright］で様式を手に入れることができる。様式は，著作物の種類などに応じて区別されており，例えば様式 TX は，非演劇的な言語の著作物（書籍，コンピュータ・プログラムなど）のためのものである。同サイトではまた，申請手続の手順についても書かれている。
3) 17 U.S.C.§708. なお，登録のための手数料は，平成16年7月現在，各申込みにつき $30 とされている。

対照をなしている。

なお,著作権局 (Copyright Office) は,以上のような登録・登記の事務のほか,国内外の著作権関連の問題について連邦議会に情報提供や助言を行なったりするなど,著作権政策の推進の面においても重要な役割を果たしている。著作権局は連邦議会(連邦議会図書館,Library of Congress)の下, 1897年に独立した部署として設けられたものであり,著作権法の第7章(第700条台)に著作権局に関する規定が置かれている。

2．表現性の要件 (expression)

㈠ 表現・アイデア二分法 (expression/ idea dichotomy)

著作権はまず「表現」物である必要があり,他の知的財産権との関係でみてもこの点で特徴的であるといえる。一方で,著作権は「表現」の部分を保護するのであって,その前提となった「アイデア」や事実までも著作権で保護されるわけではない。著作権法第102条(b)は次のように規定している。

> いかなる場合であっても,著作者が作成したオリジナルな著作物についての著作権の保護は,アイデア,手順,プロセス,システム,操作方法,概念,原理又は発見に対して及ぶものではなく,このことは,それらが著作物において描写,説明,図解,あるいは組み込まれている形式如何に関わるものではない。

> **In no case does copyright protection for an original work of authorship extend to any idea, procedure, process, system, method of operation, concept, principle, or discovery, regardless of the form in which it is described, explained, illustrated, or embodied in such work.**

第 1 節　保護要件（statutory requirements）

　このように，著作権保護は表現物の部分に及び，その根底にある事実やアイデアの部分には及ばないという考え方は「表現・アイデア二分法（Expression/ Idea dichotomy）」と呼ばれ，著作権法の保護を考える上で重要な前提となっている。この考え方の基礎となっている判決が，次にみる Baker v. Selden の最高裁判決である。

|判例| **Baker v. Selden, 101 U.S. 99（1889）**

1. |事案の概要|

　本件は，書式を示しながら独特の簿記のシステムを解説する本について，その著作権を主張する Selden 側が，著作権侵害を理由に Baker を訴えた事案である。Selden 側の本で書かれているシステムは，そこで示されている独特に配置された欄や見出しを用いることにより，会計簿の 1 ページ又は見開きページ上に，一日，一週間又は一ヶ月単位で事業を全て盛り込めるというものであった。Baker は，同じような効果が得られる同じようなプランを用いた本を出版したが，そこで用いられている見出しや欄の配置は Selden のものとは異なるものであった。要するに，Baker は Selden のものと実質的に同じシステムについて独自に言及した本を出版した。

　そこで，簿記の方法・システムの使用について著作権が及ぶのかが争点となった。仮に著作権が及ぶのであれば Baker は Selden の著作権を侵害したことになるし，システムまで著作権が及ばないということであれば著作権侵害ということにはならないことになる。

2. |判旨|

　　一般に本を出版する場合，その目的は，そこに含まれている有用な知識を世界に伝達することにある。著作権侵害を理由に，知識を自由に利用できないということであれば，この目的は十分に達成で

第2章 著作権の保護対象

> きなくなってしまうからである。また、そこで説かれている技術（art）を利用する場合に使用せざるを得ない図や方法は、その技術に必要的に付随するものと考えられる。そのような技術の保護については特許が用意されており、新規性の要件など特許商標庁（USPTO）の厳格な審査を経て特許が付与されるのであれば格別、そうでない場合には公共のものとなる。本件においても、簿記に関する本について著作権があるからといって、著作権者は、その本に描かれているプランに基づいた会計簿を作成、販売、使用する権利まで有するものではない。そして、当然のことながら、その技術を使用する際には、それに付随するものとして、当該技術に適した決まった線や見出しが必要的に用いられる。
>
> 最高裁は以上のような趣旨のことを述べた上で、技術の「説明（explanation）」は著作権の保護対象であるが、技術の「使用（use）」は特許の保護対象であるとし、無記入の会計簿自体は著作権の保護対象ではなく、また本についての著作権があるからといって、本で説明されている会計簿を作成・使用する権利まで与えられるわけではないと結論付けている。

このように、*Baker*判決はまず、著作権と特許の区別を確認し、そこにおいて表現とアイデアの区別を論じている。著作権制度は、アイデアや事実を前提に、そこから様々な表現物が生み出されることを期待しているのであり、表現という形式を保護する一方で、それらアイデアや情報は公のものとして自由に利用可能であるべきことを一般には予定しているといえる。但し、アイデアのうち技術的なもの、実用的・機能的なものについては、特許法の領域であり、特許の保護を受けうるためには先行技術を考慮した厳格な審査が必要とされている。

この判決で最高裁は、無記入の会計簿について著作権保護を否定

第 1 節　保護要件（statutory requirements）

したが，このように実用的・機能的なものについては特許法の領域であって著作権法の領域ではないという判断がまず前提になっているものと思われる。また，連邦規則上も，書き込み用紙（blank form）といった雛型については著作権の保護は否定される旨の規定を置いている。即ち，「タイムカード，グラフ用紙，会計簿，日記帳，銀行小切手，スコアカード，アドレス帳，レポート用紙あるいは注文用紙といったような書き込み用紙で，情報を記録するためにデザインされ，それ自体において情報を伝達するものではないもの」は著作権の対象ではなく，著作権局に対して登録の申請をすることもできないとされている[4]。

㈡　融合法理（**merger doctrine**）

上記 *Baker* 判決では，「説明」と「使用」を区別した理論を展開している。即ち，ある技術（アイデア，システム）に関する本について，技術の「説明」については著作権の保護領域であるが，技術の「使用」については特許の保護である。そして，技術を「使用」するために，その技術の「説明」（著作物）を必要的に借用しなければならない場合は，著作権侵害とはならない。

Baker 判決は大方このような見解に立ち，「表現」と「アイデア」は明確に区別できるということを前提にした立論を行なっているといえる。実際 *Baker* ケースでは，システムの説明（表現部分）と，当該システムを実行するために考案された会計簿（アイデア部分）とは明確に区別しうる事例であった。しかし，そもそも両者の区別が明確にできない場合の扱いについては，本判決からは必ずしも明らかではない。具体的には，アイデアを表現する方法が限られている

---

4) 37 C.F.R.§202.1 (c) (1992)

場合に問題となる。

この点については、その後に出された下級審では考え方が分かれている。

一つの考え方は、そのような表現についての著作権を肯定しつつ、著作権侵害の認定に際して厳格な基準を用いることで、著作権侵害の認定には消極的な考え方である。例えば、Continental Casualty Co. v. Beardsley[5]では、紛失した証券を取り替えるための包括保証証書（blanket bond）の書式（雛型）についての著作物性が問題になった。書式は、保証証書、紛失・免責合意の宣誓供述書等を含むものであり、包括保証証書のプランを説明するパンフレットに盛り込まれていた。第2巡回区控訴裁判所は、プランを説明する言語自体が保証証書や宣誓供述書に不可分に盛り込まれているのであり（表現とアイデアが不可分）、システムの説明とシステムの使用とが区別できることを前提としていた*Baker*判決は当てはまらないとして、本件書式（の言語）についての著作権性を肯定した。しかし裁判所は、保険等の分野で書式中用いられている特定の言葉を使用することの重要性に配慮し、著作権保護は当該言語が保護される限りにおいてであり、その根底にあるアイデアを利用しても著作権侵害にはならないとした。そして本件では、他人が当該書式中の言葉を利用した行為については、その根底にあるアイデアを利用する際に付随的に利用したものに過ぎないとして、著作権侵害を否定した。

もう一つは、著作権自体を否定する考え方である。*Baker*判決を前提に、それを一層推し進めた考え方であるといえる。例えば、Morrissey v. Procter & Gamble Company[6]では、賭け事（sweep-

---

5) Continental Casualty Co. v. Beardsley, 253 F.2d 702 (2d Cir. 1958)

stakes) をする際のルール（「参加者は氏名，住所及び社会保険番号を記入すること」といったような事項を定めた「ルール1」）が，他者によってほぼ丸写しされた事案において，その著作権性が問題となった。第1巡回区控訴裁判所は，対象物の範囲が狭いためにその表現方法が極めて限られる場合には，そのような表現方法について著作権を認めることは，その根底にある実質（対象物）について，将来の全ての使用可能性を使い果たしてしまうものだとした。要するに，ある事項（アイデア）を説明しようとする場合に，説明の表現方法が限られるためどうしても似たような表現にならざるをえないような場合には，ある表現を著作権として保護すると，その事項を説明するその他の全ての表現についても保護されることになり，結局は根底にある事項自体を事実上支配できることになってしまう，というようなことである。本件では，「ルール1」に含まれる事項は非常に直截で単純であり，この考え方が妥当するとして，著作権の保護自体が否定された。

　この *Morrissey* 判決の考え方は，いわゆる融合法理（又は「マージ理論」）（merger doctrine）と呼ばれるものである。これは，アイデアの表現方法が一つ，あるいは非常に限られている場合には，アイデアと表現とが融合（merger）しているものとして，著作権保護を否定する考え方である。この法理は，著作者がごく限られた表現について著作権を取得することにより結局はアイデア自体を独占できてしまうという事態を避け，著作権と特許との区別に配慮した法理であるといえる[7]。また，それ自体において情報を伝達するものではない記録用紙等については著作権の保護はないとする著作権局に関する上記の規則も，融合法理を前提にしたものとみることもできるだろ

―――――――――――――――――

6) Morrissey v. Procter & Gamble Company, 379 F.2d 675 (1st Cir, 1967)

う。

3．オリジナル性の要件（**originality**）

冒頭でも述べたように，「オリジナル」ということには二通りの意味がある。一つは，他の著作物に依拠していないこと（独立性），もう一つは，創作性があること（創作性）である。

(一) 独 立 性

著作権の成立には，著作者が独立して創作したものであることがまず必要であるが，これは特許において求められる新規性（novelty）ほどの厳格な基準ではない。特許の場合は，「世界」にとって新規なものである必要があるが，著作権の場合は「著作者」にとって新規なものであればよい。即ち，ある著作物を創作した時点で，他に同じような著作物が既に存在していたとしても，著作者がそれに依拠していたものでない場合（independent creation）には，著作権の保護が否定されるわけではない。この点で特許の方が強力な権利でもあるということは，第1章において述べた通りである。

(二) 創 作 性

創作性（creativity）の程度については，それほど高度なものが要求されている訳ではなく，"modicum of creativity"（ほんの少しの創

---

7) 例えば，アイデアと表現が不可分である場合に著作権の保護は否定される。Herbert Rosenthal Jewelry Corp.v. Kalpakian, 446 F.2d 738 (9th Cir.1971) で第9巡回区控訴裁判所は，金で形作られ，宝石で覆われたミツバチの形のピンについて，ミツバチを宝飾するというのは「アイデア」であり，「アイデア」と「表現」は本件では不可分であって，その「表現」のコピーは妨げられない，と判示している。

第1節 保護要件 (statutory requirements)

作性)があれば足りるとされている。この点についての重要な最高裁判決が *Feist* ケースである。

> 判例 **Feist Publications, Inc. v. Rural Telephone Service Co., 499 U.S. 340, 111 S.Ct. 1282 (1991)**
>
> 1. 事案の概要
>
> Rural 電話会社は，ホワイト・ページ（個人別電話帳）とイエロー・ページ（職業別電話帳）から構成される典型的な電話帳を出版しており，電話帳は，Rural の加入者の情報をアルファベット順に掲載している。一方，Feist 出版社は，地理的により広域をカバーする電話帳を出版する会社で，Rural とは，イエロー・ページの広告において競争関係にある。Feist は広域電話帳の作成のため，11 の電話会社に対してホワイト・ページのリストの使用許諾を求めたが，Rural からは拒絶された。しかし，Feist は Rural の許諾無しにこれを利用することとし，そのデータの裏づけ調査を行なった上で，個人宅の住所を追加したものを出版した（なお，Rural のホワイト・ページには住所までは掲載されていなかった）。ただ，Feist の電話帳（1983 年版）のリスト 46,878 個のうち，1,309 個は Rural のホワイト・ページ（1982 年-1983 年版）と全く同じであり，しかもそのうち 4 個は，無断コピーを見つけるために Rural が挿入した架空のものであった。
>
> そこで，Rural は著作権侵害を理由に訴えを提起した。連邦地裁，連邦控訴裁判所（第 10 巡回区）ともに，電話帳は著作権性があるものとして，Rural 側に有利な判決が出された。
>
> 2. 判旨
>
> 　著作権の必須要件 (*sine qua non*) はオリジナル性 (originality) である。著作権保護があるといえるためには，著作物が著作者にとってオリジナルでなければいけない。オリジナルということは，著作物が著作者によって独立して創作されたものであること（他の著

作物をコピーしたものでないこと），及び少なくとも最小限度の創作性があること，を意味するのみである。必要とされる創作性の水準は極めて低く，ほんの少しというのでも足りる。ほとんどの著作物はこの創作性の基準を容易に満たすであろうし，それが「例え未熟で，地味で，明白なものであっても」構わない。また，オリジナルということは，新規性を意味するものではない。偶然に他者の著作物と符合する著作物を作成しても，コピーしたというのでなければ，オリジナルであるといえる。オリジナル性は，憲法上（米国憲法第 I 編第 8 条第 8 項）導かれる要件である。事実（facts）には著作権性がない。事実は，創作という行為に由来するものではないからである。一方，事実の編集物（compilations）には著作権性がある。事実の編集物を作成する場合，編集者は典型的には，事実・データを取捨選択して読みやすいように配列することになるが，その選択（selection）及び配列（arrangement）が，編集者によって独立して行なわれ，最低限の創作性を伴うものである限り，著作権保護のために十分なオリジナル性があるといえる。但し，この場合保護の対象となるのは，当該著作者にとってオリジナルな部分（当該編集者による特定の選択や配列）についてだけであり，そこで使用されている生の事実自体には著作権の保護は及ものではない。

　生の事実はオリジナル性を満たすものではなく，本件 Rural の電話帳に掲載されている生のデータ（氏名，町の名前，電話番号）自体はもともと Rural に由来するものではない。一方, Rural はそれらデータを編集しているが, ここにオリジナル性を認めることができるかが問題となる。しかし, オリジナル性の基準は低いとはいえ, 事実の選択や配列が, 創作性を必要としないほど機械的あるいは慣例的な方法に従ったものであれば, オリジナル性は認めることができない。

　本件において，ホワイト・ページについての Rural による選択，

第1節　保護要件（statutory requirements）

> 整理及び配列は，著作権保護の憲法上の最低基準を満たすものではない。Rural のホワイト・ページは非常に典型的な内容で，基礎的な情報について名字によりアルファベット順にリスト化したものである。氏名，町の名前，電話番号といった情報は電話帳の記載に最も基本的な情報であって，そこにオリジナルと言えるほどの事項の「選択」があったとみることはできない。またアルファベット順の分類というのは，昔から深く根付いている慣習であり，非常に決まりきったやり方である。オリジナルではない，というばかりか，実際上も不可欠なものである。
>
> 最高裁は以上のように述べたうえで，Rural のホワイト・ページは必要なオリジナル性を欠くものであり，Feist によるリストの使用は著作権侵害とならないと結論づけた。また，著作権はオリジナル性に報いるものであって，努力に報いるものではない，と締めくくっている。

事実の編集物を保護することの正当化根拠として，かつては「額に汗（sweat of the brow）」とか「熱心な収集（industrious collection）」といわれる考え方が採用されていた。これは，著作権は事実を編集した努力に報いるものである，との考え方に基づいているといえる。しかし，この考え方は，事実の選択，組合せ及び配列といった編集者のオリジナルな貢献部分を超えて，事実そのものについても保護するというものであり，*Feist* 判決においても明確に否定されている。

Feist 判決は直接的には編集物についてのケースであるが，オリジナル性についての本判決の考え方は全ての著作物に通じる基本的な考え方であると思われる。

4．固定性の要件（**fixation**）

㈠ 「固定」の意義

　固定性は日本の著作権法では一般に要求されていない要件である。しかし，固定性を要求することは，著作物の対象を特定し具体化する役割があるといえ，必然性こそないであろうが，米国法のように著作権の経済的側面を重視する立場からは馴染み易い考え方ではないかと思われる。また，米国憲法上も基本的には著作物の固定について予定しているともいえる。即ち，米国憲法第1編第8条第8項（特許・著作権条項）は，「Writing（著作）」を保護の対象として掲げており，これは「創造的な知的又は芸術的労働の果実についてのあらゆる物質的表現 (physical rendering)」を含むものとされている[8]。

　固定がなされる媒体としては，著作権法上，コピー（copy）とレコード（phonorecord）の二種類が予定されている。「レコード」とは，音声が固定された有体物であって，直接あるいは機械・装置を使用することにより，そこから音声を覚知，複製あるいは伝達することができるものをいう。従って，昔ながらのレコードだけでなく，音声が録音されたテープやCDなども「レコード」に含まれる。一方，このような働きをする有体物のうち，「レコード」以外のものが「コピー」である。なお，音声の固定物であっても，映画その他の視聴覚著作物を伴う音声を固定したものは「レコード」ではなく（第101条：「レコード」の定義参照），それらは「コピー」として分類される。

　ところで，著作権として保護されるためには，有体物への表現が固定されていることが前提とされているため，未固定の，例えば生

---

8) <u>Goldstein v. California,</u> 412 U.S. 546 (1973)

第1節　保護要件（statutory requirements）

演奏・生放送などは，連邦著作権法による保護の対象とはされないことになる。但し，第101条は「固定」についての定義規定の中で，この要件を一定限度緩和している。即ち，音や映像を含む著作物を送信する場合は，送信と同時に固定されている場合には著作権法上の「固定」があるものとする。従って，例えば，生放送番組を送信する際に同時に録画をすれば，「固定」要件は満たされるといえる。そもそも著作権法上の「固定」があるといえるためには，著作者又はその許諾を得ている者による固定であることが必要であるが（第101条：「固定」の定義参照），著作物の送信者が実際に適法に著作物を固定している以上，著作権法上の固定性の要件は何とか満たされているといえる。

しかし，さらに，権限のない他人が勝手に未固定の著作物を固定した場合は，もはや本来想定されている「固定」の範疇では捉えきれず，その保護は著作権の枠を超えているように思われる。ここで，1994年のウルグアイ・ラウンド合意法による著作権法改正を思い出していただきたい。同改正により，著作権法に第1101条が新設され，生の音楽実演について無断で固定することなどが禁止されることになった。同条の保護は果たして著作権なのか，憲法上の扱いが問題となるが，特許・著作権条項による著作権保護は適法な固定物についての保護に限るとの立場を前提とするならば，同条は著作権とは区別される保護であるといえそうである。その場合の憲法上の根拠は，連邦商標法の根拠でもあるコマース条項（米国憲法第1編第8条第3項）に求められることになろう[9]。

なお，米国著作権法（1976年法）は，純粋な「著作権」以外にも権利保護の規定を置いており，第1101条も含め，本書では，それらについて第5章でまとめて取り上げている。

第2章　著作権の保護対象

　固定性の要件も，表現性の要件，オリジナル性の要件とともに，米国著作権法上の基本的な保護要件であるため，個々の問題については必要に応じて次節以降に取り上げることとし，ここではまとめて取り上げない。ただ，論点としては，例えば，ゲームソフトのようにインタラクティブなコンピュータ・プログラムについての固定性[10]や，RAM メモリーへの蓄積 (コンピュータ上での過渡的複製) が「コピー」といえるのか[11]という形で問題となったりしている。

　なお，未固定の著作物については，著作権の対象外ではあるが，そもそも連邦著作権法による保護の対象ではないということを前提とすれば，各州におけるコモン・ロー上の著作権による保護の余地もあるであろう[12]。

㈡　形式的要件の推移

　表現性の要件やオリジナル性の要件を実質的要件と呼ぶならば，固定性の要件は形式的要件である。ただ，固定性の要件は，著作権表示，登録等のいわゆる方式 (formality) とは異なるものであり，著作権の保護について無方式主義を採用するベルヌ条約も，「著作物が有体物に固定されていない限り保護されないことを定める権能は同盟国の立法に留保される」としているところである (第2条第3項)。

　著作権法の改正経緯の箇所で触れたように，著作権の保護要件は，方式主義をめぐって大きく変化してきた。後に述べる保護期間の議論とも関わるので，復習も兼ねて表にまとめると，次のようになる。

---

9)　後掲・第5章第2節3（音楽の固定）参照。
10)　後掲・本章第2節1㈡(2)C（映画その他の視聴覚著作物）参照。
11)　後掲・第3章第1節2㈥(その他) 参照。
12)　前掲・第1章第1節4㈡(コモン・ロー上の著作権) 参照。

第1節 保護要件 (statutory requirements)

時期	著作権の保護要件		訴訟提起要件
	著作権の成立要件	保護喪失事由	
1909年法 1978年1月1日まで	「発行」(publication)及び「著作権表示」(notice)	(1)「発行」・「著作権表示」を欠く場合 (2)「納付 (deposit)」義務の不履行	「登録」(registration)及び「納付」(deposit)
1976年法 1978年1月1日以後 1989年3月1日まで	「固定」(fixation)	「著作権表示」を欠いた発行（但し，広い救済措置あり）	「登録」(registration)及び「登記」(recordation)
1976年法（**BCIA**後） 1989年3月1日以後	「固定」		「登録」（米国著作物のみ）

89

第2節　保護対象の範囲 (**subject matters**)

1. 著作権法第102条(a)列挙のカテゴリー

(一)　概　要

著作権法第102条(a)は著作権保護が及ぶ対象として「work of authorship（著作者の作成する著作物）」を予定しているが，具体的にその定義規定が著作権法に置かれているわけではない。しかし，同条項は同時に，「work of authorshipには次に掲げるカテゴリーのものを含む」として，次の8つのカテゴリー例示的に掲げている。

(ア)　言語の著作物 (literary works)[13]

(イ)　音楽の著作物 (musical works)（これに伴う歌詞を含む。including any accompanying words）

(ウ)　演劇の著作物 (dramatic works)（これに伴う音楽を含む。including any accompanying music）

(エ)　パントマイム及び舞踏の著作物 (pantomimes and choreographic works)

(オ)　絵画，グラフィック及び彫刻の著作物 (pictorial, graphic, and sculptural works)

(カ)　映画その他の視聴覚著作物 (motion pictures and other audiovisual works)

---

[13] 条約上の"literary works"の訳語としては公式訳に従い「文学的著作物」としたが（第1章第3節参照），コンピュータ・プログラム等も含みその範囲が広がりつつあることを考えると，訳語としては狭いように思われる。本書では，米国著作権法上の"literary works"については「言語の著作物」と訳している。

(キ) 録音物 (sound recordings)
(ク) 建築の著作物 (architectural works)

憲法は著作権の対象として「Writing(著作)」を予定しているが(米国憲法第1編第8条第8項)、その範囲が憲法上明確に定められているものではなく、また、連邦著作権法上は上記のように著作権の対象を列挙してはいるが、これらのカテゴリーを「含む(include)」としている(例示列挙)のであって、法律上、このカテゴリーに属さないものが排除されているわけではない。上記の8つのカテゴリーに直接属さないものについても、立法経緯や米国憲法の趣旨に照らして著作権法による保護が与えられる余地が残されているといえる[14]。

(二) 音楽・演劇系及び視聴覚著作物 (第102条(a)(2)–(4), (6), (7))

(I) 音楽系著作物

A. 音楽の著作物 (第102条(a)(2))

「音楽の著作物」は著作権法上、定義についての定めが特に置かれているわけではないが、「音楽」という用語の一般的な理解から、それは規定するまでもなかったということであろう。また、「音楽の著作物」には、音楽に伴う歌詞も含むとされている(第102条(a)(2))。ただ、「音楽の著作物」は日本の著作権法上にも規定が置かれているので理解しやすいが(日本著作権法第10条第1項第2号)、これと混同しがちなのが、次にみる「録音物(sound recordings)」という類型であ

---

[14] 1909年法の下においても、「著作権の全ての著作」(all the writings of an author)に著作権保護が及びうるとされていた。1976年法より以前の保護対象の取扱いについては、前掲・第1章第3節2(「米国連邦法による著作権保護の推移」)を参照。

る。

B．録音物（第 102 条(a)(7)）

　録音物は，「一連の音楽，口頭その他の音声を固定した結果得られるもの」と定義されている（第 101 条："sound recordings" の定義）。クラシック音楽にせよポップスにせよ，その他のジャンルの音楽にせよ，我々がメロディーやハーモニーを伴ったものとして通常思い浮かべる音楽作品は「音楽の著作物」である。一方，その音楽作品が演奏され，CD やテープなど何らかの有体物（レコード）に固定された場合に，その録音された音声が「録音物」ということになる。なお，上記の定義からも分かるように，録音物は何も音楽を固定したものに限らず，広く音声を録音したものも含む。ただ，映画その他の視聴覚著作物に伴う音声は含まれない。従って，映画のサウンドトラックは，「録音物」ではなく，「映画の著作物」として分類される。

　録音物という著作物（work of authorship）のカテゴリーがあるということは，録音物の作成者が「著作者」として著作権を享有しうるということを意味しうる。この点，レコード製作者や実演を著作権の対象から外し，著作隣接権として扱う大陸法系諸国の著作権法とは，考え方が大きく異なっているといえる。大陸法系諸国的には，このような録音という行為は，既存の著作物を伝達するものとして

---

15) 日本の著作権法は実演家，放送事業者の権利と並び，レコード製作者の権利を著作隣接権として規定し（第 4 章），また，「レコード製作者」とは「レコードに固定されている音を最初に固定した者をいう」と定義している（日本著作権法第 2 条第 1 項第 6 号）。この固定によって得られるものが，米国著作権法でいう「録音物」である。

第 2 節　保護対象の範囲（subject matters）

著作権とは区別し，著作隣接権の枠組みの中で捉える傾向にある[15]。一方，米国著作権法は，著作隣接権という概念自体を想定しない一方，録音物についても，オリジナル性等の著作権の保護要件を満たす以上は著作権として保護できる，とする考え方のように思われる。その結果，録音物についての保護を通じて，レコード製作者や実演家の権利を著作権で保護する形となっている。しかし，レコード製作者や実演家の権利を保護するといっても，あくまで録音物を通じての保護であり，大陸法系諸国で保護されているような著作隣接権の権利内容が一般に認めているわけではない。録音物保護の背景に，レコード産業界の強い政治的圧力を感じるところである。

加えて，そもそも録音物に関する連邦著作権法上の保護は概して限定されているといえる。第一に，録音物は，1972 年 2 月 15 日以前に固定されたものは連邦法著作権上の統一的な保護は与えられておらず，それらは各州における保護（コモン・ロー上の著作権など）に委ねられる[16]。第二に，録音物についての排他的権利は，実演についてはデジタル送信のみに限られている（第 106 条(6)）。また，第三に，録音物はまさに「録音された音声」についての権利なのであって，録音物についての著作権の保護は，録音対象となっている音楽作品自体や，その音楽作品が固定（録音）されたレコード自体についてまで及ぶわけではない。もっとも，この点はあくまで「録音」物を保護するということからは当然のことではある。

---

16) 著作権法第 301 条(c)は「……1972 年 2 月 15 日より前に固定された録音物は，2067 年 2 月 15 日の以前，以後において本編における著作権の対象にはならない」と規定している。なお，「2067 年 2 月 15 日」という日付が示されているが，これは，1972 年 2 月 15 日に作成された著作物の保護期間が終了するまで，というような意味である。保護期間については詳しくは後述するが，1978 年 1 月 1 日より前に著作権が発生し，かつ 1998 年 10 月 27 日時点で存続している著作物の保護期間は，合計 95 年である（後掲・第 3 章第 3 節）。

(2) 演劇系及び視聴覚著作物

A．演劇の著作物（第102条(a)(3)）

演劇の著作物は，著作権法上特に定義規定は置かれていないが，演劇的なものであればここに分類されることになろう。"dramatic"の語義から，戯曲（演劇のシナリオ），演劇，舞台ミュージカル，オペラなどが含まれることになると思われる。

演劇的か否かということは，強制許諾制度の適用に影響している。即ち，米国著作権法では，音楽の著作物の複製・頒布について強制許諾（compulsory license）の規定が置かれているが，そこで適用の対象となるのは非演劇的（nondramatic）な音楽の著作物についてのみである（第115条）。

B．パントマイム及び舞踏の著作物（第102条(a)(4)）

これらについても著作権法上，定義規定は置かれていない。定義規定は置くまでもなく意味内容は明らかということであろうか。日本の著作権法でも，「舞踊又は無言劇の著作物」が著作物の例示として定義規定なく掲げられている（日本著作権法第10条第1項第3号）。

C．映画その他の視聴覚著作物（第102条(a)(6)）

「視聴覚著作物」は「一連の関連する影像（images）からなる著作物で，プロジェクター……等の機械や装置を用いることにより見せることが本来的に予定されているものをいい，……音声を伴うものも含む……」と定義されている（第101条："audiovisual works"の定義）。また，「映画」は視聴覚著作物の一つとして位置付けられており，「一連の関連する影像からなる視聴覚著作物で，連続して映されるこ

とにより動きの印象を伝えるもので，音楽を伴うものも含む」とされている（第101条："motion pictures"の定義）。

上記の定義より，映画はもとより，TV番組などを「視聴覚著作物」として含めることに特に問題はないと思われるが，視聴者とのインタラクティブ性がありうる影像も「視聴覚著作物」として含めることができるのかは問題となりうる。この点，Stern Electronics, Inc. v. Kaufman[17]では，プレーヤーの操作で影像の動きの順序等が変化するビデオゲーム（本件は，プレーヤーが操作する宇宙船の爆弾やレーザーをどれだけ正確にタイミング良く出せるかによって画像や音が変化する，「スクランブル」という名前のゲーム）の著作物性について，第2巡回区控訴裁判所は，当該ゲームはプレーヤーが各ステージをクリアするごとに固定した影像が流れるものであることなどから「ゲームのサイト（sights）や音の本質的な部分は連続して繰り返されており，このことは視聴覚著作物として著作権の保護を受けるのに十分である」とし，視聴覚著作物に当たると判断している。ただ，視聴覚著作物に該当するのはよいとしても，著作権として保護されるためには固定性の要件を満たす必要がある。対戦格闘型のアクションゲームであればまだしも，ロールプレイングゲームだったりすると，本判決の考え方では固定性の認定が難しい場合が多いのではないかと思われる。この点，中古ゲームソフトの販売に関する日本の事件

---

17) Stern Electronics, Inc. v. Kaufman, 699 F.2d 852 (2d Cir. 1982)
18) 最高裁平成14年4月25日判決「中古ゲームソフト著作権侵害行為差止請求事件上告審判決」（判例時報1785号7〜11頁）。日本の著作権法では米国のように「視聴覚著作物」という広い類型を置いていないので，「映画の著作物」の該当性が問題となっている。なお，本判決については，拙稿 TSUNASHIGE SHIROTORI, *Japan's Supreme Court Decision on the Sales of Used TV Game Software,* 9 CASRIP Newsletter 8 (Autumn 2002, Issue 3) も参照。

で，ビデオゲームの「映画の著作物」（日本著作権法第10条第1項第7号）の該当性が認められた判決は参考になる[18]。最高裁判所は，原審が適法に確定した事実関係の下においては，本件各ゲームソフトは「映画の著作物」に当たるとした。原審において適法に確定されたように，動画影像及び音声は「各操作ごとに具体的内容が異なるが，プログラムによってあらかじめ設定される範囲内のものである」という捉え方をすれば，ロールプレイング系のゲームソフトについても固定性を十分認定できるといえよう。

(3) 表現とアイデアの線引き

表現・アイデア二分法として示されているとおり，「表現」の根底にある「アイデア」についてまで著作権が及ぶものではない。ただ，実際問題として，「表現」と「アイデア」とはどのように区別したらよいのかという問題があろう。

ここで，戯曲等について著作物性の及ぶ範囲が問題となったNichols v. Universal Pictures Corp.を見てみよう。ここにおいて，第2巡回区控訴裁判所のHand判事は「抽象化テスト（abstraction test）」と呼ばれる手法を打ち出している。

> 判例 **Nichols v. Universal Pictures Corp., 45 F.2d 119 (2nd Cir 1931)**
>
> I. 事案の概要
>
> 本件は，戯曲『Abie's Irish Rose（エイビーのアイルランドの薔薇）』の著作者であるNicholsが，Universal Picturesを相手取り，Universal Picturesによる劇映画『The Cohens and the Kellys（コーエン家とケリー家）』は自己の作品の盗作であるとして，著作権侵害を理由に訴えを提起した事案である。両作品は，登場人物の具体的な描写や個々の出

来事など，表現の上では全く異なるものであるが，テーマは共通しており，両作品とも，ユダヤ人の父親とアイルランド人の父親の反目，両家の子供同士の結婚，孫の誕生，その後の和解，を内容としたものであった。

2. 判旨

　著作権侵害の判断においては，著作物の「実質（substantial）」を取ったものであるかが争点となるが，原作品をそっくりそのままということでなく，原作品全体の抽象を取った場合は判断が難しい。どの著作物でもそうであるが，特に演劇に関しては，個々の出来事をどんどん捨象していくと，より一般化された多くのパターンが導き出され，最終的に残るのは，どのような劇なのかといったこと，場合によると，タイトルだけしか残らないかもしれない。しかし，この一連の抽象化の中で，もはや保護はなされないという地点がある。そうでなければ，劇作家は，表現部分は別にしても，自己の権利が及ぶはずのない「アイデア」について，他人による使用を禁止できることになってしまうからである。ただ，その境界線は誰にも定式的に引きうるものではない。このようなケースにあっては，当法廷は，表現と表現されているものとの境に着目する。演劇に関しては，登場人物と出来事の流れが実質部分であるから，主にこの点に議論が集中することになる。話の筋が密接に対応している場合であっても，どの程度まで対応していれば著作権侵害となるかとは別問題である。また登場人物についても，そのキャラクターがそれほど練り上げたものでない場合には著作権保護は与えられにくい。これは，登場人物を独自性の乏しいものにしかできなかったことについて，著作者が負担するべきペナルティーである。

　本件の両作品のストーリーはかなり異なるものであり，共通しているのは，ユダヤ人の父親とアイルランド人の父親の反目，両家の子供同士の結婚，孫の誕生，和解ということぐらいである。原告の

第 2 章　著作権の保護対象

> 戯曲は創作的なものであるが，そこで取り上げられているテーマは，原告が書き上げたものからは非常に一般化された抽象であり，原告の「アイデア」の一部にすぎない。登場人物についてもしかりであり，低級コメディーのユダヤ人とアイルランド人といった，よくある登場人物の設定に原告が気付かなかったはずはない。被告は，両作品の原型となる作品において何十年にも渡って描かれてきたもの以上のものを，原告の作品から取っているわけではない。原告の著作権は，原告の戯曲から引き出せる全てのものをカバーするわけではなく，その内容は一定限度でパブリック・ドメイン（公有）のものとなった。アイルランド人とユダヤ人との確執・その子供たちの結婚，を内容とするコメディーは，（シェイクスピアによる）ロミオとジュリエットの概要と同じように，著作権保護の対象とはなしえないのである。
>
> Hand 判事は以上のように述べて，被告 Universal Pictures による著作権侵害はないものと判断した。

結局，アイデアと表現の線引きというのは一般に難しく，著作権侵害訴訟の個々具体のケースにおいて裁判所が判断する必要がある場合が多いと思われる。また，***Nichols*** 判決と同じ第 2 巡回区控訴審裁判所による後の判決では，「著作権侵害の基本は，一般的なテーマを取ったことにあるのではなく，同じような取り上げ方，細部，場

---

19) Reyher v. Children's Television Workshop, 533 F.2d 87 (2d Cir.), *cert. denied,* 429 U.S. 980 (1976)。本件は，迷子になったロシアの子供の民話を取り上げた本の著作者が，その民話を芝居などにして取り上げたセサミストリートの番組について著作権侵害を理由に訴えた事案である。なお，民話は，子供が母親を探す際に「お母さんは世界でいちばんきれいな人です」としか説明できなかったため，実際は外見がとても地味な感じの母親を探し出すに苦労するというような内容であった。裁判所は，両作品は「雰囲気，細部，性格付けにおいて類似していない」として，著作権侵害の主張は認めなかった。

第2節　保護対象の範囲（subject matters）

面，出来事，性格描写を通じて，特定の表現を取ることにある」としている[19]。一般的なテーマについてはアイデアであるとして著作権の保護はないことになるが，個々の場面，出来事等の非文字的・非言語的（non-literal）な要素はそれが描かれている著作物の重要な部分を構成するものであり，著作権侵害の有無の判断において実質的類似性を判断する際の重要な要素となりうるものであるといえる。

なお，本判決の「抽象化テスト」は，本件の戯曲等のほか，小説など，ストーリーを語る伝統的な言語の著作物にも，よく当てはまる考え方である[20]。

(三)　言語の著作物（第102条(a)(1)）

(I)　射程範囲

A．定　義

言語の著作物は，「書籍，定期刊行物，原稿，レコード，フィルム，テープ，ディスク，カード等収録媒体の性質如何にかかわらず，言葉や数字，あるいはその他の言語的若しくは数を表すシンボルやしるしにより表現された，視聴覚著作物以外の著作物を指す」と定義されている（第101条："literary works"の定義規定）。このように「言語の著作物」は言葉や数字，シンボルを用いた表現を広く含んでおり，小説，原稿，レポート，手紙，演説等のほかにも，コンピュータ・プログラムまで広く含むものである。しかし，著作権局の規則として，「名前・タイトル・スローガン等のような短いフレーズや単語，ありふれたシンボ

---

[20] 新しい「言語の著作物」の一類型であるコンピュータ・プログラムの非言語的要素の保護の考え方については，後述のComputer Associates International, Inc. v. Altai, Inc., 982 F.2d 693 (2d Cir. 1992)を参照のこと（後掲・本章本節1(三)(4)）。

99

ルやデザイン，印刷上の飾りつけ・レタリング・色付けの単なるバリエーション，成分や内容の単なるリスト」には著作権は及ばないとされている[21]。これらについて著作権性が否定されるのは，著作権の保護要件のうち，主として創作性（オリジナル性）の点で引っかかってくるためであると思われる。ただ，これらシンボルやフレーズ等の保護については，そもそも他の知的財産権，特に商標による保護が与えられうる[22]。

B．「ありふれた場面 (scenes a faire)」の法理

「ありふれた場面」の法理とは，出来事，登場人物，場面の描写など，当初はオリジナルな表現として著作権保護があったものでも，今や，その特定のテーマの下ではそれらを用いることが一般的（スタンダード）となっていたり，あるいは実際上も不可欠であるといえる場合には，著作権保護は与えられないという考え方である。即ち，上記 Nichols 判決でみたように，抽象化の中で捨象される具体的な事象の表現はもともとは著作物性が認められうるが，それらが定番化してしまった場合には，その作品のテーマ設定上不可欠な事柄であるとして，テーマと一緒に（あるいはテーマの一部として）著作権の保護の対象から外されるということである。例えば，Williams v.

---

21) 37 C.F.R.§202.1 195D。例えば，Magic Marketing, Inc. v. Mailing Services of Pittsburgh, Inc., 634 F.Supp. 769 (W.D.Pa.1986) では，一般の封筒用にデザインされた，"Priority Message: Contents Require Immediate Attention"（重要メッセージ：内容物を至急ご確認下さい）等のフレーズについて，著作権性は否定された。

22) 商標法第1127条・ランハム法第45条は，商標法の対象となる「トレードマーク」は「あらゆる言葉，名前，シンボル又は図柄，あるいはそれらを組み合わせたものを含む……。」と規定している。

23) Williams v. Crichton, 84 F.3d 581 (2d Cir. 1996)

Crichton[23)]では，電気柵，恐竜の養育所，制服を着た作業員，先史的な離れ孤島に恐竜を住まわせること等は，恐竜の動物園というテーマから導かれる典型的なありふれた場面である，とされている。

このように，この法理はフィクション作品において主に妥当する考え方であるといえる。この点，「アイデア」と「表現」とが融合しているという側面もあるため，融合法理（merger doctrine）とも似ているが，融合法理は主として，事実的又は機能的作品に適用されやすい考え方である。事実を描写する作品や一定の書式を示したりするいわば機能的作品は，そもそも表現方法が限られてくる場合が多いといえるが，フィクション作品であればいろいろな表現方法が可能でありうる。しかしその場合でも，テーマの設定上定番の表現パターンについては著作権を否定するというのが「ありふれた場面」の法理であり，表現性の要件だけでなく，オリジナル性の要件にもより密接に関係がある議論であるともいえる。

なお，"scenes a faire"という名前は，フランス法から由来している。

(2) 歴史研究

「表現・アイデア二分法」のもと，事実それ自体は著作権の対象とはならないとしても，事実を語るもの，特に歴史的事実についての解釈，研究などの著作物性が問題となる。まず，第2巡回区控訴裁判所による *Hoehling* 判決を見てみよう。

判例 **Hoehling v. Universal City Studios, 618 F.2d 972 (2d Cir.), cert. denied, 449 U.S. 841 (1980)**

1. 事案の概要

本件では，ヒトラー時代に造られた巨大な飛行船ハイデンブルグ号の

第 2 章　著作権の保護対象

最後の飛行，そして悲劇的な破壊について書かれた本（タイトル：「誰がハイデンブルグを破壊したか？」）について著作物が及ぶ範囲が問題になった。著者である Hoehling は，ハイデンブルグ号の役割をナチ・ドイツの誇示の道具であったとし，記述の中で，ハイデンブルグ号の破壊は，女友達（ナチ神話の破壊に専心していたと思われる人物）を喜ばせるために Spehl という破壊活動家が行なった可能性があると分析していた。Hoehling の本が出版された 10 年後，歴史的というよりは，より文学的なタッチでハイデンブルグ号について書かれた本（タイトル：「ハイデンブルグ」）が Mooney により出版された。この本では，自然の美しさと「技術」の暗い発展というテーマを基礎にしており，Spehl という感受性の強い熟練工が，爆弾を仕掛けて，「技術」のシンボルとしてのハイデンブルグ号を破壊したことは，技術に対する自然の勝利であるとして描いている。なお，Mooney は Hoehling の本の詳細部分も参考にして本を書いたものであった。Mooney の本は Universal City Studio により映画化されることになり，映画脚本では架空の名前の人物を登場させているが，女友達の影響により破壊活動が仕組まれたという点では Hoehling の内容と共通していた。

2. 判旨

　　争点となっているアイデアが歴史的事実の解釈である場合には，法律問題としてそのような解釈は著作物性がないというのが当法廷の先例である。**Rosemont Enterprises, Inc. v. Random House, Inc**[24] において当法廷は伝記に関して著作権侵害を否定したが，これは，作品が似ている場合であっても，歴史的・伝記的作品の発展を促し，またそれらが広く知られることによる公の利益に

---

24) Rosemont Enterprises, Inc. v. Random House, Inc, 366 F.2d 303（2d Cir. 1966）, *cert. denied,* 385 U.S. 1009（1967）

鑑みての判断である。歴史的な問題や出来事に取り組もうとする著作者を萎縮させることがないよう，歴史に関する題材については，理論や構想も含め，後続の著者らは広く利用しうるとされなければならない。

本件では，Spehl がハイデンブルグ号を破壊したという仮説は，Spehl の人生，その女友達が反ナチのつながり等も含めて，歴史的事実の解釈に基づくものである。そのような歴史的解釈は，Hoehling 氏が考え出したものか否かであることに関係なく，Hoehling 氏の著作権では保護されないものであり，後の著者らによって自由に利用可能なものである。また，当法廷では事実の情報はパブリック・ドメイン（公有）に属するものであることを明らかにしており，オリジナルな研究成果であれば保護するという **Toksvig v. Bruce Publications Corp.**[25] の考え方は採用しえない。

また，その他にも，「ヒトラー万歳」とかドイツ国歌など，同じフレーズや出来事がそれぞれの作品で取り上げられているが，これらは単なる「ありふれた場面（**scenes a faire**）」である。特定の歴史上の時代や作り上げたテーマについては，このような標準的な文学的手法・表現を用いずに文章を書くことは実質的に不可能であるから，「ありふれた場面」は著作権保護の対象とならない。本件で **Hoehling** がコピーされたと主張しているのは，結局，著作権物性がないものについてである。

第2巡回区控訴裁判所はこのように理由付けを述べたうえで，歴史的な題材を扱った著作物の場合は，他者の表現をそのまま無断使用するということでない限り，先行作品を広く利用できるものでなければならないと結論付けている。

---

25) Toksvig v. Bruce Publications Corp., 181 F.2d 664, 667 (7th Cir. 1950)

本判決は，創作性について判示した前記 *Feist* 判決（1991年）（本章第1節3）より以前の判決であるが，「表現」と「アイデア」の区別を前提に，また著作権法は "sweat of brow"（額に汗）を保護するものではないという前提に立っていると思われる点で，評価しうる。しかし，この *Hoehling* 判決の考え方は，歴史的な題材を扱ったものであれば一律に著作物性は否定される，と言っているようにも見える。歴史的な題材を扱ったものであっても，歴史的事実を基にした文学作品などは，著者独自の創作性（オリジナル性）があるといえるだろうし，そういったものも著作権で保護されないということであれば，かえって著作者の創作意欲を欠くことになるであろう。

次にみる *Nash* 判決は，このような極端ともいえる *Hoehling* 判決の立場は否定し，著者に対する創作のインセンティブと，第三者による利用の要請とのバランスを図る内容となっており妥当である。*Nash* 判決に従えば，歴史の分析自体は著作権保護の対象ではないが，歴史的な事実を基に表現をしたものについては著作権で保護されるということになる。したがって，よりフィクション性のある作品という位置付けがなされるものであれば，歴史的な題材を扱ったものであっても広く著作権を享受しうることになるであろう。*Nash* 判決の概要は以下の通りである。

判例 **Nash v. CBS, Inc., 899 F.2d 1537（7th Cir. 1990）**

1. 事案の概要

1934年，FBI 特別捜査官が Dillinger という有名なギャングの暗殺に成功した。しかし，『The Dillinger Dossier（ディリンジャー事件簿）』（1984年出版）といった一連の著書の中で，著者の Nash は，Dillinger は暗殺計画を事前に察知していたこと，殺害されたのは Dillinger 本人ではなく影武者であるという結論を，指紋ほか，様々な検証を踏まえて

第2節　保護対象の範囲（subject matters）

記述した。そして調査の結果，Dillingerは西海岸で余生を過ごしていたと述べている。一方，CBS放送局は「サイモンとサイモン」というシリーズ番組の中で，"The Dillinger Print（ディリンジャーの指紋）"というタイトルのエピソードを1984年に放送した。このエピソードは，Dillingerが死を免れてサンディエゴで新しい人生を過ごしたという話を基本的な内容としていた。そこでNashがCBSを著作権侵害を理由に訴えたのが本件である。

2．判旨

　全体としてみれば，著作者はロイヤルティーをもらうよりも他人の作品を自由に利用できることの方を好む。しかし労力に対する報酬が一切無いのでは，逆に著作権を保護しすぎる場合にそうであるように，著作物はほとんど作られなくなるであろう。報酬は創作にとって重要な刺激であり，Nashのように著作のみを業とする人々にとっては特にそうである。最初の作品を発行する前は広い保護，発行後は狭い保護というのが最善ではないかと考える。ただ，どの場合においても著作者というのは，ある面では創作者であり，ある面では他の著作物の借用者であるという面がある。相対立する様々な要請を，バランス感覚をもって判断しなければならない。

　*Hoehling*判決は「歴史的な問題や出来事に取り組もうとする著作者を萎縮させることがないよう，歴史に関する題材については，理論や構想も含め，後続の著者らは広く利用しうるとされなければならない」とするが，当法廷は，最初の作品が歴史に関するものであれば「何をしても良い（**anything goes**）」と言うつもりはない。そのような考え方は，事後的な（後続者の）インセンティブを極端に重視する考え方である。*Hoehling*ケースにしろ*Toksvig*ケースにしろ，著者は手掛かりを追い求めるのに何年も費やしている。もしそのような著作物が補償もなく利用されうるということであれば，著者自らが最初に調査に乗り出すということも殆どしなくな

り，土台とするべき事実も入手できなくなるだろう。もっとも，著作権法は労力それ自体を保護するものではないから，その点では*Toksvig*判決への批判は妥当である。ただ，最初の著作者に歴史に関する類似の取扱い全てを禁じる権利を与えたり，逆に後続の著作者に最初の著作物から好きなだけ借用できるよう権利を与えたり，というどちらにしても極端な議論は誤りであるということを確認するために*Toksvig*ケースの事実関係を改めて取り上げるという必要はない。

第7巡回区控訴裁判所は以上のように述べたうえで，著作権法はアイデア等に及ばないことを確認し，また歴史的事実は著作権保護が及ばない「アイデア」「発見」に該当するということを述べたうえで，本件においては，CBSは「Nashの歴史の分析を使用してはいるが，その表現は一切使用していない」として，著作権侵害を否定した原判決を支持した。

(3) キャラクター

フィクションにおけるキャラクター（登場人物）の著作物性を考えたときに，大きく二通りの種類がある。一つは，純粋に言葉だけで表現されているキャラクター（文字上のキャラクター）と，もう一つは，絵などで表現されているキャラクター（グラフィック上のキャラクター）とである。なお，「スーパーマン」とか「ハリーポッター」とかいったキャラクターの名前は，商標法などによる保護の対象となりうるものではあるが，いずれにせよ著作権法の対象ではない[26]。

---

26) 37 C.F.R.§202.1(a)

第 2 節　保護対象の範囲 (subject matters)

　著作権保護を考える上で，表現とアイデアの区別が重要になるが，特に文字上のキャラクターについては，ストーリーから独立してそれ自体の保護を考えた場合，その区別が特に難しいと思われる。しかし，既に前記の *Nichols* 判決で Hand 判事は，戯曲におけるキャラクターの保護の可能性について示唆している。即ち，「キャラクターがそれほど練り上げたものでない場合には著作権保護は与えられにくい。これは，登場人物を独自性の乏しいものにしかできなかったことについて，著作者が負担するべきペナルティーである。」としている[27]。これは逆にいえば，文字上のキャラクターについては，ステレオタイプのキャラクターでない限り，特徴付けなどにより十分に具体化されている場合には，そのキャラクターを真似した者は著作権侵害となる，とする可能性を示唆するものといえる。ただ，*Nichols* 判決におけるキャラクターの上記のような取扱いを考えると，キャラクターは，場面設定とか個々の出来事とか，作品上登場するその他の要素と同じ取扱いを受けることになり，著作権侵害の判断においてもそれらと同じ土俵で，作品の一要素として類似性が判断されることになるであろう[28]。また，例えば「ありふれた場面」

---

27) 前掲・本章本節 1 (二) 3 参照
28) 著作権侵害については後述（後掲・第 4 章第 1 節 1 (一)）。なお，Warner Brothers, Inc. v. AmericaBroadcasting Companies, Inc., 720 F.2d 231 (2nd Cir. 1983) によれば，マンガのキャラクターの場合，一般にその侵害の基準としては，視覚的類似性だけでなく，キャラクターの属性や特徴を総合的に考慮する（どれだけキャラクターの「全体的なコンセプトと雰囲気」(total concept and feel) を捉えているか）ものとされている。(同ケースで問題となった TV コメディーの「The Greatest American Hero」は，平均的な人がスーパーマンになったら何が起こるかという視点から描かれているもので，「スーパーマン」を想起させるキャラクターである。しかし，超人的なパワーで悪に立ち向かうというアイデアは共通するものの，全体的にみれば，両者のキャラクターは実質的に類似してはいないと認定された。)。

107

の法理などの適用もありうる。なお、このような特質から、キャラクターそれ自体の保護ということではなく、言語の著作物、演劇の著作物等の一部として保護されることになろう。

一方、マンガ、テレビ、映画ほか、視覚的に描写されるグラフィック上のキャラクターについては、***Nichols***判決以前から著作権保護が与えられてきた。例えば、King Features Syndicate v. Fleischer[29]では、著作権のある「バーニー・グーグルとスパーク・プラグ（Barney Google and Spark Plug）」というマンガ本等に登場する、「スパーク・プラグ」という名前（スパーキーとも呼ばれる）のグロテスクな馬のキャラクターについて、他者が無断で人形を作成・販売していたことが著作権侵害となるかが問題となった。第2巡回区控訴裁判所は、「その馬の表現形式は、ユーモアの側面を体現するものとして、そのマンガに不可欠のものであり、……著作権法はその表現形式の創作を保護し、その表現形式にある価値に保護を与え、考え出すことに楽しみを与えることを目的としていると考える。……本件の本は著作権性があり、そこに具体化されている馬『スパーキー』のイラストについてもしかりである。」として、キャラクターに著作物性を認めた。なお、このようにグラフィック上のキャラクターは、絵画や視聴覚著作物等、キャラクターが描かれている著作物の一部として保護を受けうることになると思われる。また、文字上のキャラクターと同様、保護を受けうるためには単なるアイデア以上のものである必要があるし、キャラクターが十分に具体化されている必要がある。

とはいえ、グラフィック上のキャラクターは、文字上のキャラク

---

[29] King Features Syndicate v. Fleischer, 299 F. 533 (2d Cir. 1924)

ターに比べて具体的な特徴がつかみ易いことから，一般的には，著作物性をより認めやすいのではないかと思われる。例えば，ディズニーのキャラクターの著作物性を認めたWalt Disney Productions v. Air Pirates[30]で第9巡回区控訴裁判所は，文字上だけでなく視覚的なイメージを加えることでキャラクターの特徴付けがしやすくなる，としている。即ち，文学上のキャラクターの多くは，保護されえないアイデア以上の具体化はできないのに対し，マンガ本に登場するキャラクターは，観念的な特質とともに物理的な特質を備え，表現の特徴的な要素を含みやすいものである，と判示している。

文字上のキャラクターとグラフィック上のキャラクターとでは保護の基準に特に差異を設けないのが，一般的な考え方である思われる。ただ，第9巡回区控訴裁判所は両者に差異を設け，文字上のキャラクターの保護については非常に難しい基準を設定していた。それが示されたのがWarner Brothers Pictures v. Columbia Broadcasting System[31]である（キャラクターの名前から「Sam Spade ケース」とも呼ばれている）。ここにおいて裁判所は，文字上のキャラクターについては，それがストーリーを語る上で単なるチェスマン・手段に過ぎないというのではなく，語られるストーリーを実際に構成するものでなければ著作権保護は与えられないとしていた。なお，上記の *Air Pirates* ケースはこの判決を前提にしつつ，グラフィック上のキャラクターについては基準を緩和して考えているものである。しかし，文字上のキャラクターについて厳しい基準を設定する ***Warner Brothers Pictures*** 判決の考え方には批判が多く，その後

---

30) Walt Disney Productions v. Air Pirates, 581 F.2d 751 (9th Cir. 1978), *cert. denied,* 439 U.S. 1132 (1979)

31) Warner Brothers Pictures v. Columbia Broadcasting System, 216 F.2d 945 (9th Cir. 1954), *cert. denied,* 348 U.S.971

に出された Shaw v. Lindheim[32] を見る限り，第9巡回区控訴裁判所は，もはやこのような基準は採用していないように思われる。このケースは，Lindheim によるテレビ番組の台本とその番組のシリーズ ("The Equalizer") は Shaw が作成した台本の著作権を侵害するものであるとして，Shaw が訴えを提起したものである。裁判所は著作権の侵害判断において，双方の台本で扱われている主要なキャラクターの一般的な比較を行い，それぞれのキャラクターの類似性は全体的に見て台本のテーマの必要性を超えているものであるとした。そして，Lindheim がキャラクターをコピーした行為は，保護の対象となる「表現」の要素に及ぶものである，と判示している。ここにおいては，***Warner Brothers Pictures*** 判決において示されたような厳格な規範は示されていない。

(4) コンピュータ・プログラム

A. 言語的要素の保護

コンピュータ・プログラムは，特許やトレード・シークレット等，知的財産権法による多角的な保護が可能であるが，直接的には「言

---

32) Shaw v. Lindheim, 919 F.2d 1353 (9th Cir. 1990)
33) 著作権法第102条(a)はコンピュータ・プログラムを著作物として個別に掲げてはいないが，立法趣旨としてプログラムは言語の著作物に含まれると考えていた。H.R.Rep. No. 1476, 94th Cong., 2d Sess. 54, *reprinted in* 1976 U.S. Code Cong. & Ad.News 5659, 5667 ("'literary works' ... includes ... computer programs")。また，条約では "literary works" に含まれることを確認している（TRIPS協定第10条及びWIPO著作権条約第4条）。なお，1980年の改正で著作権法はコンピュータ・プログラムについての定義規定を設け，コンピュータ・プログラムとは「一の結果を得ることができるようにコンピュータで直接又は間接に使用されるステートメント又は命令の集合をいう」と定義している（第101条："computer program" の定義）。

語の著作物」(literary works) として、著作権法で保護されている[33]。ただ、コンピュータ・プログラムと一口にいっても、様々な要素から成り立つものであり、どの部分まで保護されるのかという問題がある。

コンピュータ・プログラムは、使用言語の面から、ソースコードとオブジェクトコードに分類することができる。ソースコードとは人間が読んで理解できるプログラム言語で書かれたプログラムのことであり、オブジェクトコードとは、ソースコードを機械が読める形に変換したプログラムのことである。コンピュータ・プログラムはまた、機能の面から、アプリケーション・プログラム (application programs) と OS (operating system programs) とに分類しうる。アプリケーション・プログラムは、ワードや計算処理、ゲーム等、ユーザーの操作の下、ユーザーの目的に合った特定の役割を持つプログラムであるのに対し、OS はコンピュータ内部の様々な機能の管理等の役割を持つプログラムのことであり、ユーザーとの直接の相互作用があるものではない。

このうち、① 人間が解読不能なオブジェクトコードは著作物として保護しえないのではないか、② コンピュータ内部で作用する OS は「プロセス、システム、操作方法」(第102条(b)参照) であって著作権は及ばないのではないか、が問題となる。これが争点になった初期の基本的なケースが Apple Computer v. Franklin Computer である[34]。本件は、Franklin 社が Apple 社の「Apple II コンピュータ」の OS をコピーし、互換性のある「ACE 100 コンピュータ」を製造・販売したという事案で、そのようなコピーにより、ACE 100 上で

---

34) Apple Computer, Inc. v. Franklin Computer Corp, 714 F.2d 1240 (3d Cir. 1983), *cert. dismissed*, 464 U.S. 1033 (1984)

111

Apple II 用のアプリケーション・プログラムを使用できるものであった。第3巡回区控訴裁判所は，①第102条(a)を見ても人間に理解可能であることは著作物の要件として明示されておらず，また「言語の著作物」の定義からしても，数字「0」・「1」で構成されるオブジェクトコードも含みうるとして，オブジェクトコードの著作物性を肯定した。また，②OSに関しては，コンピュータに指令を与えるためのプログラムであって，それ自体が「プロセス，システム，操作方法」であるわけではなく，この点でOSとアプリケーション・プログラムとを区別するべきではないとした。③なお，コンピュータ・プログラムはROM（Read Only Memory）と呼ばれる半導体チップの記憶媒体に保存されるが，ROMのような実用的な有体物に保存されているプログラムに著作権が及ぶのかも問題となった。裁判所はプログラムが固定されている有体物の種類は問うものではないとして，その点からもプログラムの著作物性を肯定した。

B．非言語的要素の保護

オブジェクトコードなど，上記に述べたものを言語的要素であるというならば，言語的要素の根底にある，プログラムの構造，処理手順，構成といった側面は非言語的要素であるといえる。この部分についても著作権の保護が与えられうるのかが問題となるが，これを広く認めたのが，Whelan Associates v. Jaslow Dental Laboratory[35]である。Jaslow社は歯科用の機材を製造する会社であり，その業務用のプログラムの開発委託をStrohl社に対して行なった。その開発にはWhelanが担当し，ジャスローの所有するIBMの「シリ

---

35) Whelan Associates, Inc. v. Jaslow Dental Laboratory, Inc., 797 F.2d 1222 (3d Cir. 1986), *cert. denied*, 479 U.S.1031 (1987)

ーズ1」で稼動するように，EDLという言語で書かれたプログラム（Dentalab）を開発した。なお，Jaslow社はロイヤルティーの支払を条件に，当該プログラムの販売をStrohl社側に許容していた。しかしその後，Jaslow社側が，IBMの「PC」でも稼動できるように当該プログラムをBASIC言語に書き換えたプログラム（Dentcom program）を販売したことから，Whelan側が提訴したのが本件である。第3巡回区控訴裁判所は「コンピュータ・プログラムの著作権の保護は，プログラムの言語的なコードを超えて，その構造，処理手順及び構成（structure, sequence, and organization）に及ぶ」と判示した。即ち，コンピュータのような実用品については，その目的や機能は「アイデア」に当たるが，その目的や機能（アイデア）を実行するためにさまざまな構造がありうる場合は，その中から選ばれた特定の構造は表現であってアイデアではない。本件では，「デンタル・ラボの効率的な運営」という目的を達成するための構造には様々なものがありうることから，Whelanが採用したプログラムの構造は表現であり，著作権で保護しうるものであるとした。

このように，判決では非言語的要素を保護するものとなったが，既に*Nichols*判決でも見られるように，非言語的要素を保護すること自体は，目新しい考え方とはいえないであろう。しかし，*Nichols*判決でHand判事は，個々具体的な抽象化の過程を通じて表現とアイデアを分離していたのに対し，*Whelan*判決はより大雑把に，プログラムの目的・機能＝「アイデア」，それ以外＝「表現」，とする考え方のようである。そして，「融合法理」に準じて，特定の構造がコンピュータ・プログラムの目的を実行するために必要なものであるか否か（目的実行のために採りうる構造の種類が限定的か否か）を判断することで，著作権で保護されるものか否かを見極めようとしている。しかし，*Whelan*判決の考え方では「手順，プロセス，システム，

操作方法」など著作権の保護の対象ではないはずのものも,「表現」であるとして保護することにもなりかねないであろう。

いずれにせよ,この *Whelan* 判決はかなり広い範囲でコンピュータ・プログラムを保護するものであり,本件を境に,その後のケースでは保護の範囲が狭められるようになっていった。その中で登場したのが,次にみる *Altai* ケースである。

判例 **Computer Associates International, Inc. v. Altai, Inc., 982 F.2d 693 (2d Cir. 1992)**

1. 事案の概要

原告の Computer Associates 社 (CA 社) は,「CA-SCHEDULER」というスケジュール・プログラムを開発し,そのプログラムには,3種類の OS で稼動できるようにするためのサブ・プログラム「ADAPTER」が含まれていた。一方,Altai 社が雇った (元) CA 社のプログラマーにより,「ADAPTER」のソースコードをもとにした「OSCAR 3.4」というプログラムが開発された。しかし,「OSCAR 3.4」が「ADAPTER」のコードを多くコピーしたものであることを Altai 社が知ったのはそれよりも後のことであり,これを知った Altai 社は,OSCAR を合法的に可能な範囲で書き換えることとした。「ADAPTER」のコードは封印し,「OSCAR 3.4」には一切関わらなかったプログラマーを配置し,また OSCAR の前身となった自社プログラムの仕様書を渡す等,クリーンルーム方式により,およそ6ヶ月後,「OSCAR 3.5」を完成させた。しかし CA 社は,「OSCAR」は依然として「ADAPTER」と構造 (structure) が実質的に類似しているとして著作権侵害を主張していた。このため,非言語的な要素であるプログラムの構造にどこまで著作権保護が及ぶのかが争点となった。

2. 判旨

第2巡回区控訴裁判所はまず,*Baker* 判決 (前掲・本章第1節2) を

踏まえ，コンピュータ・プログラムの機能から必然的に付随する要素は著作物性がないことを確認した。しかし，表現とアイデアの区別方法についての***Whelan***判決の考え方は非常に大雑把すぎると批判している。即ち，***Whelan***判決は，プログラムにはあたかも一つのアイデアのみがあると想定しているようであるが，プログラムの究極な機能・目的は，相互に作用するサブルーチンの複合的な結果であり，そのサブルーチンはそれ自体プログラムであって，そこにはそれぞれ「アイデア」があるものである。従って，プログラムの全体的な目的をもってプログラムの唯一のアイデアとする***Whelan***判決の定式は不適切であるとした。

その上で，裁判所はコンピュータ・プログラムの構造の実質的類似性を判断する基準として，［抽象化－ろ過－対比］という三段階のテストを打ち出した。

［第 1 段階：抽象化（**abstraction**）］

まず最初に行なう「抽象化」（abstraction）というのは，***Nichols***判決（前掲・本章本節 1 (二) 3 ）で Hand 判事が打ち立てていた抽象化テストをコンピュータ・プログラムにも適用するものである。ここでは，リバース・エンジニアリングの手法と同じように，プログラマーがプログラムを作っていく手順とちょうど逆をたどることになる。即ち，まず低いレベルの抽象化としては，プログラムを構造上の構成要素に分解し，プログラムは全体として個々の指令の集合がモジュール（機能単位）の階層となって組織されているものと見る。そして，抽象化のレベルを高度にする中で詳細部分はどんどん捨象し，高度な抽象化の段階では，最も低いレベルのモジュールにおける指令（instructions）はそのモジュールの機能（functions）に観念的に置き換えられる。そして，そのモジュールの機能は，更に高度な抽象化の段階では，そのモジュールの実行（implementations）に置き換えられ，そのような抽象化の高度化の中で最終的に残るのは，そのプログラムの究極の機能のみである。そして，

プログラムには，その抽象化のレベルごとに構造（structure）があるのであり，より低いレベルの抽象化の段階ではかなり複雑な構造に，より高度なレベルの抽象化の段階ではよりシンプルな構造になっている。

[第2段階：ろ過（**filtration**）]

第2のステップである「ろ過」(filtration) というのは，上記の抽象化のそれぞれのレベルにおける構造上の構成要素をチェックし，著作権法上保護しうる表現を，保護し得ないものから分離する作業である。具体的には，①「アイデア」を含んでいないか，即ち，その特定のモジュールはその機能を効率的に実行するために必要な要素でないか(効率性を追求した場合は選択しうる表現方法が限られてくることになるから，アイデアと表現は「融合」(merge) し，著作物性は否定される)，②外的要因から必要となる要素ではないか(他のプログラムとの互換性の必要性やコンピュータのデザインの規格など，プログラム作成に当たって一定の基準や技術を無視できない場合は，そのような外的要因から必要となる要素は「ありふれた場面」(scenes a faire) として著作物性は否定される)，③パブリック・ドメイン（公有）に属するものから取った要素ではないか（パブリック・ドメインに属するプログラムであれば公衆は自由に利用可能であるから，そこから取ってきたものについては著作物性は否定される)。

[第3段階：対比（**comparison**）]

以上の手順を経て，プログラムの全ての要素から著作権による保護が可能な表現を抽出した後に，それと被告のプログラムとを比べて侵害の有無を判断することになる。これが第3のステップの「対比」(comparison) である。ここにおいて裁判所は，原告のプログラム全体のうち被告によりコピーされた部分の相対的な重要性を判断するとともに，被告が著作権保護のある表現をコピーしたのか否かについて重点的に審査することになる。

なお，裁判所は，以上の規範を定立した上で，著作権は努力を保護するものではないこと（額の汗（sweat of brow））は *Feist* 判決（前掲・本章第1節3）で否定されていること）を確認し，また *Whelan* 判決の考え方に従えば，特定のタスクを実行するための基礎的なプログラム技術が早い者勝ちによって独占できてしまう，と *Whelan* 判決を批判している。そして，実質的類似性の判断は，一般には素人（layperson）の観点からの判断を行うのが通常であるが，コンピュータ・プログラムの場合は専門的な見地が必要だとしつつ，どの程度まで専門家の意見を取り入れるかは地方裁判所の裁量に委ねられるべき事柄であるとした上で，著作権侵害の主張を退けていた原審の判断を支持した。

　Altai 判決は，このようにして *Whelan* 判決の考え方の不合理性を適切に否定しえたといえ，またコンピュータ・プログラムの非言語的要素の侵害判断について，一定の指針を示したものといえるだろう。

C．ユーザー・インターフェース

　「ユーザー・インターフェース」には様々なものを含みうるが，典型的にはコンピュータが作り出す画面表示（screen display）を含むものである。この側面は視聴覚著作物（audiovisual works）として著作権の保護となりうるものであり，ビデオゲームに関する *Stern Electronics* 判決（前掲・本章第2節1(二)(2)）も，ビデオゲームの画面表示を視聴覚著作物としてみることを前提にしている。ただ，コンピュータは本来的に実用的なものである。従って，一般の視聴覚著作物と異なり，その画面表示がより機能的で利用しやすいものであればあるほど，著作権の保護は薄くなるといえよう。また，ユーザー・インターフェースの様々な要素についての著作物侵害が争われ

第 2 章　著作権の保護対象

た Apple Computer v. Microsoft[36]では，上記の *Altai* 判決の三段階のテストが用いられている。

一方，「コピー」，「印刷」，「閉じる」等の一連のメニュー・コマンドの階層構造も「ユーザー・インターフェース」の一側面であるといえるが，これは著作物性があるといえるだろうか。これが争われたのが，次のケースである（*Lotus* ケース）。

> 判例 **Lotus Development Corp. v. Borland International, Inc, 49 F.3d 807（1st Cir. 1995），*aff'd per curiam*, 516 U.S. 233（1996）**
>
> 1. 事案の概要
>
> 　Borland 社は「Quattro」という表計算ソフトを開発・販売したが，それは Lotus Development 社による表計算ソフト「Lotus 1-2-3」のメニュー・コマンド階層構造の言葉や構造をほぼ丸写ししたものであった。これは，Borland 社が「Lotus 1-2-3」を含む既存の表計算ソフトよりもすぐれた表計算ソフトを世に送り出すという目標のもと，「Lotus 1-2-3」のユーザーであっても「Quattro」に転向しやすいようにという思惑のもと行なったものであった。ただ，コンピュータ・プログラムのコード自体はコピーしてはいない。そこで，メニュー・コマンドの階層構造をコピーしたことが著作権侵害となるかが争われ，原審の地方裁判所では著作権侵害が認定されていた。
>
> 2. 判旨
>
> 　第 1 巡回区控訴裁判所は，*Altai* 判決について，*Altai* 判決は「非言語的」（nonliteral）コピーについての著作権侵害の事案であり，*Alta* 判決の三段階テストは，本件のようにメニュー・コマンド階層

---

[36] Apple Computer, Inc. v. Microsoft Corp., 35 F.3d 1435（9th Cir. 1994），cert. denied, 513 U.S. 1184（1995）

構造をそのまま (literal) コピーした事案には相応しくないとし, そもそもメニュー・コマンドの階層構造に著作物性があるのかについての判断をするべきであるとした。そして,「コピー」等のメニュー・コマンドの階層構造は, ユーザーがソフトを操作するための手段を提供するものであって, ビデオカセットデッキの操作ボタン (「録画」「再生」等) と同じように, 著作権では保護されない「操作方法」(method of operation) (第102条(b)) であるとしている。裁判所はまた, Lotus 側の開発者らが Lotus 製品のコマンドの用語を選択・配置した点にはいくらかの表現性が見られることは認めつつ, 特定の用語 (言葉) が操作に不可欠なものなのであれば, それは「操作方法」の一部であって, 著作物性はないとした。

　以上のように判断し, メニュー・コマンドの階層構造には著作物性はなく, よって Borland 社がそれをコピーしたことも著作権侵害とはならないと判示して, 著作権侵害を認定していた原審の判断を覆した。

(四) 絵画・グラフィック・彫刻及び建築の著作物
　　（第102条(a)(5), (8)）

(1) 絵画, グラフィック及び彫刻の著作物（第102条(a)(5)）

A. 定　義

著作権法第101条は「絵画, グラフィック及び彫刻の著作物」について次のように定義している。

　「絵画, グラフィック及び彫刻の著作物」は, 平面及び立体的な純粋美術, グラフィック・アート, 応用美術の著作物, 写真, 版画や美術複製品, 地図, 地球儀, 海図, 図形, 模型及び建築計画

図等の技術的な図面を含む。美術工芸品はその形状に関する限り含まれるが，その機械的又は実用的な側面に関しては含まれない。即ち，実用品（定義は本条で定めるとおり）のデザインは，そのようなデザインが絵画，グラフィック及び彫刻の特徴を含み，それらが実用的な側面から分離して認識でき，かつ独立して存在することができる場合に，かつその範囲において，絵画，グラフィック及び彫刻の著作物に含まれる。

上記の列挙著作物のうち，地図については，そこで掲載されている情報はいわば「事実」であり，そこに創造性（オリジナル性）が認められるかということがかつては問題となり，地図の著作物性が否定されたケースもある[37]。しかしこれは創作性について「額に汗」(sweat of brow)を必要とする議論を前提としており，「ほんの少しの創作性」(modicum of creativity)で足りるとした **Feist** 判決により完全に覆されたといいうる。むしろ，地図作成者は，地図に載せる事実・情報の選択，整理及び配列を行なうものであり，そこには著作権保護に値する十分な創造性があると一般にはいえるであろう[38]。

これは写真の保護についても同じようにいえる。オスカー・ワイルドを写した写真の著作物性が問題となった Burrow-Giles Lithographic Co. v. Sarony[39] で最高裁は，題材の選択，衣装，ポーズ，

---

37) Amsterdam v. Triangle Publications, 93 F. Supp. 79 (E.D. Pa. 1950), *aff'd on opinion below*, 189 F.2d 104 (3rd Cir. 1951)
38) Feist 判決後に出され，地図が絵画及びグラフィックの著作物として保護される旨判示されたものとしては，例えば Mason v. Montgomery Data, Inc., 967 F.2d 135 (5th Cir. 1992) がある。
39) Burrow-Giles Lithographic Co. v. Sarony, 111 U.S. 53, 4 S.Ct. 279 (1884)

第 2 節　保護対象の範囲（subject matters）

背景，照明等においてオリジナル性があることが具体的に立証されているとして，当該写真の著作物性を認めた。なお，著作権の対象としては米国著作権法第 1 編第 8 条第 8 項（特許・著作権条項）は「Writing（著作）」とするのみであるが，最高裁は，「著者のオリジナルな知的観念を表すものである限り，写真を著作権で保護することも含みうるものである」としており，著作権の対象である「Writing」の広がりを確認した判決であるともいえる。

また，Bleistein v. Donaldson Lithographing Co.[40]で最高裁は，サーカスの宣伝をするために作成されたポスターについて，その著作物性を認めた。本件ポスターは，言葉とサーカスの実写的なイラストとを組み合わせたものであり，作成に当たってはいうまでもなく，言葉やデザイン・色彩などが選択されて作成されている。広告目的・商業目的であるからといって著作権保護が否定されるものではなく，オリジナルな表現であることに着目して，本件ポスターの著作物性が認められたものである[41]。

なお，タイプフェイス，即ち，書体，活字のデザインについては，著作権の保護の対象とはなっていない。タイプフェイスは *Feist* 判決を前提にしても十分な創造性があるといいうるが，しかし 1976 年の著作権法制定の際には立法経緯上著作物からは除外され，著作権局に関する連邦規則においても，タイプフェイスは著作物でなく登

---

40) Bleistein v. Donaldson Lithographing Co., 188 U.S. 239 (1903)
41) この多数意見に対しては，単なる広告の域を出ないものは著作権の保護対象にはならないとする反対意見が出されている。しかし，この場合，作品が保護するに値する「価値」があるかどうかを最終的に裁判官に委ねることになるが，これでは，著作権保護に関する境界線を不明確にし，保護についての予見可能性を失わせしめることにもなるため，妥当ではないであろう。

録の申請もできない旨の規定が置かれている[42]。また，マスクワーク，即ち，半導体チップに組み込まれている様式・デザインについては，著作権ではなく，独自の保護が与えられている[43]。

B．実用品のデザインと保護判断基準

再度，上記の「絵画，グラフィック及び彫刻の著作物」の定義を見ていただきたい。ここで論争になりやすいのは，定義のうち，中段以降の文章である。即ち，実用品（useful art）については，機能的なものでもあり，そのデザインについても，本来的には特許（意匠特許）による保護の対象を受けうるべきものであって，そもそも著作権による保護の対象とはなりえないのではないかが問題となる。なお，著作法上，「実用品」は，「本来的に実用的な機能を有する物品のことであり，単にその外観を表したり情報を伝達する機能では足りない。通常は実用品の一部分である物品も『実用品』である」と定義されている（第101条："useful article"）。

この点に関しての基本的な判例が Mazer v. Stein[44]である。上記の「絵画，グラフィック及び彫刻の著作物」の定義はもちろん1976年法におけるものであるが，本件は1976年法以前の判決であり，実用品に美術的要素が含まれる場合に著作権保護がありうるのかが問題となった。具体的には，半ガラス質の陶磁器で作られたダンサーの小像で，テーブルランプとして使用されることを目的としたものについての著作物性が争われた。著作権局による著作権登録の実務として，1909年法以前は「純粋美術の著作物」（works of fine arts）

---

42) 37 C.F.R.§202.1(e)
43) 後掲・第5章第2節1参照
44) Mazer v. Stein, 347 U.S. 201 (1954)

の登録を認めていたが，本件が問題になった当時は「美術の著作物」(works of art)の登録を認めるものとし，ただ美術工芸品にあってはその形状に限り「美術の著作物」に含まれるのであって，その機械的又は実用的側面は含まれないとしていた。本件で最高裁判所は，この著作権局の立場を支持し，「純粋美術の著作物」ではなくより広く「美術の著作物」としたのは，例えば応用デザインで意匠特許の領域まで入らないものなどなど，著作権法の保護が適切に与えられうる対象物もあるとの認識に基づくものであるとして，本件の小像も著作物性があるとした。また，著作権と意匠特許の関係についても重畳適用を認めた。即ち，著作権は表現を保護するものであってアイデア自体を保護するものでないこと，著作権は他者の作品に依拠していなければ保護されうるものであって（＝オリジナル性），新規性（Novelty）や発明を保護するものではないこと，といった性格の違いから，仮に意匠特許により保護される場合であっても，美術の著作物として著作権で保護されうることには影響がないとした。

Mazer判決によって，実用品についてもその美術的な側面については著作権保護の対象になりうることが確認されたといえるが，しかしどのようにして，著作権保護がありうる美術的側面を著作権保護がない実用的側面から分離できるか，という問題が残っている。1976年法では上記のように「分離」できることを保護の条件としているが，その判断基準は示していない。ただ，その意図するところは，「産業製品の外見が，物理的（physically）又は観念的に（conceptually），その物品の実用的な側面から分離して認識できる要素を含んでいない限り，そのデザインは……著作物性はない」ということのようである[45]。従って，実際の判断は，物理的な分離可能性又は観念的な分離可能性を検討することになる。

第2章 著作権の保護対象

　物理的な分離可能性については比較的判断がしやすいといえる。彫像などが装飾として製品に組み込まれている場合でも，その彫像などが美術の著作物としての独立性を保っている場合には，物理的に分離可能であるといえる。例えば，置時計には彫像をあしらったデザインのものも見られるが，著作物としての彫像と実用品としての時計とを物理的に分離できる場合が多いであろう。これに対して判断が難しいのが観念的な分離可能性であり，この点の考え方をめぐり，裁判所の立場もいくつか分かれている。ただ，第2巡回区控訴裁判所についていえば，判例の変遷はあるが，基本的にはデザインの目的を前提に判断し，その目的は創作者の主観を基準にしているといえる。

　まず，Kieselstein-Cord v. Accessories by Pearl, Inc[46]では，ベルトの留め金のデザインが真似されたことから，その著作物性が問題となった。ただ，普通のベルトの留め金ではなく，貴金属をイメージして立体的に作られた留め金であり，主として装飾を目的とするものであった。裁判所は，その装飾的な外面は，留め金の実用的な機能のために必要なものではないとし，実用的な機能からは観念的に分離しうるとした。裁判所はまた，実用面を排除して純粋に美術的作品として売れるかという可能性も，観念的な分離可能性の考慮要素となりうることを示唆している。

　その5年後に出された Carol Barnhart Inc. v. Economy Cover Corp.[47]では，服を展示するために使用される，人の胴部のみのマネキンの著作物性が争われた。問題となったマネキンは4種類あり，

---

45) H.R. Rep. No. 94-1476, 94th Cong., 2d Sess. 55 (1976)
46) Kieselstein-Cord v. Accessories by Pearl, Inc, 632 F.2d 989 (2d Cir. 1980)
47) Carol Barnhart Inc. v. Economy Cover Corp., 773 F.2d 411 (2d Cir. 1985)

それぞれ実物大で，首・腕・背中はなく，伸縮可能な白いスチレンから出来ているものであった。裁判所は，そのマネキンの美的特徴は，服を展示するという実用的な特徴と分離が不能なほど絡み合っているとした。なお，美的特徴が実用的な特徴と不可分に絡み合っている点で *Kieselstein-Cord* ケースとは事案が異なるものであり，本判決でも両者は区別されているが，*Kieselstein-Cord* 判決は覆されてはいない。

さらにその 2 年後に出された Brandir International, Inc. v. Cascade Pacific Lumber Co.[48] では，自転車ラックの著作物性が問題となった。この自転車ラックはアメリカではよく見かけるもので，金属のパイプを凹凸が連続する形にした，実にシンプルなデザインのものである。そのデザイナーは，もともとはワイヤーの彫刻物として作ったものが自転車ラックに応用できることに気付き，それを改良したものを大量生産・販売していた。本件で裁判所は，観念的分離可能性の判断基準として，Denicola 教授の提唱するテストを採用した。そのテストとは，①デザインの要素が，美術的考慮及び機能的考慮の融合の反映であるならば美術的要素は観念的に分離できないが，②デザインの要素が，機能的考慮から独立して行使されるデザイナーの美術的判断を反映したものであるといえるのであれば，美術的要素は観念的に分離できる，というものである。そして，本件自転車ラックは，実用的観点の考慮を強く受けたものであり，美術的要素は実用的要素から分離できないとして，著作物性を否定した。

第 2 巡回区控訴裁判所の考え方は，このようにデザイナーの主観

---

[48] Brandir International, Inc. v. Cascade Pacific Lumber Co., 834 F.2d 1142 (2d Cir. 1987)

に着目した考え方であるといえるが，ただ，実用品についてはデザイナーは機能面も当然考慮しているはずであるから，この考え方では多くの場合，観念的な分離はできないことになるのではないかと思われる。一方，デザイナーの主観や作成経過ではなく，成果物を客観的にみて判断するべきだとする考え方もある[49]。

(2) 建築の著作物（第102条(a)(8)）

「建築の著作物」とは「建物，建築計画図又は設計図などの何らかの有形的表現媒体に埋め込まれた建物のデザインをいう。建築の著作物には，デザインにおける空間や要素の配置及び構成とともに，全体的な形状にも及ぶが，個々の標準的な特徴は含まない。」と定義されている（第101条："architectural work"の定義）。

ただ，建築の著作物自体が著作物として保護されるようになったのは1990年の著作権法改正以降である。この改正法の適用は将来効であり，1990年12月1日以降に建設された建築物についてのみ保護の対象となる。もとより，それ以前であっても，建築計画図自体は，絵画及びグラフィックの著作物として保護されてきたし，立体的な建築物であっても実用品としてみることにより，「絵画，グラフィック及び彫刻の著作物」の保護に関する物理的・観念的分離可能性の基準の下，美術的な側面については著作権で保護することが可能であったといえる。しかし，建築計画図や設計図そのもののコピーということでなく，他人の建築計画図などを元にして建物そのものを無断で建築した場合は，著作権侵害とはならなかった。1990年の改正法は，建築の著作物は実用品に取り込まれている「絵画，グ

---

49) *Carol Barnhart*判決の反対意見（Newman判事），***Brandir International***判決の反対意見（Winter判事）など。

ラフィック及び彫刻の著作物」ではないことを宣言し，建築の著作物自体を保護することで，そのような無断建築行為は許さないという趣旨に出たものと思われる。ただ真意としては，この改正法は，建築を明示的に著作権の保護の対象として掲げているベルヌ条約（米国は1989年に加盟）に配慮したものともいえる（ベルヌ条約第2条第1項）。

保護の判断基準については，「絵画，グラフィック及び彫刻の著作物」とは区別される以上，それらについて適用される物理的・観念的分離可能性の議論は，適用されない。とはいえ機能性が大きく関わることから，立法経緯によると，建築の著作物については次の基準で判断するとされている。即ち，第一に，全体的な形状や内部の建築様式も含め，オリジナルなデザインの要素が見られるかどうかを検討する。そして，そのようなデザインの要素が見られる場合に，第二のステップとして，そのデザインの要素が機能的に必要なものであるかどうかを検討する。もし機能的に必要な要素でないということであれば，物理的又は観念的分離可能性の有無に関わらず「建築の著作物」として保護されることになる[50]。

---

50) H.R.Rep. No. 101-735, 101st Cong., 2d Sess. 20-21 (1990)

2．編集著作物・派生的著作物（第103条）

(一) 概　要

「編集著作物」(compilation) は，既存の素材又はデータを収集し組み立てたものを指すが，その選択 (selected)，整理 (coordi-nated) 又は配列 (arrangement) は，それが全体として著作者によるオリジナルな著作物といいうるようなものでなければならない（第101条："complication"の定義参照）。*Feist*ケースは，電話帳という編集著作物に関するケースであり，そのデータの選択・整理・配列において創造性（オリジナル性）があることが必要とされていたのは前記の通りである（前掲・本章第1節3）。なお，編集著作物には「集合著作物」(collective works) も含まれる。集合著作物は，定期刊行物などのように，それ自体は独立した著作物が多数集まって，全体として一つの集合物を構成するものをいう（第101条："collective work"）。

一方，「派生的著作物」(derivative works)[51]というのは，一つ以上の既存の著作物に基づく著作物のことであり，翻訳，編曲，ドラマ化，小説化，映画化，録音，美術複製，要約ほか，既存の著作物が改作，変形若しくは翻案された形式 (form) のものをいう。改訂，注釈，詳述その他の変更からなる著作物で，全体として著作者が作成するオリジナルな著作物といえるものも，「派生的著作物」である（第

---

51) 日本の著作権法上の「二次的著作物」（日本著作権法第2条第1項第11号等）に対応するものであるが，派生的な著作物である限り，何も「二次的」な派生物に限らず含むものである。従って，用語からくる誤解を減らすため，本書では"derivative works"の訳語としては「派生的著作物」を用いた。

第 2 節　保護対象の範囲（subject matters）

101 条："derivative work"の定義参照）[52]。

このように，編集著作物も派生的著作物も，既存の素材を前提として成り立つものであるが，編集著作物や派生的著作物についての著作権は既存の素材についても及ぶのか。既存の素材との関係について，著作権法第 103 条(b)は次のように規定している。

編集著作物や派生的著作物についての著作権は，著作物で採用されている既存の素材からは区別されるものとして，当該著作物の著作者が物質的に寄与した範囲でのみ及び，かつ，既存の素材におけるいかなる排他的権利を包含するものでもない。編集著作物や派生的著作物の著作権は，既存の素材についての著作権保護の範囲，保護期間，所有形態又は存在とは別個独立のものであり，それらに影響を与えたり拡張するものではない。

こうして，著作権法上，編集著作物及び派生的著作物の権利は既存の素材に及ばないこと，いわば可分性が確認されている。

なお，本章前半では，言語の著作物のほか第 102 条(a)に掲げる著作物のカテゴリーについて見てきたが，それらは編集著作物や派生的著作物である場合も当然想定したカテゴリーである。例えば，個々の雑誌記事はそれぞれ「言語の著作物」であるが，雑誌全体を見たときも編集著作物としての「言語の著作物」であり，また，小説は

---

[52] モノクロ映画を「カラー化」したものについても，オリジナル性の要件に関して著作権局が定める一定の要件を満たすものについては，派生的著作物として著作権局による登録が可能である（37 C.F.R.§202 (1987) 参照）。なお，米国法では，著作者人格権（第 106 条A）は映画の著作物を保護対象としていないが，「カラー化」は，一般的には，著作者人格権（同一性保持権）にかかわる問題でもある。

「言語の著作物」であるが，それが映画化されたものは派生的著作物としての「映画の著作物」である。このような場合であっても，既存の素材の利用が，正当な事由なく著作権者の同意なしに行なわれるなど不法利用の場合には，不法利用されて作られた部分については著作権保護は及ばないとされている（第103条(a)）。

(二) 編集著作物

(1) 編集著作物とオリジナル性の要件

*Feist*判決以前においては，「額に汗」して作成したものにはオリジナル性があると解されていた。例えば，West Publishing Co. v. Mead Data Central, Inc.[53]では，判決文などを整理するためのWest社によるページ付けのシステム（star pagination）の著作権性が争われた。ここにおいて第8巡回区控訴裁判所は，判決を整理するために使われる「労働，才能及び判断」があれば著作権保護に十分である，としていたが，これも「額に汗」の考え方に立脚していたものと考えられる。一方，*Feist*判決後に出されたMatthew Bender & Co. v. West Pub. Co.[54]で第2巡回区控訴裁判所は，同じページ付けのシステムについて，それは単にページの区切りの位置を示すものに過ぎないから，判決意見を収録した被告のCD-ROMに登場するページ付けは著作権侵害ではないとした。

ところで，*Feist*判決は，事実やデータの選択，整理及び配列に最小限度の創造性がある場合にオリジナル性が認められるとしたが，

---

53) West Publishing Co. v. Mead Data Central, Inc., 799 F.2d 1219 (8th Cir. 1986), *cert. denied*, 479 U.S. 1070 (1987)
54) Matthew Bender & Co. v. West Pub. Co., 158 F.3d 693 (2nd Cir. 1998), *cert. denied*, 526 U.S. 1154 (1999)

第2節　保護対象の範囲（subject matters）

具体的にどのような選択・整理・配列があればオリジナル性が認められるのであろうか。

BellSouth Advertising & Pub. Co. v. Donnelley Information Pub. Inc.[55]は，マイアミ地域の企業をアルファベット順に分類したイエローページに関するケースである。このイエローページは，弁護士を専門分野別に分類したり，教会を宗派別に分類するなどしたものであったが，その見出しや構造は定型的なものであるとして，オリジナル性は認められなかった。一方，Key Publications, Inc. v. Chinatown Today PublishingEnterprises, Inc.[56]は，ニューヨークの中国系米国人向けにニューヨークの企業を分類してまとめられた住所録の著作権性が争われたケースである。ここにおいて，編集責任者は，数多くの企業の中から中国系米国人のコミュニティ向けに取捨選択をしていたこと，またその分類においても中国系米国人コミュニティの関心に沿った独特な分類を一部用いるなどしていることから（e.g.「豆腐＆もやし店」），オリジナル性が認められるとされた[57]。また，CCC Information Services, Inc. v. Maclean Hunter Market Reports, Inc.[58]は，中古車の見積り価格をまとめた本の内容が無断でインターネット上に転載されるなどしたケースである。裁判所は，価格の「評価」（valuation）は機械的にはじき出されるものではなく，評価する者が様々なデータを基にした専門的知見と専

---

55) BellSouth Advertising & Pub. Co. v. Donnelley Information Pub. Inc., 999 F.2d 1436 (11th Cir.1993)
56) Key Publications, Inc. v. Chinatown Today Publishing Enterprises, Inc., 945 F.2d 509 (2nd Cir. 1991)
57) もっとも，侵害著作物とされるものと実質的類似性（substantial similarity）はないとして，著作権侵害自体は否定されている。
58) CCC Information Services, Inc. v. Maclean Hunter Market Reports, Inc., 44 F.3d 61 (2nd Cir. 1994)

131

門的な判断に基づくものであるとして、その選択等にオリジナル性を認めた。

(2) *Tasini* ケース

編集著作物の権利は既存の素材に及ばないことは、第103条(b)の他にも、第201条(c)においても確認されている。第201条は著作権の帰属や移転に関しての規定であるが、その(c)項は、集合著作物の権利の帰属について次のように規定している。

> 集合著作物に対する個々の寄与における著作権は、集合著作物全体としての著作権とは明確に区別されるものであり、寄与をした著作者に原始的に帰属する。著作権又は著作権に基づく権利についての明示の移転がない場合は、集合著作物の著作権者は、その特定の集合著作物、その改訂版及び以後の同じシリーズの集合著作物の一部として当該寄与を複製及び頒布する権利のみを取得したものと推定される。

こうして、既存の著作物とは区別されることが示されているわけであるが、集合著作物の著作権者の権利が及ぶ範囲について争われ

判例 **New York Times Company, Inc. v. Tasini**, 533 U.S. 483, 121 S.Ct. 2381 (2001)

1. 事案の概要

本件は、ニューヨークタイムズ誌等、印刷刊行物に記事を寄稿したフリーランサー Tasini らが提起した訴えである。New York Times 社ら印刷刊行物の発行者が、フリーランサーらの同意を得ずに、コンピュータ・データベースの会社に対して当該記事の使用を許諾したことの是非が問題とされた。なお、当該記事が収録されたデータベースを使うと、データベースの利用者は自分の見たい記事のみを取り出して見ること

第2節 保護対象の範囲（subject matters）

が可能である。

2. 判旨

　第201条(c)に示されている通り，新聞や雑誌等の集合著作物の発行者は，特段の契約がない場合は，①著作者が著作物を寄与した「その集合著作物」，②「その集合著作物の改訂版」又は③「以後の同じシリーズの集合著作物」という3つのカテゴリーのいずれかの「一部として」のみ，寄与があった記事を複製，頒布する権利を有するものである。また，第201条(c)は，集合物における発行者の著作権と，記事についてのフリーランサーの著作権とを調和したものであり，フリーランサー側は，自分の記事の発行を許諾した場合であっても，その記事をまた別の者に売ってしまうこともできる。本件のフリーランサーらが自己の記事について著作権を保有していることに争いはなく，また彼らは印刷刊行物の発行者に対して，特定の新聞誌や雑誌に記事を掲載することを許諾していたのみであって，電子媒体に記事を載せることを許諾する契約は締結していなかった。

　そこで，本件で印刷刊行物の発行者らが，フリーランサーの記事のデータベースへの転載（複製・頒布）を認めた行為は，集合著作物の「改訂版」の「一部として」行なったものであるかが問題となるが，データベースは，前後の文脈に関係なく個々の記事を独立して見ることができるものである。従って，個々の記事が独立に複製され頒布されているのと同じことであるから，それがもともと収録されていた印刷刊行物の「改訂版」の「一部として」複製・頒布を行なったものであるということはできない。

最高裁判所は以上のような趣旨の内容を述べたうえで，データベースの発行者及び印刷刊行物の発行者らはフリーランサーらの著作権を侵害したものであると結論付けた。

たケースがある。それが次にみる *Tasini* ケースである。

上記の多数意見に対しては，著作権侵害をおそれてフリーランサーの作品はデータベースから除かれるような事態になり電子アーカイブの充実を阻害する，とする Stevens 判事による反対意見がある。ただ，この点について多数意見は，著作者と出版社らが電子媒体への転載についても合意をすればよい問題であって，音楽についての包括ライセンスなど数多くのモデルを引っ張り出してくることは可能であるが，いずれにせよ，将来予想される害悪についての推測は，第 201 条(c)で確立されている著作者の権利を狭める理由にはならないとしている。

ところで，*Feist* 判決で述べられていたように，求められる創造性のレベルは低いとはいえ，編集著作物の場合は，情報の選択・整理・配列においてオリジナル性があることが著作権保護の条件である。そして，編集著作物の著作権は，あくまでその編集著作者オリジナルの選択，整理，配列について及ぶものであって，既存の素材に対しては及ぶものではない。

データベースも，情報を収集するものとして，著作権法上の編集著作物に該当するといえる。ただ，これは情報の選択，整理，配列にオリジナル性がある場合にはその範囲で編集著作物としての著作権が及ぶが，素材となっている個々の情報についてまで及ぶものではないことを意味している。特に，上記の *Tasini* 判決でも示されている通り，データベースは利用者が特定の内容を単独で取り出すことができるものであり，また *Feist* 判決でも示されている通り，著作権法は編集者の努力を保護するものではないから，著作権法によるデータベースの保護は極めて限られた範囲のものであるということができる。

第2節　保護対象の範囲（subject matters）

　そこで，データベースを「独自の」("sui generis") 保護として立法化しようとする動きが 1996 年から始まっているが，未だ合意形成には至っていない。なお，EU においては，データベースの法的保護に関する指令（Directive）が 1996 年に採択され，著作物性の如何を問わず，データベースの重要部分を無権限で抜粋・再利用することを禁ずる「独自の」(*sui generis*) 権利の保護を定めるよう，EU 加盟国に求めている。

㈢　派生的著作物

　派生的著作物の権利は，既存の素材に及ぶものではないとされているが（第 103 条(b)），これは，派生的著作物と既存の素材とで適切な区別がなされていることが前提である。派生的著作物は，既存の素材が改作，変形，翻案された形式のものであり，既存の素材との区別が曖昧なままでは不都合が生じることになる。例えば他者の著作物（「原作」）に僅かばかりの変形を加えたもの（「A」）が派生的著作物として保護されるとした場合，その後，更に他者が「原作」著作者の許諾を得て派生著作物（「B」）を作った場合は，「A」の著作者は「B」の著作者を著作権侵害で訴えることが可能になってしまう。これは「A」の著作者は原作に関して事実上の独占権を得たのと同様の効果をもたらすこと意味している。また，「原作」がそもそもパブリック・ドメイン（公有）に属しているために自由に利用可能である場合，「B」は果たしてパブリック・ドメインから取ったものなのか，「A」から取ったものなのかの判断が極めて難しくなるうえに，パブリック・ドメインに属するべきものに対しても「A」の著作者が事実上の独占権を得たのと同様の効果をもたらすことになる。このようなことから，派生的著作物として保護されるためのオリジナル性の程度としては，「ごく僅か」(trivial) 以上のものが求められ

135

るべきと考えられ，このような考え方は判例にも見られるところである。

例えば，L. Batlin & Son, Inc. v. Snyder[59]は，"Uncle Sam"のデザインの小型貯金箱に関するケースであり，もともと鋳鉄製(cast iron)のものをプラスチック製に作り直したものがオリジナル性を備えているといえるのかが争われた。第2巡回区控訴裁判所は，著作権により保護するためには，少なくともいくらかの「実質的なバリエーション（変化）」(substantial variation)がなければならず，本件のように素材を別のものに変えるような単なる「ごく僅かなバリエーション」(trivial variation)では足りないとした。第7巡回区控訴裁判所によるGracen v. Bradford Exchange[60]も同様の考え方を引き継ぎ，「派生的著作物が著作権の保護を受けるためには，原作品とは実質的に異なるものでなければならない」としている。同ケースでは，映画「オズの魔法使い」のワンシーンの写真をもとに，ドロシー役のJudy Garlandを描き写した絵について，（原作品である写真とは）実質的なバリエーションは見られないものとして，著作権は否定された。

また，最近の事例でも，オリジナル性として「ごく僅か」以上のものを求めている。Entertainment Research Group, Inc. v. Genesis Creative Group, Inc.[61]は，著作権性のある様々なマンガのキャラクター（二次元のもの）を基に作られたコスチューム（三次元のもの）について，第9巡回区控訴裁判所は，コスチュームを見ればそれがモ

---

59) L. Batlin & Son, Inc. v. Snyder, 536 F.2d 486 (2nd Cir.), cert. denied, 429 U.S. 857 (1976)
60) Gracen v. Bradford Exchange, 698 F.2d 300 (7 th Cir. 1983)
61) Entertainment Research Group, Inc. v. Genesis Creative Group, Inc., 122 F.3d 1211 (9th Cir.1997), *cert. denied*, 118 S.Ct. 1302 (1998)

第 2 節　保護対象の範囲（subject matters）

チーフにしたキャラクターが直ちに識別できるものであり,「ごく僅か」以上のバリエーションがあるとはいえないとした。そして同時に, 仮にこのコスチュームに著作権が認められるのであれば, コスチュームの著作権者は, 当該キャラクターをモチーフにしたコスチューム全てについて事実上の独占権を有することになってしまうとし, マンガのキャラクターの著作権保護についても適切に配慮している。

ただし,「ごく僅か」以上のものを求めるといっても, 裁判所によって温度差があるようである。次にみるように, 類似の事案について, 第 9 巡回区控訴裁判所と第 7 巡回区控訴裁判所とは正反対の見解を示している。Mirage Editions, Inc. v. Albuquerque A.R.T. Co[62]は, それぞれに著作権がある美術作品を集めた原告の本から, 被告がページを切り取り, それぞれセラミックタイルにはめ込んで販売したという事案で, 当該タイルはそもそも派生的著作物なのかが争われた。第 9 巡回区控訴裁判所は, 原告が著作権を有している個々の美術イメージを, タイルにボンド付けしてはめ込んだことは複製ではなく, 原告の美術作品とは別のバージョンを作ったものである（形式が違う）として,「改作」（recast）又は「変形」（transformed）であるとした。裁判所はこのように緩やかに解し, 派生的著作物であると判断した（よって, 原告の同意を得ていない本件では, 著作権侵害となる）。これに対して, 同じような事案について否定的な見解を示したのが第 7 巡回区控訴裁判所による Lee v. A.R.T. Company[63]である。本件は, 原告の石版画・カードを, 被告がセラミックタイ

---

[62] Mirage Editions, Inc. v. Albuquerque A.R.T. Co, 856 F.2d 1341 (9th Cir. 1988)
[63] Lee v. A.R.T. Company, 125 F.3d 580 (7th Cir. 1997)

137

ルにはめ込んで販売したという事案であり，当該タイルが派生的著作物となるのかが争われた。ここにおいて，第7巡回区控訴裁判所は *Mirage Edition* 判決の考え方を否定した。即ち，美術館が絵画にフレーム付けをして展示するという伝統的なフレーム付けのプロセスが著作権侵害にはならないのと同様に，美術をタイルにはめ込むことも同じく展示方法・手段の問題に過ぎず，石版画・カード自体が変更されたわけではないから，派生的著作物とはならないと判示した。第7巡回区控訴裁判所の見解は，派生的著作物といえるためには，変更部分により十分なオリジナル性を必要とする考え方であるといえる。

3．外国著作物の保護（第601条，第104条）

㈠ 製造条項（第601条）

米国著作権法において外国人の著作物を保護するようになったのは，1891年の著作権法改正（The Chace Act）に遡るが[64]，その保護は非常に制限的なものであった。相互主義を前提に，またそのような相互主義の関係にあることについて大統領の布告（proclamation）があることが条件とされ，また米国内で出版されたものではない書籍については，米国への輸入は禁じるものとされていた。このように，外国の著作物の保護について米国内での製造などを条件として求める条項は「製造条項」（manufacturing clause）と呼ばれている。

ただ，製造条項については，時代の推移とともに緩和される方向に傾き，1909年法の下では「暫定的（ad interim）」保護の制度が導入された。これは，米国外で作られた本や刊行物であっても，英語で書かれたものについては，米国著作権局への納本ほか，米国外で

---

64) 前掲・第1章第3節1㈠参照

第2節　保護対象の範囲（subject matters）

の最初の出版から6ヶ月以内に一定の義務を履行することによって得られる5年間の暫定的な保護期間のことである。この間に製造条項で定める条件に合致する出版をすることで，最初の出版から起算して28年間の保護を受けることができた。また，1952年のU.C.C.への加盟に伴い，U.C.C.に基づいた外国人の著作物の保護については製造条項の適用が除外された。現行1976年法の下においても製造条項は第601条に置かれているが，その適用は1986年7月1日までとなっている（第601条）。

なお，現行第601条は，非演劇的な言語の著作物で英語で書かれたものについての輸入・頒布につき，米国又はカナダでの製造を条件とするものである。但し，著作者が米国の国民又は居住者でない場合などは，製造条項の適用が除外されている。

㈡　外国著作物の保護（第104条，第104条A）

（1）　保護対象（第104条）

外国著作物の保護一般については第104条に定めが置かれている。第104条は，米国著作権法により保護されうる外国著作物の保護対象を示した規定であり，発行の有無を一つの大きなメルクマールとしている。

まず，未発行の著作物については，著作者の国籍又は住所に関わらず，保護の対象となる（第104条(a)）。一方，発行された著作物については，次のいずれかの場合に限り，米国著作権法による保護の対象となる（第104条(b)）。

①　最初の発行日に，著作者の一人以上が，米国の国民若しくは居住者，条約加盟国の国民，居住者若しくは主権者，又は無国籍者であること（その者がどこに住所を定めているかを問わな

139

い)。
② 当該著作物が米国又は条約加盟国で最初に発行されたものであること（但し，その他の国で発行された著作物が30日以内に米国又は条約加盟国で発行された場合は，米国又は条約加盟国で最初に発行されたものとして取り扱われる）。
③ 当該著作物が録音物の場合，条約加盟国で最初に固定されたものであること。
④ 当該著作物が，建物その他の建造物に組み込まれている絵画，グラフィック，彫刻の著作物，又は，建築に具現化されている建築の著作物の場合，当該建物その他の建造物が米国又は条約加盟国に所在すること。
⑤ 当該著作物が国際連合若しくはその専門機関又は米州機構によって最初に発行されたものであること。
⑥ 当該著作物が大統領布告の適用範囲に該当すること。

(2) 権利回復著作物の著作権（第104条A）

 米国がベルヌ条約に加盟したことは，方式主義を改めた点において大きな転機となったが，これにより，表示等の「方式」を欠いたためこれまで米国法上は著作権保護が与えられなかった著作物の扱いが問題となる。
 この点，ベルヌ条約第18条は，保護期間が満了したもの以外は原則として遡及的に保護するべきことを定めている。しかし米国は，ベルヌ条約に適合するための改正は必要最小限とするいわゆるミニマリスト・アプローチをとっており，ベルヌ条約の執行に関して，ベルヌ条約第18条に対応した立法措置は行なわなかった。遡及的保護は，これまで著作権保護が与えられずパブリック・ドメイン（公有）に属していると信頼していた著作物の利用者から権利を奪うことも

第2節　保護対象の範囲（subject matters）

意味するため，米国憲法のデュー・プロセス条項（修正第5条）との関係も考慮する必要があると考えられたためである。

しかしその後，1993年のNAFTA協定法において遡及的保護を一部認めたのに続き，TRIPS協定締結に伴う1994年のウルグアイ・ラウンド合意法（URAA）において，ベルヌ同盟国及びWTO諸国の著作物で米国著作権法に定める方式を履行していない著作物について，1996年1月1日以降，権利回復著作物（restored works）として保護するに至った（第104条A）。TRIPS協定はベルヌ条約第1条から第21条の遵守を定めている（TRIPS協定第9条）から，ベルヌ条約第18条の遵守はここでも求められたのである。

なお，デュー・プロセスとの関係については，この権利回復著作物の著作権は直ちには善意の利用者（reliance party）に強制しえない，という形で整理されている。善意利用者に対して強制しうるためには，法に定める通知要件を満たす必要がある。この場合，権利回復著作物の著作権者は，著作物の利用者に対して，直接通知を出すか，権利回復後24ヶ月以内に著作権局（Copyright Office）に通知を出す必要がある（後者の場合，著作権局は当該通知を官報に掲載する）。それから12ヶ月経過後の侵害行為に対しては，権利回復著作物の著作権を強制しうることになる。但し，善意の利用者が権利回復に先立って派生的著作物を作成していた場合，権利回復著作物の著作者に対して合理的な補償金を支払う場合は，12ヶ月経過後であっても，当該利用者は，当該派生的著作物を引き続き利用することができる。

4．合衆国政府の著作物（第105条）

第105条は，合衆国政府の著作物については著作権が及ばないことを明示している。よって，合衆国政府で働いている者がその業務

第 2 章　著作権の保護対象

上作成したものについては,「合衆国政府の著作物」として著作権が及ばないことになる。しかし,業務とは離れて作成した場合には私的なものとして著作権保護は及ぶといえるし,また第 105 条は連邦政府についての規律であって,州政府の権利関係まで規律するものではない。なお,合衆国政府は,合衆国政府の著作物については権利主体とはならないものの,譲渡,遺贈その他によって著作権を譲り受け,保有することまでも妨げられるものではない（第 105 条）。

第3章　権利保護関係

第1節　排他的権利とその制限

1．排他的権利の種類

(一)　第106条

第106条は著作権者の排他的権利（exclusive rights）として，次の行為について，著作権者は自ら行い又は許諾（オーソライズ）できる旨規定する。

(1) 著作権のある著作物をコピー又はレコードに複製すること（to reproduce）
(2) 著作権のある著作物をもとに派生的著作物を作成すること（to prepare derivative works）
(3) 著作権のある著作物を，販売又はその他の所有権の移転，若しくはレンタル，リース又は貸与によって，公に頒布すること（to distribute to the public）
(4) 言語，音楽，演劇及び舞踊の著作物，パントマイム，並びに映画その他の視聴覚著作物については，著作権のある著作物を公に実演すること（to perform publicly）
(5) 言語，音楽，演劇及び舞踊の著作物，パントマイム，並びに絵画，グラフィック又は彫刻の著作物（映画その他の視聴覚著作物の個々の影像も含む）については，著作権のある著作物

第 3 章　権利保護関係

　　　を公に展示すること（to display publicly）
　(6)　録音物については，著作権のある著作物を，デジタル音声送信の手段により公に実演すること（to perform publicly by means of a digital audio transmission）

　以上から，排他的権利の基本的な内容としては次の 5 つがあることが分かる。即ち，①「複製権」（reproduction right, 第 106 条(1)），②「翻案権」[1]（adaptation right, 第 106 条(2)），③公「頒布権」（public distribution right, 第 106 条(3)），④公「実演権」（public performance Right, 第 106 条(4), (6)），⑤公「展示権」（public display right, 第 106 条(5)）の 5 つである。

　「複製権」は，著作権（copyright）による保護としてそもそも予定されていたものといえ，著作権を考えたときに最も基本的な権利であるといえよう。そのためか，著作権法第 101 条の定義にも「複製」の定義は見当たらない。但し，上記の規定にあるように，コピーやレコードという有体物の形式のものを作ることを前提としているから，例えば小説を忠実に朗読しても，それは言語の著作物である小説を「複製」していることにはならない。なお，複製に関しては，一時的・過渡的複製も「複製」であるといえるのか，という議論がある（本章第 1 節 2 (六), *MAI* 判決）。

　「翻案権」は，派生的著作物を作る権利（right to prepare derivative works）である。どういった場合に派生的著作物といえるのか，オリジナル性の程度については，前述のように裁判所間で争いがある[2]。

---

1)「派生的著作物を作る権利」は「翻案権」（adaptation Right）といわれることがあるので，その用法に従った。なお，「翻案権」という場合の「翻案」は，変形，改作等も含む広い意味で用いている。

また，翻案権に関しては，既存のビデオゲームを高める（enhance）ような行為が翻案権侵害となるのか，という論点もある。Lewis Galoob Toys, Inc. v. Nintendo of America, Inc.[3]はこの点について争点になったケースであり，本件では，被告 Galoob の作った装置（Game Genie）を使うことで，原告 Nintendo のビデオゲームをスピードアップさせたり，あるいはスピードダウンさせたりするなど，変化させることができた。しかし，Game Genie 自体は，Nintendo のビデオゲームの視聴覚的ディスプレーを高める（enhance）ことができるに過ぎないものであった。第9巡回区控訴裁判所は，派生的著作物は，既存の著作物が改作，変形若しくは翻案された「形式」（form）のものをいうのであって，本件の場合，Game Genie は変更後のディスプレーを何らかの具体的又は永続的な形式に含めたりするものではないとし，Game Genie は派生的著作物ではありえないとした。一方，Micro Star v. Formgen Inc.[4]は，ユーザーが自分のゲームレベルを作ることができるプログラムを備えたゲーム（「Duke Nukem 3D」）に関して，ユーザーが作った様々なレベルのファイルを集めた CD-ROM を被告 Micro Star が販売していたというケースである。なお，当該ファイルは，ゲームソフトのゲーム・エンジンに働きかけて，レベルに合った影像（image）をアート・ライブラリから取り出す役割を有するものである。本件では，*Galoob* ケースとは異なり，ゲームと当該ファイルとの組み合わせにより生み出された視聴覚的ディプレーは，具体的又は永続的な形式において被告のファイルそれ自体に存在しているものであると認定され，

---

2) 前掲・第2章第2節2(三)（派生的著作物）
3) Lewis Galoob Toys, Inc. v. Nintendo of America, Inc., 964 F.2d 965 (9th Cir.), *cert. denied*, 113 S.Ct. 1582 (1993)
4) Micro Star v. Formgen Inc., 154 F.3d 1107 (9th Cir.1998)

当該ファイルはゲームのストーリー自体の著作権を侵害するものであるとされている。

「頒布権」についても、「複製権」などと同様に、著作権法上に定義規定は置かれていない。ただ、基本的には「発行」(publication)と実質的に同義に解される場合が多く、また、「頒布」があったといいうるためには、有体物の移転があることが必要とされている。なお、日本の著作権法は、著作権の支分権として「頒布権」を規定しているが（日本著作権法第26条）、同条は映画の著作物に限定した規定であり、必ずしも同義ではない。米国著作権法上の「頒布権」は、一般的には、日本著作権法上の「譲渡権」（日本著作権法第26条の2）及び「貸与権」（日本著作権法第26条の3）に相当する権利であるといえる。

残る「実演」と「展示」については、それぞれ第101条に定義が置かれている。それによると、「実演」とは「朗読、表現、演劇、ダンス又は上演すること」をいい、「映画その他の視聴覚著作物の場合は、影像を連続してみせること、又は映像に伴う音声を聞かせること」をいう。また、「展示」とは、「著作物のコピーを直接又は、フィルム、スライド、TV映像その他の装置若しくはプロセス」を用いてみせることをいい、「映画その他の視聴覚著作物の場合は、個々の影像を非連続で見せること」をいう。

以上のうち、「頒布権」、「実演権」及び「展示権」が、いずれも公に対しての行為が前提となっているが、「公」とはどのような場合を想定しているのだろうか。特に実演権及び展示権における「公」の意味が問題となる。

㈡ 「公」の意味（実演権・展示権）

「公」に実演し又は展示することの意味合いについて，著作権法は次のような定義規定を設けている（第101条："publicly"の定義）。

> 「公」に著作物を実演又は展示するとは，次のことを意味する－
> (1) 公衆に開かれた場所又は家族やその知人の通常の範囲を超えた相当多数の人が集まる場所において，実演又は展示をすること，又は
> (2) 著作物の実演又は展示を，装置又はプロセスを用いて，(1)に定める場所又は公衆に対して，送信又はその他伝達（**transmit or otherwise communicate**）することであり，この場合，当該実演又は展示を受信することのできる公衆のメンバーが，同じ場所で受信するか別の場所で受信するかを問わず，同じ時に受信するか別の時に受信するかも問わない。

この定義を前提にして，例えばビデオをレンタルする場合を想定し，次の事例は「公」の実演であるといえるか考えてみよう（なお，上記定義中，(1)を「第1項」，(2)を「第2項」と呼ぶことにする）。

[事例1] ビデオレンタル店でレンタルしたビデオを自宅に持ち帰って，自宅の部屋にあるVTRでビデオ鑑賞をする場合。
[事例2] ホテルのフロントでレンタルしたビデオを，ホテルの部屋に設置してあるVTRを使って鑑賞する場合。（*Real Estate*ケース）
[事例3] ビデオレンタル店でレンタルしたビデオを，ビデオレン

タル屋内に設置してある個別ブースで，店側が一括管理・操作するVTRからの送信により鑑賞する場合。(*Redd Horne*ケース)

[事例4] オンデマンドにより，ホテルの部屋のテレビでビデオ鑑賞する場合（*Command Video*ケース）

[事例1]については，VTRを使って観ている時点で実演(performance)はあるといえるが，自宅の部屋はプライベートなもので公衆等に開かれている場所ではないし，不特定多数の者が集まる（いわば半公共の）場所でもない（第1項）。また，伝達があるわけでもない（第2項）。よって，「公」の実演とはいえない。

[事例2]については，ホテルの部屋が公共な場所あるいは半公共な場所であるが問題となるが，不特定多数の者がホテルを利用するとはいえ，ホテル客室は，宿泊客にとって自宅の部屋と同じような役割を有するものである。この点，Columbia Pictures Industries, Inc. v. Professional Real Estate Investors, Inc[5]で裁判所は，「確かにホテル自体は公衆に開かれているかもしれないが，ゲストルームは一旦借りられれば開かれてはいない」とし，また同じ部屋内であれば「送信又はその他伝達」はないとして，同様の事案について「公」の実演を否定した。

なお，「送信」(transmit)については著作権法第101条において，「発信地点から離れた場所で (beyond the place from which they are sent) 影像又は音声を受信できる何らかの装置又はプロセスにより，

---

5) Columbia Pictures Industries, Inc. v. Professional Real Estate Investors, Inc., 866 F.2d 278, 9 U.S.P.Q.2d 1653 (9th Cir. 1989)

実演又は展示を伝達することをいう」と定義されている。このように，「送信」といえるためには，発信地点と受信地点が離れていることが必要である。ただ，「公」といえる場合としては，「送信」だけでなく，「その他伝達」（or otherwise communicate）をすることとされていることから（第2項），「伝達」(communicate)は「送信」よりも広い意味を持ちうるのかが問題となりうる。しかし，このように一般的な用語（本件では，"or otherwise communicate"）が特定の用語（本件では，"transmit"）に続けて用いられている場合は，「一般的な用語の意味は直前で列挙されている特定の用語に類似した範囲でのみ理解される」というのが原則的な考え方である（これを"*ejusdem generis*"という）。従って，「伝達」の意味についても，「送信」と同様に，発信地点と受信地点が離れていることが必要であると解される。

［事例3］についても，ビデオレンタル店内に設置してある個別ブースが，公衆に開かれた場所あるいは半公共な場所であるかが問題になる。ビデオレンタル店自体は不特定多数の者が訪れる場所であり，公共な場所あるいは半公共な場所であるといいうる。しかし個別ブースについてはどうか。この点が問題になったのが，Columbia Pictures Industries, Inc v. Redd Horne, Inc.[6]である。本件では，レンタルビデオ店内に一度に4人まで利用できるプライベートな個別ブースが設置してあり，利用客が観たい映画のビデオを選び，それを店側が，利用者がいる個別ブースに店内の中枢部から送信するというものであった。裁判所は，実演が行なわれていた場所は「公衆に開かれた場所」であるとして，「公」の実演に当たるとした。

---

6) Columbia Pictures Industries, Inc v. Redd Horne, Inc., 749 F.2d 154 (3d Cir. 1984)

第3章　権利保護関係

　レンタルビデオ店は不特定多数の者が訪れることが予定されており，従って公衆に開かれているものといえるが，個別ブース自体はある程度プライバシーが保たれている。この点，［事例2］におけるホテルの部屋のケースと整合性は保たれているといえるであろうか。両者は別の巡回区の裁判所だから整合性は必ずしも保たれていないこともありうる，ともいいうるが，結局どれだけ［事例1］のケースに近づけて考えることができるかということであろう。［事例3］におけるブースは，ある程度プライバシーが保たれているとはいえ，まさにレンタルしたビデオを見る目的だけのための部屋であり，［事例1］や［事例2］と違って，生活空間としての自宅の部屋と同じような役割があるとはいいにくいであろう（第1項）。また，送信行為についても，同じビデオレンタル店内での送信であるとはいえ送受信の地点は異なっているし，また，各ブースでは少人数ごとしか受信できないとはいえ，公衆のメンバーが受信することについては，「同じ場所で受信するか別の場所で受信するかを問わず，同じ時に受信するか別の時に受信するかも問わない」のであるから（第2項），この点でも「公」の実演であるといえる。

　なお，このようなブースも公衆に開かれた場所である，という本判決の考え方に従えば，レンタルビデオ店内の個別ブースにVTRが設置してあり，利用客が自分でビデオを観るようになっている場合も，「公」の実演に当たるということになるであろう。

　［事例4］のケースは，［事例2］を踏まえると，客室自体は「公衆に開かれた場所」でも半公共の場所でもないから，第1項の点では「公」の実演ではないことになる。それでは第2項（伝達）の点ではどうであろうか。本件の事例は，<u>On Command Video Corp. v. Columbia Pictures Industries</u>[7]で問題になったものである。このケ

ースでは，ホテルの宿泊客は，ホテル内のオンデマンドのシステムにより，好きな時に好きな映画を客室で観ることができたが，宿泊客が観ているビデオは，その間，他の宿泊客は観ることができない仕組みになっていた。裁判所は，ホテルの宿泊客は，実演の送信者との関係では「公衆のメンバー」であり，また第2項で「(公衆のメンバーが)同じ場所で受信するか別の場所で受信するかを問わず，同じ時に受信するか別の時に受信するかも問わない」としているのは，1回1回の受信者が少ない本件のホテルの宿泊客のような場合も含むとして，「公」の実演であることを認めている。

2．権利制限規定

(一) フェア・ユース（第107条）

フェア・ユース（fair use）は，他者の著作物を許可なしに使用する場合であっても，使用の目的，著作物の性質，使用する量や程度，潜在的な市場・価値への影響といった要素（ファクター）を勘案して，公正な使用であると判断される場合には，著作権侵害とはならないとするもので，第107条に規定されている。これは，著作物を利用する第三者の表現の自由（米国憲法修正第1条）に配慮したものといえ，またこのように包括的な制限規定を置いている点で，日本の著作権法の定め方と対照的である。フェア・ユースの各ファクターについての具体的な考え方については，後述する[8]。

---

7) On Command Video Corp. v. Columbia Pictures Industries, 777 F.Supp. 787, 21 U.S.P.Q.2d 1545 (N.D.Cal.1991)
8) 後掲・第4章第1節3

(二) ファースト・セール・ドクトリン（第 109 条）

ファースト・セール・ドクトリンは，要するに，権利の消尽の法理である。著作権者は排他的権利として頒布権（第 106 条(3)）を有しており，著作物の複製物が作成された場合であっても，それを頒布するか否かについてコントロールしうる立場にあるといえる。しかし，当該複製物を一度販売（最初の販売，即ち「ファースト・セール」）してしまった後は，著作権者は当該複製物の頒布についてはコントロールを及ぼしえなくなる（権利が消尽する）。即ち，著作物の適法なコピー又はレコードの所有者（又は所有者の許諾を得た者）は，当該コピー又はレコードについて，そもそもの著作権者の許可を得ることなく自由に譲渡その他の占有の処分ができるとするのがこの法理である（第 109 条(a)）。なお，このように頒布権が制限されるのは，あくまで「適法」に作成された「当該」コピー又はレコードについてであって，ファースト・セールによってそもそもの頒布権が消尽してしまうわけではない。

ただし，頒布権は貸与も含むものであるが，音楽の著作物が録音されたレコードとコンピュータ・プログラムの商業的貸与については，ファースト・セール・ドクトリンは適用されない（第 109 条(b)(1)(A)）。これは，レコードやコンピュータ・プログラムの商業的貸与権について規定する TRIPS 協定や WIPO 条約に対応しているものといえる。また，あくまで「商業的」な貸与についてであり，非営利目的で，非営利の図書や非営利の教育機関がレコードを貸与する場合は，依然としてファースト・セール・ドクトリンの適用がある旨明示されている（第 109 条(b)(1)(A)後段）。

また，ファースト・セールによる権利制限は，展示権についても

妥当する。第109条(c)は，「著作物の適法なコピーの所有者（又は所有者の許諾を得た者）は，著作権者の許可を得ることなく，当該コピーを，コピーがある場所にいる観衆に対して，一回につき一つの影像に限って映写又は直接展示することができる」としている。

著作権者は，著作物が適法に複製された場合であっても，その複製物に関する有体物の権利とは別に，著作権として諸々の排他的権利（複製権，翻案権，頒布権，実演権，展示権）を有している。しかし，上記のように，法は，著作権者が適法な複製物を一旦譲渡した場合は，当該複製物（有体物）を譲り受けた者は，頒布権・展示権については一定限度で自由に処分できるということを想定しており，著作権という無体物の権利が一定限度で有体物の法理に取り込まれた形になっているともいえる。

(三) 実演権等についての一定の例外規定（第110条）

第110条は，実演権及び展示権が制限される個別的な場合について，事細かに規定しているが，多くの事項については，営利的なものか非営利的なものかが基本的な分水嶺になっているようである。例えば，第1項及び第2項では，非営利の教育機関における教育の過程での実演・展示は，著作権（実演権・展示権）の侵害とはならないとされ，第4項では，非営利目的による非演劇的な言語又は音楽の著作物の実演で，入場料を徴収しない場合等については，著作権（実演権）の侵害にはならないとされている。

第5項は，小規模事業における例外規定であるといえる。第5項(A)では，例えばラジオやTV等で公衆送信された著作物を一般家庭で通常用いられる単一の装置を用いて受信する場合，その場に居合わせている公衆が例えそれを観たり聞いたりできたとしても，そのために店側が公衆から直接お金を徴収するということでないのであ

第3章　権利保護関係

れば，実演権の侵害にはならないとされている。第5項(B)は更により細かく事業の規模に応じた規定が置かれており，例えば一定規模以上のレストラン等の場合，音声のみによる場合は6台以内のスピーカー，視聴覚手段による場合は画面が55インチ以下の視聴覚装置4台以内と6台以内のスピーカー，といったような要件が付されている。第5項(B)の場合は，非演劇的な音楽の著作物（nondramatic musical works）の実演又は展示にのみ適用されるものである。なお，第5項(B)は1998年の改正により追加された規定であるが[9]，TRIPS協定及びベルヌ条約に反するものであるとWTOに裁定されている。

(四)　録音物関係（第114条）

第114条は録音物についての権利が及ぶ範囲を画している。同条はまず，録音物についての排他的権利としては，複製権（第106条(1)），翻案権（第106条(2)），頒布権（第106条(3)）及び，デジタル送信による実演権（第106条(6)）に限定される旨を明らかにし，加えて，複製権，翻案権及び頒布権の及びうる範囲を画している。また，第106条(6)に定めるデジタル音声送信による実演についての権利は，1995年の改正(DPRSRA)によって創設されたものであることは既に述べたとおりであるが[10]，第114条(d)以下では，その権利が制限される場合などについて定めている。

(五)　強制許諾（第115条等）

第115条は，非演劇的な音楽の著作物について，当該著作物のレ

---

9) The Fairness in Music Licensing Act of 1998, Pub.L. No. 105-298 (1998)
10) 録音物のデジタル実演権に関する法律（DPRSRA）（前掲・第1章第3節3(三)）

154

コードを作成し頒布することについての強制許諾（compulsory license）の規定が置かれている。強制許諾の制度は，一定額のロイヤルティを払えば，著作権者の許諾を個別に得ることなく，適法に当該著作物を利用できるというものである。本条では，まず，非演劇的な音楽の著作物のレコードが著作権者の権限のもと米国内で頒布されていることが前提として必要である。その上で，当該著作物のレコードの作成・頒布について強制許諾を得ようとする者が，私的使用のために公衆に頒布すること（デジタルレコード配信の手段による場合も含む）を主たる目的としている場合には，強制許諾を受ける意思がある旨を通知し，第115条所定のロイヤルティを支払うことで強制許諾を得ることができる。なお，録音物を複製してレコードを作成・頒布しようとする場合は，適法に固定された録音物を使用する必要があり，かつその録音物の著作権者の承諾を得ておく必要がある。

音楽の著作物について本条による強制許諾を得ることにより，実演の解釈に沿ったスタイルに編曲することはできるが，当該著作物の基本旋律（メロディー）や基本的な性格を変えることはできないし，著作権者による明示の合意がない限り，派生的著作物としての保護も与えられない（第115条(a)(2)）。従って，「カバー」バージョンのレコードを作ることは同条により許容されているといえる一方，例えば，音楽に歌詞字幕を付けてカラオケ用のCD-ROMを作ることまでは許容されず，第115条の範囲を超えるものであると判示されている[11]。

著作権法は第115条以外にも強制許諾に関する規定を設けており，例えば，第111条ではCATV等による二次送信についての強制許

---

11) ABKCO Music, Inc. v. Stellar Records, Inc., 96 F.3d 60 (2d Cir.1996)

諾，第118条は非商業的放送における一定の著作物の使用についての強制許諾，第119条は家庭での私的視聴のための衛星による二次送信についての強制許諾，などが定められている。なお，法定ロイヤルティ料の決定やその分配をめぐる紛争解決については著作権使用料審判所 (Copyright Royalty Tribunal) が任務に当たっていたが，問題が多く1993年に廃止された。代わりに，必要に応じて召集される著作権仲裁使用料委員会（Copyright Arbitration Royalty Panels）が設置されている（第800条～第803条）。

(六) その他

著作権法は，第106条で排他的権利について規定し，第107条以下（第122条まで）において権利制限規定を置くという構造になっている。権利制限規定としては，上記に述べたもの以外にも，例えば第108条は図書館等における複製を許容している。もっとも，同条の適用があるためには，図書館が非営利目的でありかつ広く利用可能であることなどが求められ，また複製についての正当な目的があることやコピーの部数制限など，一定の制限が定められている[12]。また，第113条は，絵画，グラフィック及び彫刻の著作物に対する排他的権利の範囲について定めた規定であり，そのうち第113条(d)は，建築物に組み込まれた視聴覚著作物の除去に関して，著作者人格権が適用されるための条件を示している。第116条はジュークボックス（コイン式レコードプレーヤー）による非演劇的な音楽の著作物の実演に関する規定であり，実演に関する使用については，かつては強制許諾によるものとされていたが，現行法では任意的な交渉による許諾の制度に統一されている[13]。

---

12) 後掲・第4章第1節3(三)

第117条は，コンピュータ・プログラムのコピーの所有者（owner）が別のコピーを作ったり翻案をしたりする場合についての規定であり，そのようなコピーや翻案がコンピュータ・プログラムの利用に不可欠なステップであること，又は純粋に資料保存目的である場合などには，著作権侵害とはならない旨の定めが置かれている（第117条(a)）。また，機械のメンテナンスや修理のみを目的とする場合で，コンピュータの作動によってコンピュータ・プログラムのコピーが作られることになる場合は，メンテナンスや修理の終了後に廃棄することなどを条件として，著作権侵害にはならないとされている（第117条(c)）。同条項は1998年のDMCAにより追加された条項であるが，これはRAM (Random Access Memory) への一時的な複製行為（過渡的複製）も「複製」（reproduction）に当たるとした MAI Systems Corp. v. Peak Computer, Inc.[14]による不都合性に対処したものと考えられる。即ち，この*MAI*ケースは，コンピュータのメンテナンスを行なう会社が，診断のために顧客（権利者からライセンスを得てプログラムを利用している者）のコンピュータのスイッチを入れた際に，OSプログラムのコピーがRAMに蓄積されたことを捉えて，それは第106条(1)にいう複製に当たるものと判示したものである[15]。また，第117条(a)はあくまで「所有者」についての例外規定であるから，プログラムのライセンスを受けている者（ライセンシー）には適用がないともされている。このため，*MAI*判決によると，第117条

---

13) 音楽の実演権に関しては，ASCAP (American Society of Composers, Authors, and Publishers) や BMI (Broadcast Music, Inc) といった管理事業者が存在し，数多くの音楽の著作権者を代表して，著作権許諾のライセンスを発行したり，監視を行なっているが，これらの管理事業者が権利者を代表してジュークボックスに関する交渉に当たることが，これにより可能となった。

14) MAI Systems Corp. v. Peak Computer, Inc., 991 F.2d 511 (9th Cir.1993)

(c)の規定がなかった当時の規定の下では，コンピュータのメンテナンスをするのにもいちいち複製権の侵害となるという可能性があった。もっとも，メンテナンス・修理目的ということであれば，フェア・ユースが適用される余地もあると思われる。

第120条は建築の著作物に関する権利制限規定であり，建築物が公共の場所又は公共の場所から普通に見える場所に建っている場合は，その写真を撮ったり絵を描いたりすることは全くの自由とされ（第120条(a)），また，建築物の所有者は，建築の著作物についての著作権者の同意がなくとも，建築物を改築したり解体することができる（第120条(b)）。後者は翻案権（第106条(2)）に関わる制限である。

なお，第113条(d)は，建築物に組み込まれ又は建物の一部となった視覚芸術の著作物（work of visual arts）についての，著作者人格権の制限に関する規定である[16]。

---

15) RAMメモリーは，コンピュータの電源を切れば消去されるものである。しかし，そもそも著作権の保護は，有形的な表現媒体であって覚知（perceived），複製又はその他伝達することができるものに「固定」された著作物に及ぶのであり（第102条(a)），「固定」とは，一時的な期間以上の期間にわたって，著作物の覚知，複製又はその他伝達が可能な程度に永続的又は安定的にコピーに収められる場合をいうものである（第101条：「固定」の定義参照）。また，「コピー」とは，著作物を固定した有体物であって，これにより当該著作物を覚知，複製又はその他伝達することができるものをいう（第101条：「コピー」の定義参照）。*MAI*判決は，データをRAMへロードする場合，データは覚知等をされるに十分な期間収められているとして，著作権法上「コピー」の作出に当たり，著作権の保護が及ぶものとしたものである。
16) 後掲・第5章第1節（「著作者人格権」）3参照

第2節　権利の帰属・移転

1．1976年法における特徴

著作権は知的財産権であって，有体物についての所有権とは区別される。従って，有体物についての所有権を譲渡した場合でも，著作権がそれに当然付随して移転するわけではない。これらの点について明示しているのが第202条である。

> 第202条　有体物の所有権と区別される著作権
> 著作権又はこれに基づく排他的権利は，著作物が収録された有体物の所有権とは区別されるものである。著作物が最初に固定されたコピー又はレコードを含む，いかなる有体物の所有権の移転も，それ自体において，当該物に収録された著作権のある著作物についてのいかなる権利をも移転するものではない。また，合意がなければ，著作権又はこれに基づく排他的権利の移転は，有体物に対する財産権を移転するものではない。

ただ，これは1976年法において明確にされた原則であり，1909年法のもとにおいては，その解釈はまずは判例法に委ねられていた感がある。この点についての代表的な判決としては，Pushman v. New YorkGraphic Society, Inc[17]があるが，裁判所は一見，この原則に反するような見解を述べている。本件は，Pushmanが未発行の自分の絵を売却（所有権譲渡）したが，他者による商業的な複製を阻止できるようなコモン・ロー上の著作権は，Pushmanが依然として保有し

---

17) Pushman v. New York Graphic Society, Inc, 287 N.Y. 302, 39 N.E.2d 249 (1942)

ているといえるかが問題になった事案である。Pushman は著作権の帰属について，絵画の所有権移転の際には何も明示していなかった。なお，1909 年法下であるから，未発行の著作物については，コモン・ロー上の著作権による保護が著作権保護として重要な役割を果たしている時期である。裁判所は，コモン・ロー上の著作権は私的有体財産についての所有権とは区別されることは当然のこととして認めつつも，特に明示的に反対の意思が表明されていない限り，有体物の移転とともにコモン・ロー上の著作権も移転するものと想定されると判示した。一方，類似の事案で，著作権移転が否定されたケースもある。例えば Chamberlain v. Feldman[18] は，作家マーク・トウェインが執筆した未発行の物語の原稿をオークションで入手した Feldman が，マーク・トウェイン側の許諾を得られないまま発行に踏み切ったという事案である。ここにおいて裁判所は，マーク・トウェインは原稿を手放した際には発行することを全く考えていなかったことを認定し，最初に発行する権利，即ちコモン・ロー上の著作権はマーク・トウェイン側に残っている（原稿の所有権の移転と共にコモン・ロー上の著作権までも移転しているものではない）とした。

両判決は矛盾するようにも見えるが，結局は契約上の当事者意思を考慮しているものといえるであろう。ただ，***Pushman*** 判決の考え方の場合，当事者意思が曖昧な場合は有体物の所有権移転に伴い著作権移転が当然に付随するという結論にされやすく，著作権の意義が薄まりやすいともいえる。1976 年法における第 202 条は，このような旧法下での扱いに決別し，著作権の意義を明確にしたものともいえるであろう。また，第 202 条を前提に，著作権の移転の条件については第 204 条に規定が置かれている。

---

18) Chamberlain v. Feldman, 300 N.Y. 135, 89 N.E.2d 863 (1949)

この他に 1976 年法における著作権の特徴として重要なのは,可分性 (divisibility) である。即ち,既にみたように著作権は,複製権,翻案権ほかいくつかの排他的権利からなるものであるが,それぞれの排他的権利は個別に移転され,別々の者に帰属することが可能とされている。また,それぞれの排他的権利の権利者は,著作権者が受けるのと同じ著作権上の保護と救済措置を受けることができる (第 201 条(d))。このような著作権の可分性は 1909 年法下では見られなかった特徴である。

2．権利の帰属形態 (ownership) (第 201 条, 202 条)

㈠ 概　要

著作権は個々の排他的権利ごとに移転・帰属し,あるいは行使しうるものとしても,そもそも誰が著作権を保有するのか,誰に著作権が帰属するのかが不明確であれば,著作権保護の意味がなくなってしまう。そこで著作権法は,可分性を述べた上記の第 201 条(d)と同じ条文で,権利の帰属関係を明らかにしている。

このうち第 201 条(a)は最も基本的な形態,即ち「原始帰属」(initial ownership) について定めるものであり,著作権はまずは著作物の著作者に帰属すると規定されている。この中でも最もシンプルな形態が,著作者が一人の場合であり,その場合は当該著作者のみに著作権が帰属することになる。これに対して,著作者が共同して一つの著作物 (共同著作物) を作成した場合には,著作権はそれぞれの著作者に帰属することになる (この場合,著作権の「共同所有者」(co-owners) となる)。

第 201 条(b)は,職務著作物の場合の権利関係について規定している。即ち,第 201 条(a)の原則からすれば,著作物を作成した者が著

作者であり著作権も保有することになるはずであるが、被用者が職務上作成した職務著作物については、使用者が著作者であるとされ、また当事者間で署名した文書による明示の合意がない限り、著作権に係る全ての権利は使用者に帰属するとされている。

第201条(c)は、集合著作物に関しての権利関係であり、***Tasini***判決で述べられていたとおり、集合著作物の著作権者は、当該集合著作物やその改訂版の「一部として」、寄与された著作物を複製・頒布しうるが、寄与された著作物の著作権は当該著作物の著作者に原始帰属する、というものである。

職務著作物 (works made for hire) と共同著作物 (joint works) は、保護期間等において通常の著作物とは違った扱いとなっており、また特に職務著作物は経済的にみてもその意義は大きい。以下、職務著作物と共同著作物について概観する。

㈡ 職務著作物 (works made for hire)

いかなる著作物が「職務著作物」といえるのかについては、第101条に規定が置かれている。具体的には、次にみるとおり、著作物の作成主体が「従業員」(employee) なのか「独立した契約者」(independent contractor) なのかによって場合分けがされている（第101条、"works made for hire" の定義）。

まず、作成者が「従業員」の場合、その職務（雇用）の範囲内で作成された著作物は職務著作物とされる（第1項）。

一方、作成者が「独立した契約者」(特別に依頼を受けて著作物を作成)の場合は、依頼のあった著作物作成が第101条に掲げるカテゴリーのいずれかに属する場合で、かつ当事者が署名した文書において

当該著作物は職務著作物とする旨の明示の合意をしている場合に限り，職務著作物とみなされる。第101条で列挙されているカテゴリーとは，①集合著作物への寄与として作成，②映画その他の視聴覚著作物の一部として作成，③翻訳物として作成，④補足的な作品（他の著作物の図解・解説など，他の著作物を補足するものとして作成される著作物）の作成，⑤編集著作物として作成，⑥教育上のテキスト（組織的教育活動に使用することを目的として作成される言語，絵画又はグラフィックの著作物）の作成，⑦試験問題（テスト）の作成，⑧試験問題の解説資料の作成，⑨地図帳の作成，の9つの場合である（第2項）[19]。

独立した契約者の場合は職務著作物とされる場合が制限的に定められているのに対し，作成者が従業員の場合は職務（雇用）の範囲内で作成したものであれば職務著作物とされることになる。そこで，「従業員」(employee)等の定義が問題になるが，著作権法上定義が置かれているわけではなく，各巡回区の控訴審においても解釈が分かれていた。そのような中，最高裁判所の解釈が示されたのが次のケースである。

判例 **Community for Creative Non-Violence v. Reid, 490 U. S. 730, 109 S.Ct. 2166 (1989)**

1. 事案の概要

Community for Creative Non-Violence (CCNV) はホームレス撲滅を目標として掲げる非営利団体であり，「第三国アメリカ」と題する

---

[19] 1999年の改正で「録音物」(sound recordings) もカテゴリーの1つとして一旦追加されたが，翌年の改正で削除されている。

ホームレスをテーマとした彫刻の作成を，Reid に依頼した。Reid は＄100,000 をかけてブロンズ像を作ることを提案したが，CCNV 側の時間及びコスト上の制約から，CCNV と Reid は，経費は＄15,000 以下に押さえること，ブロンズよりもコストが安く済む素材を用いることで合意した。しかし，両者は合意文書に署名をしてはいないし，そこでは著作権についても触れられていない。その後，両者のやりとりの中で彫刻のスケッチの内容や彫刻の具体的な表現方法が固まっていき，また CCNV は Reid の仕事の進捗状況をチェックするなどしていた。彫刻の完成後，CCNV 側はホームレス救済の資金集めのために彫刻を持っていくつかの市を巡回する計画を立てたが，Reid は使用されている安い素材では耐久性がないとして反対した。そして，その後，Reid は自分に彫刻の著作権があることを主張しはじめたことから，CCNV 側も対抗した。

本件の彫刻物が職務著作物といえるかについて，地方裁判所は肯定，控訴裁判所（特別区）は否定していた。そこで最高裁判所は上告裁量を認め，職務著作物についての統一的な見解を示すこととし，各巡回区間における控訴審の解釈の矛盾を解決することとした。そこで示されたのが本判決である。

2. 判旨

職務著作物の定義では，従業員が職務（雇用）の範囲内で作成した著作物を職務著作物としているが（第101条(1)），その解釈については 4 通りの考え方がある。①使用者が商品をコントロールする権利を保有している限り職務著作物であるとする見解，②特定の作品の創作に関して使用者が実際にもコントロールを行なった場合に職務著作物であるとする見解，③同条項の「従業員」(employee) の用語はコモン・ロー上のエージェンシー（代理，使用者責任等）の意味合いを有するという見解，④「従業員」の用語は「正社員で，有給の」従業員に限るという見解である。

第2節 権利の帰属・移転

　確かに「従業員」や「職務（雇用）の範囲内」の用語の意味は著作権法上定義されていないが，コモン・ロー上確立されている用語を連邦議会が用いている場合は，裁判所としては，連邦議会がその確立された意味で当該用語を用いているものと考えなければならない。同条のどこにも「従業員」や「職務（雇用）」（employment）の用語の意味を「伝統的な使用者と被用者の関係」以外の意味で用いようとする文言は見当たらないのであり，むしろ，エージェンシー法で広く用いられる「職務（雇用）の範囲内」という用語を用いている。従って，第101条(1)の用語はエージェンシー法に照らして理解されなければならず，またその際は，特定の州におけるエージェンシーの理論ではなく，エージェンシーについての一般的なコモン・ロー上のルールによって理解されるべきである。

　最高裁判所はこのように第③説の支持を明らかにした上で，エージェンシー上の被用者といえるかの判断にあたっては，当該作品の完成にあたっての使用者による手段・方法のコントロールを考慮するとしている。そして，他の考慮要素としては，必要な技量の程度，使用される道具の所有主体，作業場所，雇用期間，使用者が追加的な課題を課す権利を有しているか否か，雇用期間・時期についての使用者の裁量の範囲，賃金の支払方法，アシスタントの雇用・給与についての使用者の役割，使用者が雇用により当該著作物の制作を行なうことを事業として通常行なっているか否か，被用者の手当てに関する条項，被用者の税金の取り扱い，といった要素を考慮するものとしている。ただ，いずれかの要素が決定的というわけではなく，各要素を全体的に考慮して判断することになる。

　本件では，CCNV側はReidに対し，予定通りの作品内容となるようにコントロールしうる立場にあったが，Reidは自分の道具を使用していたこと，自分のスタジオを作業場としていたこと，雇用期間も比較的

165

短期であったこと，雇用期間・時期の決定は Reid は全く自由であったこと，賃金の支払は，(独立の契約者の場合に通常そうであるように)出来高払いであったこと，彫刻を制作することは CCNV の通常の事業とは到底いえないこと，そして CCNV は社会保障税などは支払っておらず，被用者用の手当ても給付していなかったことなどから，Reid は従業員 (employee) ではなく独立した契約者 (independent contractor) であると判断した。

また，独立した契約者の場合については第 101 条(2)に基づいて判断されるが，「彫刻」は同条項のカテゴリーに含まれておらず，また，CCNV と Reid との間で，当該彫刻を職務著作物とするとの文書による合意があるわけでもない。

従って，いずれにせよ職務著作物とはいえないものであるが，ただ，共同著作物になる可能性はあるとされた。

㈢ 共同著作物 (joint works)

共同著作物は，二人以上の著作者による寄与が共同意思に基づいて著作物が作成される場合に成立する。即ち，二人以上の著作者が，各自の寄与を，統一単体における分離できず又は相互に依存する部分に統合させる意思をもって作成した著作物をいう（第 101 条："joint work"）。

著作物が共同著作物とされ，著作者が共同著作者とされることになると，著作権はそれぞれの著作者に帰属することになる（第 201 条(a)）。さらに，寄与の度合いに関わらず各共同著作者は平等に持分を有することになる（自己の持分を移転することもできる）。従って，契約で別段の定めをしない限り，共同著作者は，著作者として各自単独で共同著作物全体を使用したり，他者に非排他的 (nonexclusive)

な使用を許諾（ライセンス）することができるが，それら共同著作物の使用等から得た利益は，他の共同著作者に分配する義務（duty to account）は生じる[20]。しかし，更に進んで，各自が共同著作物全体を譲渡したり，排他的(exclusive)使用許諾を行なおうとする場合は，他の共同著作者による文書による合意が必要である（第204条参照）。

共同著作者はこのように，著作物に対する広い権利を有するものであり，各著作者にとっても影響が大きい著作物の形態である。そこで，共同著作物の成立要件が問題となるが，上記の定義から，①共同著作の意思があること，②寄与があること，の2要件が導かれる。これに加えて，③各寄与が，分離できず（inseparable）又は相互に依存するもの（interdependent）として統一単体の部分を構成していることも必要である。「分離できない」著作物の例としては小説や絵画が，「相互に依存するもの」の例としては映画やオペラなどが想定されるが[21]，実際に「分離できない」又は「相互に依存」するものであるか否かは，寄与を行なう各著作者の「意思」（①の要件）とも密接に絡む問題である。

① 共同著作の意思（intent）

共同著作物の成立に特徴的な要件が，共同著作の意思の存在である。これは，上記の定義規定にもあるように，直接的には，「二人以上の著作者が，各自の寄与を，統一単体における分離できず又は相互に依存する部分に統合させる意思」を指す。しかし，多くの裁判所は更に厳格に捉え，著作者がお互いに「共同著作者となる意思」を有していることを必要としている[22]。

なお，共同著作の意思は創作行為時に必要であり，事後的（創作後）

---

20) <u>Oddo v. Ries,</u> 743 F.2d 630 (9th Cir. 1984) ほか
21) H.R. Rep. No. 94-1476, 94th Cong., 2d Sess. 120 (1976)

に共同意思が発生した場合は，共同著作物ではなく，派生的著作物又は編集著作物（集合著作物）とされることになる。また，共同著作の意思は，各著作者において各々の創作行為時にそのような意思がある限り，共同著作者となるべき著作者が相互に相手の著作者を知っている必要はない。

② 寄与（contribution）

寄与については，一般に，各著作者による寄与が独立して著作物性がある必要があると考えられている。例えば，S.O.S. Inc. v. Payday, Inc.[23] は，作成するべき著作物はどうするべきか，どのように見えるべきかを著作者に伝えるだけの場合は，著作権法の目的に照らして共同著作者とはいえないとしている[24]。これに対して，

---

22) 例えば，Childress v. Taylor, 945 F.2d 500 (2d Cir. 1991) は，Taylor が Childress に対して，作品（劇）の題材に関する研究や作品に登場する場面について示唆を与えるなどしていたが，その後 Childress は，別の者に脚本の修正をさせて新しいバージョンの作品を完成させたという事案である。ここにおいて Taylor が当該作品の共同著作者として認められうるかが問題となったが，Childress-Taylor 両者間の契約などからも，Childress が Taylor をその作品の共同著作者とするつもりであったと認める証拠は無かったことから，裁判所は Taylor を Childress の共同著作者とは認めなかった。なお，同判決は，寄与の要件に関しても，Taylor はアイデアや研究を提供したのみであって，共同著作者たるに必要な程度の寄与は行なっていなかったと認定している。

23) S.O.S. Inc. v. Payday, Inc. 886 F.2d 1081 (9th Cir.1989)

24) Ashton-Tape Corp. v. Ross, 916 F.2d 516 (9th Cir. 1990) も同旨。また，Erickson. v. Trinity Theatre, Inc., 13 F.3d1061 (7th Cir. 1994) も，寄与は独立して著作物性が必要であるという見解を前提として，即興シーンに参加していた俳優は著作物性のある表現を行なっていたものではなかったとして，共同著作者とはならないものと判示した。著作物性を求めることにより，どのような場合に著作権として保護され共同著作物となるか，各寄与者に予見可能性が与えられることになり，著作権法による保護が与えられそうにない場合には，契約によって保護を図るという予防線を張ることができる。

それ自体は著作物性がないアイデアの寄与であっても，結果物である共同著作物自体が十分オリジナルな表現性を持っている場合には共同著作物となるとする見解もある。しかし，そのような著作者を保護することは表現とアイデアを区別する著作権法の精神に反するともいえるし，実際にも，僅かな寄与しかしない者が共同著作者とされ，他の共同著作者の利益を害することになろう。

3．権利の移転（transfer）（第 203 条～205 条等）

㈠ 権利の移転（権利付与）

既述のとおり，第 201 条(d)は著作権の可分性（divisibility）を謳っており，それぞれの排他的権利は個別に移転され，別々の者に帰属することを可能としている。これを踏まえ移転の要件について規定しているのが第 204 条であり，移転は文書で行い，かつ署名が必要とされている。ここにおいて「移転」（transfer）とは，著作権自体又はその排他的権利を個別に譲渡（assignment）したり，排他的な使用許諾（排他的ライセンス, exclusive license）をすることなどを意味しているが，非排他的な使用許諾（非排他的ライセンス, nonexclusive license）は含まれていない（第 101 条："transfer of copyright ownership"の定義）。

従って，非排他的ライセンスについては，第 204 条のような規定がないから，必ずしも文書による必要もなく成立する。口頭による場合のほか，合意締結時の当事者の意思をもとに推定されることもありうるであろう。また，著作権（排他的権利）の譲渡や排他的ライセンスを受けた者は単独で著作権侵害訴訟を提起できるが（第 201 条(d)参照），非排他的ライセンスを受けた者はそこまでできる立場にはない。

なお，権利の移転証書などは登記でき，二重移転がある場合に優先順位を決定する際の重要な資料となる（第205条）[25]。

㈡ 権利付与の終了

権利の付与は，譲渡，ライセンスとを問わず，また非排他的ライセンスも含め，一定期間経過後に終了することができる。権利付与の終了について，著作権法は，1976年法の施行日（1976年1月1日）以降の権利付与であるか否かによって，次のように場合分けをしている。なお，いずれの場合も，職務著作物や遺言による権利付与については適用されない。

(1) 1978年1月1日以降の権利付与の場合（第203条）

この場合は，基本的に権利付与の日から35年後に終了することができる。但し，その時点から5年間の間に終了をする必要がある。また，権利付与が著作権を発行 (publication) する権利を含むものである場合は，発行の日から35年後又は権利付与の日から40年後のうち早く終了する日から5年間の間に権利付与の終了をすることができる。権利付与は署名した文書による通知をもって行なう。

なお，本条による終了の対象となる権利付与は，著作者本人による権利付与があった場合に限られている。権利付与の終了は，著作者のほか，共同著作者，法定相続人等が行使しうる。

(2) 1978年1月1日より前の権利付与の場合（第304条(c)(d)）

すぐ後（本章第3節）で述べるように，1976年法以前の著作物の保護期間は，最初の保護期間と更新期間の二本立てになっていた。こ

---

25) 前掲・第2章第1節1㈡参照

こで対象となる著作物は，1978年1月1日に最初の保護期間又は更新期間にあるものについてであり，かつ，更新期間についての権利付与を終了する場合に限られる。この場合，著作権が最初に確保された日から56年後又は1978年1月1日のうちいずれか遅い日に始まる5年間の間に権利付与を終了することができる。但し，この終了権がソニー・ボノ法の施行日（1998年10月27日）以前に失効してしまう場合で，かつその時点で更新期間にある著作物については，著作権が最初に確保された日から75年後に始まる5年間の間に行なうことができる。

なお，本条による終了の対象となる権利付与は，著作者本人によるもののほか，更新延長を受けうる者による権利付与も含まれる。また，権利付与の終了権を行使しうる主体としては，著作者のほか法定相続人等が掲げられている。

(3) 終了権行使の効果

権利付与が終了されると，権利は著作者らに回復することになる。この点，著作権法は回復の効果について規定を置いており，例えば，権利付与があった著作物に基づいて作成された派生的著作物については，権利付与の終了後も権利付与の条件に基づいて引き続き利用することができるが，新たに別の派生的著作物を作成することはできない（第203条(b)，第304条(c)(6)）。従ってその際には，派生的著作物の作成について，新たに原著作物の著作権者の同意を得る必要がある。

第3章 権利保護関係

第3節 保護期間

I. 保護期間（建築の著作物を除く）

1909年法の下では，著作権の保護要件としては，発行や著作権表示といった「方式」が求められていた。従って，方式を備えていないものについては，著作権は発生しないこととなる。一方，1976年法は，ベルヌ条約執行法までは，著作権表示を欠くことが著作権保護の喪失要件とされていた。従って，その点では方式主義を引き続き採用していたといえるが，1976年法における著作権保護の基本は，表現が有形的媒体に固定されることである。このことから，1976年法の下では，旧法下では「方式」を備えていないために著作権が発生していなかったものについても，著作権保護の対象として想定しうることとなる[26]。

1976年法は，保護期間について，①1978年1月1日以降に創作された著作物，②1978年1月1日以前に創作されたが著作権が発生しておらず，かつパブリック・ドメイン（公有）にも入っていない著作物，③1978年1月1日以前に著作権が発生している著作物，の3通りに分けて保護期間を区別している。なお，1998年のソニー・ボノ法により保護期間は全体的に20年延長されている。

(一) 1978年1月1日以降の著作物（第302条）

これは1976年法が想定する最も基本的な形態であるといえる。

---

26) なお，ベルヌ条約執行法施行後の1976年法の下では，「方式」は，著作権保護の喪失要件とすらされていない。

第3節　保護期間

「著作者の生存期間プラス死後70年間」が保護期間である（第302条(a)）。なお，共同著作物の場合の「死後70年間」とは，最も長く生存していた著作者の死亡から起算する（第302条(b)）。

但し，無名著作物，変名著作物及び職務著作物の場合は，発行から95年又は創作から120年のうち先に満了する方が保護期間とされている（第302条(c)）。

㈡　1978年1月1日より前に著作権が発生していない著作物（第303条）

これは未発行であるため1909年法の下では著作権が発生していなかったが，1976年法の下では著作権保護の対象となりうる著作物についての保護期間についてである。この場合は，1978年1月1日から起算し，保護期間は原則として上記と同じである。

但し，2002年12月31日までに保護期間は満了することはなく，2002年12月31日以前に発行された場合は，2047年12月31日まで保護期間が満了することはないとされている（第303条(a)）。

なお，録音物については，1972年2月15日よりも前に固定されたものは，2067年2月15日以降はパブリック・ドメイン（公有）に入ることになる（第301条(c)）。録音物が連邦著作権法上保護されるのは，1972年2月15日以降に固定されたものについてのみであり，それより前に固定されたものは，コモン・ロー又は州制定法により保護されることはあっても，著作権法で保護されることはない。連邦著作権法の専占に関する第301条(c)は，そのような州における保護は2067年2月17日まで無効とされたり制限されたりすることはないと述べるものであり，逆にいうと，その日からは保護が制限され，パブリック・ドメイン（公有）に入ることになる。

㈢ 1978年1月1日より前に著作権が発生している著作物（第304条(a)(b)）

この場合の考え方は，1909年法における保護期間の考え方とも大いに関わってくる。即ち，1909年法下における保護期間は，「最初の保護期間28年プラス更新期間28年」（合計56年）という二段階の構成であったが，1976年法は，1976年法施行日以降の著作物の保護期間を「著作者の死後50年」として延長した。そこで，旧法下に著作権が発生している著作物の保護期間も延長することとしたのがここでの取扱いである。具体的には，更新期間を19年延長し，「最初の保護期間28年プラス更新期間47年」という合計75年の保護を与えた。なお，この保護期間が適用されるのは，1906年9月19日以降に作成され，1978年1月1日より前に保護期間が満了している著作物である。

一方，著作権の保護期間は1998年のソニー・ボノ法で更に20年延長された。これにより，最初の保護期間中に1978年1月1日を迎えるものについての更新期間は67年（よって合計95年）とされ（第304条(a)），また，更新期間中に1998年10月27日（ソニー・ボノ法の施行日）を迎えているものについての保護期間は，最初に著作権が確保されてから95年とされ，この場合は更新も不要となった（第304条(b)）。

㈣ 更新（renewal）について

上記のように，1976年法以前に著作権が発生している著作物については，更新（renewal）が保護期間を考える上で重要な要素となっていた。更新は，最初の保護期間が満了する1年以内に，著作者又はその法定相続人等が著作権局に対して請求を登録することにより

第 3 節 保護期間

行なわれるものであるが，1992 年の改正によって，更新は自動的に行なわれることとなった。

とはいえ，更新を主張することによるメリットもある。適用場面は限られてくるが，"*Abend* right"と呼ばれるものもメリットの一つである。これは，Stewart v. Abend[27]において打ち出された考え方であり，適時に更新の請求をすることで，最初の保護期間中に行った権利付与は，更新期間中は無効にできるというものである。同ケースは，著作者が自己の著書（『It Had to Be Murder』）の翻案権（映画化する権利）を更新期間も含めてあるプロダクション会社に譲渡する合意をし，その翻案権は Stewart らが引継いで映画化し，配給をしていた。ところがその後，更新期間の開始を待たずして作者が死亡。著作者の死後は，法定上更新をなしうる者（遺言執行人）が適時に更新を済ませ，遺言執行人は，更新期間の著作権について Abend に権利移転した。そこで，更新期間中における Stewart らによる派生的著作物の発行や分配は，Abend の著作権を侵害するのかが争われた。最高裁判所は，更新の意義について，「当初は弱い経済的地位にあった者に対しても，著作物の価値が試された後に権利付与の条項について交渉することを可能にするもの」であり，「著作者に自己の創作的努力に対する公平な報酬を獲得する機会を与え，著作者が更新期間以前に死亡した場合は，その家族に『新たな財産』を与える」ことを意図しているものだとした。このことから，著作者が更新期間前に死亡した場合は，最初の期間中に行なわれた更新期間の権利譲渡は無効になるとし，著作者の承継人が更新期間に関して別途ライセンスをした場合に限り，権利の譲受人は引き続き著作物を利用できる，と結論付けている。

---

27) Stewart v. Abend, 495 U.S. 207, 110 S.Ct. 1750 (1990)

175

但し，ここでの更新は法定相続人らによって適時になされていることが前提であるから，そのような更新が行なわれていないのであれば，派生的著作物の著作者は，当初の権利付与の条件に従って引き続き原著作物を利用することができる。"*Abend* right"は，同ケースのように，①著作権の権利付与が更新以前に行なわれ，②著作者が更新以前に死亡し，かつ，③法定相続人らが最初の保護期間満了の1年以内に更新の請求をした，という限られた場合に発生しうることになる。

2．建築の著作物の保護期間

建築の著作物は1990年の改正により著作物のカテゴリーに追加された結果，他の著作物と同じように保護されるようになった。この結果，1990年12月1日以降のものについては，保護期間は上記第302条と同じである。即ち，「著作者の生存期間プラス死後70年間」が保護期間であるが，無名著作物，変名著作物及び職務著作物の場合は，発行から95年又は創作から120年のうち先に満了する方が保護期間となる。

一方，1990年12月1日時点で建造されてはいないが，未発行の建築計画や設計図に描かれていた建築の著作物の場合は，上記の第303条に準じて考えることができる。即ち，2002年12月31日までに建築物が作られない場合は2002年12月31日に保護期間は満了するが，2002年12月31日までに作られた場合は，「生存期間プラス死後70年間」，著作権が存続する。

著作権の保護期間について図示すると，次のようにまとめることができる。

第3節　保護期間

［保護期間まとめ］

1978年1月1日以降の著作物 （第302条）	1978年1月1日より前に著作権が発生していない著作物（第303条）	1978年1月1日より前に著作権が発生している著作物 （第304条(a)(b)）
原則 著作者の死後70年まで 但し， 無名・変名著作物及び職務著作物の場合は，発行から95年又は創作から120年のうち短い方	（左に同じ）	(1)1906年9月19日以降の著作物で，かつ，1978年1月1日に期間満了している場合 ＝28年（最初の期間）プラス 47年（更新期間） (2)最初の保護期間内に1978年1月1日を迎える場合 ＝28年（最初の期間）プラス 67年（更新期間） (3)更新期間内に1998年10月27日を迎える場合 ＝著作権発生から95年
［備考］ 建築の著作物の場合は，1990年12月1日が基準日（*1978年1月1日ではない）	［備考］ (1)2002年12月31日までに発行しなかった場合は，2002年12月31日までは満了しない。 (2)2002年12月31日までに発行した場合は，2047年12月31日までは満了しない。 (3)1972年2月15日より前に固定された録音物の保護は，2067年2月15日まで。 (4)建築の著作物の場合は，1990年12月1日が基準日（*1978年1月1日ではない）	

177

第4章　権利の侵害と救済

第1節　権利の侵害

1．権利侵害の考え方

㈠　直接侵害について（direct infringement）

(1)　有効な著作権の権利者の証明

著作権法第106条から第121条に規定する排他的権利を侵害した者は，著作権の侵害者ということになり（第501条(a)），侵害された著作権の権利者は，侵害訴訟を提起できることになる。

著作権侵害があるとして侵害訴訟を提起する場合，原告はまず，有効な著作権を有しているということを立証する必要がある。この場合，著作権の最初の発行から5年以内になされた著作権の登録の証明が，一応の証拠としての役割を果たすことになる（第410条(c)）。登録は訴訟提起の前提とされているから（第411条(a)），訴訟提起をする際にはどっちみち登録をしておく必要があるが，このような一応の証拠としての登録の役割は，著作権者らに早期の登録を促すものとなっているといえる。

(2)　アクセス・実質的類似性

原告はまた，著作権が侵害されているということを立証する必要

がある。この点の考え方については解釈の余地が大きいが，基本的には，①アクセス（access）及び②実質的類似性（substantial similarity）を主要な要素として侵害の判断が行なわれているといえる[1]。

A．第2巡回区控訴裁判所の考え方

次にみる Arnstein v. Porter において，第2巡回区控訴裁判所はいわゆる二段階テストを採用した。具体的な内容は次のとおりである。

判例 **Arnstein v. Porter, 154 U.S. 464（2d Cir. 1946）**

1． 事案の概要

本件は，Porter の楽曲は Arnstein の楽曲を剽窃したものであるとして，Arnstein が Porter を著作権侵害で訴えた事案である。著作権侵害が問題とされた曲はいくつかあるが，例えば，被告の "The Lord Is My Shepherd" という曲は，原告のミリオンセラーの曲 "A Mother's

---

[1] 本章で取り上げているのは，侵害判断に関して一般に裁判所が採用していると考えられるごく基本的な考え方であり，各裁判所が実際にどのような規範を定立して侵害判断をどのように行なっていくかは，著作物の性格等，個々の事案に即して柔軟に対応していくことになると考えられる。例えば，第2巡回区控訴裁判所は，*Nichols* 判決（前掲・第2章第2節1㊁）において，表現についての実質的類似性を判断するため抽象化テストを採用したが，コンピュータ・プログラムの侵害が問題とされた *Altai* 判決（前掲・第2章第2節1㊂）においては，コンピュータ・プログラムの特性に鑑み，コンピュータ・プログラムの非言語的要素についてどこまで保護しうるのかという観点から［抽象化－ろ過－対比］という三段階テストを打ち出し，［対比］を行なう実質的類似性の判断においては素人の観点からの判断を行なうのが通常であるとしつつも，コンピュータ・プログラムの場合は専門的な見地を取り入れる必要があると判示している。

Prayer"が無断に使用されたものであるとArnsteinは主張している。第2巡回区控訴裁判所は，侵害判断基準について次のように判示した。

2. 判旨

2つの要素，即ち，(a)被告が原告の著作物からコピー（真似）したこと（Copying），及び(b)（コピー行為があったことが証明されたとして）そのコピーが不適切な盗用であるといえるか（Improper appropriation）を分けて考えることが必要である。なお，これらは事実の問題（issueof fact）である。

まずコピー行為の有無を判断する際には，コピー行為をしたとの被告の自認，又はコピーを合理的に推認させうる状況証拠――典型的にはアクセスについての証拠――から判断する。もとより，類似性がない場合は，いくらアクセスについての証拠があってもコピー行為を立証するには十分ではない。一方，アクセスや類似性の証拠がある場合は，コピー行為を立証するのに十分な類似性であるかが事実から判断されなければならない。この点の判断は分析（「解剖」）の手法が関係し，専門家の証言も，事実を補足するものとして活用される。アクセスの証拠がない場合は，原告と被告はお互い依拠することなく独立して同じ結論に至ったとはいえないほど顕著な（strikingly）類似性があることが求められる。

コピー行為が立証された場合に，第二の争点，即ち違法コピー（不適切な盗用）であるかの問題に移る。ここでの判断は通常の素人の反応をみるものであって，「解剖」や専門家の証言とは無関係である。本件のような音楽についても，ミュージシャンは公衆に気に入ってもらい買ってもらうことで収益を得ているのであり，被告が原告の聴衆の耳に合うように原告の楽曲を取り，それが不適切な盗用であるといえるかについては，専門家ではなく素人の聴衆による判断が必要になる。

> なお，ケースによっては，類似性が顕著であるため，コピー行為とともに不適切な盗用であることについても立証しうる場合もある。しかし，コピー行為の立証と不適切な盗用の立証とは区別されるものであり，両方同時に立証しうる証拠が求められているわけではない。

要するに，著作権侵害の判断においては，(a)コピー行為があったかどうか，(b)コピー行為があったとして，違法コピー行為（不適切な盗用）といえるか，という二段階の判断をすることになる。原告は，これらを立証することが必要となる。

仮に著作権侵害を行っているとされる著作物が他の著作物に依拠して作成されたものでないのであれば（independent creation），コピー行為があったとはいえない[2]。そこで，コピー行為があったことの立証においては，①「アクセス」(access)，即ち原告の著作物を見聞きする合理的な機会があったことと，②コピー行為の可能性がある著作物間の「類似性」(similarity)とが，重要な状況証拠（間接証拠）となる。即ち，被告がコピー行為を自認するなど直接的な証拠があれば別だが，そうでない場合は，「アクセス」と「類似性」の有無・程度との関係で，コピー行為があったか否かが判断されることになる。コピー行為の状況証拠としての「アクセス」と「類似性」との関係は，反比例のような関係にあり，「類似性」が高いほど「アクセス」についての証拠はそれ程求められず，逆に，「アクセス」についての証拠が強いほど「類似性」についての証拠はそれ程求められない。但し，これにも限界はあり，「類似性」が全く見られない場合は，「アクセス」があったとしてもコピー行為があったとは判断されない。また，原告の著作物がミリオンセラーである場合など，広く公

---

[2] 前掲・第2章第1節3（「オリジナル性の要件」）参照

衆に出回っている場合は，原告の著作物への「アクセス」があったものと推定されうる。コピー行為があったかどうかの判断においては，争点となっている著作物を専門的な観点から分析・比較し，専門家の証言も参考にしながら判断していくことになる。

次に，コピー行為がなされたことが立証された場合，不適切な盗用であるのかの立証が必要となる。ここでは素人の反応を見るものであり，素人の観察者の立場からみて，実質的に類似しているといえばよい。なお，*Arnstein*判決はここで「実質的類似性」(substantial similarity)という用語を用いていないが，本判決に先立ち同裁判所で出されていた*Nichols*判決（前掲・第2章第2部1(二)）は，抽象化テストにより著作権性のある表現についての実質的類似性の判断を行なっていたし，本判決よりも後に出された*Hoehling*判決（前掲・第2章第2部1(二)）においても，不適切な盗用は実質的類似性によって示されるものであるとしている。コピー行為があったかどうかを判断する第一段階の「類似性」("probative similarity"とも言われる)の判断は，あくまでコピー行為があったかという観点から行なわれるものであるのに対し，コピー行為があったことが立証された後の第二段階における「実質的類似性」の判断は，いってみれば，著作権侵害を構成するといえる程度のコピー行為（盗用）であるか（実質的で重要な部分のコピー行為が行われているか）を判断するものである。ここでは，分析的な判断ではなく，素人の観察者の立場から見て，「あっ，これは盗用だ」と認識できるかどうかがポイントとなる。

*Arnstein*判決の採用する二段階テストを簡単に図示すると次のようになる。この二段階テストをクリアしたものが，著作権侵害となる。

```
［第1段階］
  copying（コピー行為の有無）
      被告の自認（＝直接証拠）がない場合，
      間接証拠（①アクセス，②類似性）から判断
        ① アクセス（access）＝原告の著作物を見聞きする合理的な
           機会があったこと
           ※ 公衆に広く出回っている著作物は，当該著作物へのアク
              セスがあると推定されうる。
        ② 類似性（similarity）＝コピー行為の可能性がある両著作
           物の要素について，専門的・分析的な判断
［第2段階］
  improper appropriation（不適切な盗用）
      実質的類似性（substantial similarity）があるかどうかにより
      判断
        ＝通常の素人の観察者による判断
```

　実質的類似性は，同一性までも必要とするものではなく，また実質的にみて類似しているものであればよいのであって，詳細にわたってコピーされていることまで必要なわけでもない。また，実質的類似性の判断に当たっては，アイデアと表現の区別が依然として重要であり，アイデアを取ったとしても著作権侵害に問われるわけではない。この点はSteinberg v. Columbia Pictures Industries, Inc.[5]において確認されている。同ケースは，雑誌「ニューヨーカー」（The New Yorker）の表紙を飾ったSteinbergの絵（ポスターにもなっている）と似たイラストが，ロビン・ウイリアムス主演の映画「ハ

5）Steinberg v. Columbia Pictures Industries, Inc., 663 F.Supp. 706 （S.D.N.Y., 1987）

ドソン河のモスコー」(Moscow on the Hudson) のポスターで使用されたという事案で，両者の実質的類似性の有無が争われた。どちらの絵も，ニューヨーク市を起点としてユーラシア大陸に到るまでの景色を鳥瞰的に描いたもので，建物の描き方や字体もよく似ており，表現のスタイルがよく似ているものであった。もっとも，映画ポスターの方はロビン・ウイリアムスほか2人の俳優のイラストが含まれており，また雑誌「ニューヨーカー」の絵は太平洋を超えて日本の方を望むイラストであるのに対し，ポスターの絵は，大西洋を越えてヨーロッパの向こうのモスクワ（モスコー）を望むイラストとなっていた。ニューヨーク南部地区連邦地方裁判所 (S.D.N.Y.) は，実質的類似性の判断は平均的な素人の観察者からみて著作物が盗用されたといえるか否かにあるとし，また，本件では両者の絵は一見してスタイル上の顕著な関連性があるところ，スタイルは表現の一要素である以上，この関連性は（類似性の判断において）重要であるとした。また，特にニューヨーク市の描写において類似性が強く見られ，詳細部分の描写こそ同一ではないけれども，建物の形状，窓，配置なども実質的に類似しているものであるとした。

このように，実質的類似性の判断を素人の立場を基準にするという考え方自体は固まっているといえるが，ただ，*Steinberg*判決は，コピーがあったかの判断において「アクセス」と共に「実質的類似性」を考慮するとしており，上記*Arnstein*判決で打ち立てられた，「コピー行為」と「不適切な盗用」との二段階構成が，「実質的類似性」を軸にして融合したような形になっているといえる。

B．第9巡回区控訴裁判所の考え方

第9巡回区控訴裁判所の考え方は，著作権侵害判断において「ア

クセス」と「実質的類似性」を機軸に考えることからスタートするのであるが，その上で，独自の判断基準を採用している。その嚆矢となったのが，Sid & Marty Krofft Television Productions, Inc. v. McDonald's Corp.[6]である。本件は「H.R.パンフスタッフ（H.R. Pufnstuf）」というKrofft社による子供向けの人気番組に基づいて作られた，McDonaldのTVコマーシャルやゲーム，玩具が，Krofft側の著作権を侵害しているものであるとして，Krofftが訴訟を提起した事案である。

裁判所（第9巡回区控訴裁判所）は，侵害の判断については実質的類似性が重要な要素として必要であるところ，一般的なアイデアについてだけでなく，アイデアの表現についても実質的類似性が必要であるとして，独自の二段階テストを打ち出した。それが外来的テスト（extrinsic test）と本来的テスト（intrinsic test）である。外来的テストとは，アイデアの実質的類似性を判断するものであり，事実をもとに分析的な解剖を行い，専門家の証言を借りるなどして判断するものである。これは法律問題（matter of law）であることが多い。一方，本来的テストとは，表現における実質的類似性の有無を決定するものであり，合理的な通常人の反応に基づいて判断される。外来的テストが，特別な判断指標を設定して（＝使用されている素材，著作物の種類，主題の設定等）これに基づいて分析的に判断するものであるのに対し，本来的テストはそのような外来的な指標や分析的手法にはよらないので，「本来的」テストと呼ばれる。なお，このように基準が二段階になっている点では上記の*Arnstein*判決にも似ており，*Krofft*判決は*Arnstein*判決を踏まえて，それを発展させよ

---

6) Sid & Marty Krofft Television Productions, Inc. v. McDonald's Corp., 562 F.2d 1157 (9th Cir. 1977)

うとした判決であるともいえる。即ち，表現とアイデアは明確に区別しなければならないところ，*Arnstein*判決が「コピー行為」と「違法コピー(不適切な盗用)」の二段階で考えていたのは表現・アイデアの二分法を示唆していたものであり，前者(「コピー行為」)が著作権侵害にはならない「アイデア」のコピーを，後者(「違法コピー行為(不適切な盗用)」)が著作権侵害となる「表現」のコピーをいうものである，と*Krofft*判決では判示されている。

但し，この*Krofft*判決で示された考え方は，後の判例によって修正されている。Shaw v Lindheim[7]で第9巡回区控訴裁判所は，*Krofft*判決の外来的テストにおいて示されていた外来的指標には，構想，テーマ，対話，ムード，設定，ペース，順序なども含まれ，言語の著作物については実質的に全ての要素が考慮されなければならないとし，「書籍，原稿，劇，映画に適用される外来的テストは，もはや単にアイデアの実質的類似性を判断するものではない」とした。即ち，外来的テストにおける外来的指標には創造性の客観的な懲表を全て含みうるものであり，*Krofft*判決の表現・アイデアについての区別からは離れ，外来的テストと本来的テストは「表現」についての客観的又は主観的な分析であるといえるとした。従って，外来的テストも「アイデア」についての実質的類似性を見るのではなく，「表現」についての類似性を見るものであり，構想，テーマ，対話，ムード，設定，ペース，登場人物，出来事の順序，主要なキャラクター同士の関係等における特別な類似性に焦点が当てられることになる。両テストの違いは，外来的テストは専門的見地から客観的に判断するのに対し，本来的テストは素人の立場からの主観的な判断を行なう，という点にある。判決は，「裁判所が一旦外来的テ

---

7) Shaw v. Lindheim, 919 F.2d 1353 (9th Cir. 1990) (前掲・第2章第2節1(三))

ストの各要素を分析して,表現の客観的な類似性を確立したならば,外来的テストとしてはもう判断することはない。そこで残されているのは,二つの著作物の『コンセプトと雰囲気』(concept and feel) についての主観的な評価である」としている。

Shaw 判決では,主要なキャラクター間の類似性は全体的に見てテーマ上必要な範囲を超えたものであり,それは一般的なテーマや構想のアイデア以上のものをコピーしたものであるとして,外来的テストが充足されることが認定された。著作権侵害における非言語的な要素の考慮は,第9巡回区控訴裁判所のテストでいえば,上記のように,主として外来的テストにおいて吟味されることが分かる。また,アイデアではなく表現についての分析・比較であるから,表現をアイデアから区別するために,抽象化テスト[8]がここにおいて用いられることになるであろう。

(二) 間接侵害について (indirect infringement)

(1) 間接侵害 (間接責任) の種類と要件

自らは直接著作権侵害に加担していない場合でも,間接的に加担している場合は責任を負いうるのか。この点,特許法は,寄与責任といった間接責任についての規定を置いているが (特許法第271条(b)(c)),著作権法にはそのような間接責任の規定はない。しかし,そもそも著作権法の排他的権利は,著作権者が自ら行なう場合のほか他人に許諾(オーソライズ)することも含みうるから (第106条),著作権の侵害ということについても,自ら権限なくして著作物を使用する場合(直接侵害)のほか,自らは権限なくして他人に著作物の使用

---

8) ***Nichols*** 判決参照(前掲・第2章第2節1(一))

を許諾する場合（寄与侵害）も想定されているものといえる。また，監督責任がある場合については，使用者責任に関する一般的な法理（代位責任）が，著作権について否定される理由もない。

実際，判例においてはこのような間接責任の考え方は一般に認められているところであり，寄与責任（contributory liability）と代位責任（vicarious liability）の二種類が通常想定されており，それぞれの成立要件についてはGershwin Publishing Corp. v. Columbia Artists Management, Inc.[9]において端的に述べられている。即ち，代位責任については，①監督をする権利と能力があり，かつ，②その行為から経済的利益を直接得ている場合に成立し，寄与責任については，①侵害行為があることを認識し，かつ，②他者による侵害行為の教唆ほか重要な（materially）貢献があった場合に成立しうるとされている。

(2) 代位責任

代位責任は，使用者責任に関する一般的な法理が著作権法においても適用されたものといいうる。代位責任（又は代位侵害）について述べる代表的なケースが，Shapiro, Bernstein & Co. v. H.L. Green Co.である。この判決において，代位責任の基本的な考え方などが述べられている。

> 判例 **Shapiro, Bernstein & Co. v. H.L. Green Co., 316 F.2d 304 (2d Cir. 1963)**
>
> Ⅰ. 事案の概要
>
> 本件は，Green Co.から営業のライセンスを得て「H. L.Green

---

[9] Gershwin Publishing Corp. v. Columbia Artists Management, Inc., 443 F. 2d 1159 (2d Cir. 1971)

Company, Inc」の名前のもとレコード店を経営していたJalenが,海賊版のレコードを販売(著作権侵害)したという事案である。なお,Green Co.はJalenによるレコードの総売上高の10%又は12%をライセンス料として徴収しており,ライセンスの合意上,Jalenを指揮監督しうる立場にあった。但し,Green Co.自体はそのレコードの販売に積極的に関わっていたわけではないし,レコードが無許可で製造されていたことも認識していなかった。そこでこのような場合にもGreen Co.が著作権侵害について責任を負いうるかが問題となった。

2. 判旨

エージェンシーについての一般的な理論である使用者責任の法理は,雇用の範囲内における従事者による著作権侵害がある場合にも当てはまるのであり,著作権侵害について直接的に認識がない場合であっても,監督の権利と能力があり,かつ著作権がある著作物の利用により明白かつ直接の経済的利益を得ている場合には,その利用から便益を得ている者に責任を課すことにより著作権法の目的が最も効果的に達成できる。

また,関連の先例を見ると,2通りのタイプがあることが分かる。一つは,「大家－賃借人型」("landlord-tenant case"),もう一つは「ダンスホール型」("dance hall case")である。前者は,大家が不動産を定額で賃貸している場合であり,賃借人が侵害行為をしていたとしても,大家自身は侵害行為に加担せず,またそれによって利益を得ているわけでなく,賃借人に対しても監督権を行使する立場にもない場合には,大家は賃借人の悪行について責めを負わない。一方,後者は,ダンスホールの所有者がバンドを雇って演奏を行なったが,その演奏において著作権侵害があったような場合であり,この場合にダンスホールの所有者が責めを負うかについては,バンド側が従業員なのか独立した契約者なのかということや,ダンスホールの所有者が演奏される曲の選曲についてコントロールを及ぼ

> しうる地位にあるか否か等が判断材料とされる。
>
> 　本件の事案は事実から判断して,「ダンスホール型」の考え方が当てはまるものであり, またこれは, ［大家－賃貸人］モデルよりは, ［使用者－従業員］モデルにより近いものである。本件では, レコード売上についての財政上の成功への強い関心とともに, 侵害者であるライセンシー (Jalen) に対する Green Co. の関係を考え合わせるときは, Green Co. についても海賊版レコードの不正な販売についての責めを負わせるのが相当である。
>
> 　第2巡回区控訴裁判所は, 以上のように判示して, Green Co. の代位責任を認めた。

　Shapiro 判決は［大家－賃貸人］モデルと［使用者－従業員］モデルとを区別したが,「大家」であれば代位責任を免れるというものでは当然なく, ①監督する権利と能力があり, ②経済的利益を得ているという点にこそ, 代位責任を正当化する根拠がある。代位責任が認められたその他の判決としては, 例えば, Fonovisa, Inc. v. Cherry Auction, Inc.[10] がある。これは, フリーマーケットでニセの録音物 (counterfeit sound recording) が売られていたことにつき, フリーマーケットの運営者に代位責任が認められたケースである。フリーマーケットの運営者は, 売主を排除する権利を保有しており, またブースのスペースを貸すことにより毎月賃貸収入を得ており, また, 駐車場代金, フリーマーケット会場への入場料についても得る立場にあった。従って, フリーマーケットの運営者は, ①売主を監督する能力を有しており, また, ②入場料等を通じて経済的利益を得ていることから, 代位責任が認められたものである。

　なお, 侵害行為があることについての「認識」は, 代位責任の成立においては無関係である。

---

10) Fonovisa, Inc. v. Cherry Auction, Inc., 76 F.3d 259 (9th Cir.1996)

(3) 寄与責任

寄与責任は，直接侵害が成立する場合に，侵害行為についての認識があり，かつ教唆等により侵害行為に重要な貢献をした場合に生じうるものである。「認識」(knowledge) とは，実際に知っているという場合（侵害の事実を記した通知を受領した場合も含む）のほか，知っていると考えるのが合理的である場合も含まれる。前者が「現実の (actual)」認識であるのに対し，後者は，「擬制的 (constructive)」認識という。

但し，次に見る *Sony* 判決[11]で，寄与責任の生じる範囲は実質的に緩和されている。これはいわゆる「ベータマックス事件」という名前でも知られている重要なケースであり，ここにおいて裁判所は，「実質的な非侵害の使用」である場合は寄与侵害とはならないと判示した。

> 判例 **Sony Corp. of America v. Universal City Studios, Inc., 464 U.S. 417, 104 S.Ct. 774**（1984）
>
> 1. 事案の概要
>
> Sony が家庭用のベータマックス・ビデオレテープコーダー（VTR）を製造・販売し，一般消費者はそれを購入して TV 番組を録画していた。本件は，いくつかの TV 番組に著作権を有する Universal City Studio 側が訴えを提起し，当該 VTR を使用して録画をしている消費者の行為は著作権侵害であり，また当該 VTR を製造して一般公衆に販売している点で Sony も著作権侵害の責めを負うものであるとして，Sony に対して差止請求，損害賠償などを求めたのが，事案の概要である。

---

11) 前掲・第 1 章第 2 節 2（「正当化根拠」）参照。また，*Sony* 判決におけるフェア・ユースの取り上げ方については，後掲・本章第 1 節 3 を参照。

第1節　権利の侵害

間接責任について，下記のように最高裁の判断が示された。

2. 判旨

　他者による著作物の利用をコントロールしうる地位にあり，著作権者の許可を得ないまま当該著作物の使用を許諾（オーソライズ）する場合に「寄与」侵害者であるといえるが，本件は明らかにこのようなカテゴリーには入らない。Sony は VTR の利用者と接点があるのは販売の時点だけであり，Sony 側が侵害であると主張される行為に関わっていたわけでもなければ，VTR の購入者らと直接接触した等の事実もない。また，違法と主張される録画行為が，Sony による広告行為によって影響を受け，あるいは助長されたという証拠もない。

　一方，Sony 側には消費者によって違法コピーがなされるかもしれないという認識はあるといえるが，この点については，著作権法と類似の関係にある特許法を参照するのが適切である。特許法は，寄与侵害の成立は，特定の特許との関係での使用を意図して特別に製造された構成部分の販売を知っている場合に限られるのであり，ある製品が他の特許との関係で使用されるかもしれないという場合まで禁止の対象とするものではない。むしろ特許法は，「実質的な非侵害の使用（substantial noninfringing use）に適した汎用品又は流通商品」の販売は寄与侵害にはならないことを明示している。これは特許法における考え方ではあるが，寄与侵害における考え方の基礎は著作権法も同じであり，この汎用商品に関する法理は，法定の独占権を効果的に保護したいという著作権者側の正当な要請と，それとは実質的に無関係な流通分野に自由に関わりたいという他者の権利とのバランスを図るものでなければならない。従って，コピー機器も，もしそれが合法的で文句のつけようがない目的のために広く使用されている製品であるならば，他の流通商品の販売の場合と同じように，その販売は寄与侵害を構成しないものであ

193

> る。もっとも,「合法的で文句のつけようがない」とはいっても,それは,実質的にみて著作権を侵害することなく使用しうるというものであればよい。
>
> 本件では,消費者についていわゆる「時間移動」(time-shifting)(番組をVTRで録画しておいて後で見ること)が問題とされていたが,そのような個人の視聴者による「時間移動」については著作権者らは反対しない蓋然性が非常に高いこと,そして,「時間移動」により著作物の潜在的市場価値を害する恐れについては立証がなされなかったことから,ベータマックス(VTR)は実質的な非侵害の使用を可能とするものであり,よってSonyによる公衆への販売行為は寄与侵害を構成するものではない,と最高裁は結論づけている。

ところで,前述の*Fonovisa*ケースでは,代位責任のほかに,寄与責任の成立も認められている。寄与責任については,代位責任とは異なり,①侵害行為があることを認識していることが必要であり,かつ,②他者による侵害行為について,教唆ほか重要な(materially)貢献があった場合に成立する。*Fonovisa*ケースでは,①フリーマーケットの運営者は,フリーマーケットにおいてニセ物が販売されていることについて既に警察から警告を受けており,ニセ物販売による著作権侵害行為について,「認識」はあったといえるし,また,②フリーマーケットの運営者は,ブースの場所,施設,駐車場等を提供していることから,売主による販売について,重要な貢献をしていることから,寄与責任の成立が認められたものである。

2．権利侵害の主張に対する抗弁

㈠　抗弁（Defense）の種類

著作権を侵害していると主張された場合，どのような抗弁が可能であろうか。

(1)　フェア・ユースほか

① 著作権の無効

本章冒頭で述べたように，著作権侵害を主張できるためには，著作権者は，有効な著作権を有していることを立証する必要がある。ただ，著作権の有効性は，発行から5年以内の著作権登録により一応の推定がなされる。従って，侵害していると主張された側は，その反証として著作権の無効を争うことが考えられる。もっとも，著作権は特許と異なり，非常に緩やかな要件のもと成立するものであり，著作権の発生の無効を争う抗弁は実際的ではない。もちろん，保護期間の満了を理由とした場合やそもそも著作物性について疑義がある場合などは有効な抗弁となりうるであろう。

② フェア・ユース，権利制限規定

著作権の有効性を前提として提出する場合の抗弁として最も重要なのは，フェア・ユースである。フェア・ユースは判例上確立されてきた法理であり，第107条において4つのファクターが示され，判断の基準が一応示されているものの，具体的な取扱い方については最終的にはケース・バイ・ケースである。フェア・ユースは非常に大きくかつ重要なトピックなので，項を改めて紹介することとする。

著作権法では，フェア・ユースのほかにも第108条から第122条

まで権利制限についての規定（ファースト・セール・ドクトリンほか）を置いているから，著作権侵害の主張に対しては，それらの権利制限規定も抗弁となりうる。

③ ライセンスの存在

著作物の使用許諾についてのライセンスを結んでいる場合は，ライセンスの存在は有効な抗弁となる。その場合，ライセンスの存在についての立証責任は，ライセンスを受けた側（ライセンシー）にあるが，ライセンスの存在が一旦立証された後は，著作権侵害を主張する著作権者が，ライセンス契約の範囲についての立証責任を負う[12]。実際の訴訟ではこの契約の範囲などが争われることになるであろう。

④ 依拠していないこと（独立性）(independent creation)

そもそも著作者が既存の作品に依拠せずに著作物を作成した場合である場合は，著作権侵害とならない。著作権侵害訴訟では，被侵害著作物を見聞きする合理的な機会があったのか（アクセスがあったか）とともに，侵害著作物と被侵害著作物との間に実質的類似性(substantial similarity)があるかが，重要な状況証拠とされている（前掲・第本章本節1(二)）。

(2) 著作権者側の不公正な事情等

著作権者側に不公正な事由がある場合も抗弁として成立しうる。

例えば，反トラスト法（独占禁止法）に反するような形での著作権の主張は，ミスユース（misuse）とされることになる。これは，著作権の使用許諾（ライセンス）が，著作権法では保護されない「アイデ

---

12) S.O.S., Inc. v. Payday, Inc., 886 F.2d 1081 (9th Cir. 1989)

ア」についてもコントロールを及ぼすといった内容である場合など，著作権法の権利の範囲を不当に拡張し，著作権法の趣旨に反するような主張がなされる場合に成立するといえる。

また，著作権登録の取得の際に著作権局に対して詐欺（fraud）を行なったという事情も抗弁となりうる。あるいは，著作権側が侵害の事実を知りながら長年放置していたにも関わらず，かなり後になってから侵害訴訟を提起した場合には，著作権者側に懈怠（laches）があるとして，抗弁の一事由となる。ただ，著作権法は訴訟提起の時期的な制限規定を置いているから，長年放置していたような場合は，直接的にはこの規定に抵触することになるであろう。即ち，民事訴訟については請求が生じた時から3年以内，刑事手続については訴因発生時から5年以内に開始されていなければならないとされている（第507条）。

その他のとしては，著作権者が既に著作権を放棄（abandonment）していれば，当該著作権に基づいた侵害の主張は理由のないものといえるだろう。

(3) 専　占（第301条）

連邦著作権法（1976年法）は州における著作権関係の保護を専占（preempt）するから（第301条），州法に基づいて著作権侵害の主張がなされている場合，連邦著作権法により専占される（そのため州法に基づいては権利主張できない）ということも抗弁足りうる。但し，具体的にどこまでの範囲で専占されるかについては，保護対象の要件，同等性の要件の該当性を，個別のケースごとに見ながら判断する必要がある[13]。

第4章　権利の侵害と救済

(4) **OSP の責任制限**（第 512 条）

第 512 条は，オンライン・サービス・プロバイダ（OSP）の責任制限に関する規定（"safe harbors" と呼ばれている）を置いているが，これは 1998 年の DMCA（デジタル・ミレニアム法）において設けられたものである。インターネット上様々な情報・素材が飛び交っているが，ユーザーがインターネット上で著作権侵害を行なっている場合などに，インターネット接続やウェブ・ページの提供などをしている OSP が個々の場面で直接責任や間接責任を負うかについては，不明瞭な点が多かった[14]。勿論，OSP についても事案に応じて直接侵害や間接侵害についての侵害の考え方が妥当し，フェア・ユ

---

13) 専占については，前掲・第1章第1節（連邦法と州法との関係）参照。
14) コンピュータ上の電子掲示板（BBS）(=bulletin board service) に，著作権者に無断で著作物がアップロードされている場合，OSP は著作侵害の責任を負うとされるのだろうか。この点について，Playboy Enterprises, Inc. v. Frena, 839 F.Supp. 1559 (M.D.Fla.1993) においてフロリダ中部地区連邦地方裁判所は，BBS の運営者が頒布権及び展示権を直接侵害しうるものであるとしていたが，Religious Technology Center v. Netcom On-Line Communication Services, Inc., 907 F. Supp. 1361 (N.D.Cal.1995) でカリフォルニア北部地区連邦地方裁判所は，アップロードによって直接侵害を行なっているのは個々のユーザーであって，BBS の運営者は複製権を直接侵害するものではないとした。判決は，Netcom はアップロードされる個々の情報をコントロールする能力を有しているものではなく，膨大な量のデータがインターネットを通じて流され，サーバーに必要的に蓄積されている中で，侵害しているものを侵害していないものから区別させようとすることは実際的でもないとして，頒布権・展示権も含め，Netcom は直接責任を負うものではないとしている。もっとも，間接責任については，Netcom が侵害行為から経済的利益を得ているという証拠が原告から提示されなかったため代位責任（vicarious liability）は否定されたが，他方，①侵害行為の認識，②侵害行為に対する実質的な参加（重要な貢献）の点で，原告から適切な問題提起があったとして，寄与責任（contributory liability）の成立については，その可能性を認めている。

ース等の抗弁も同様に適用されうるものであるが，第512条は特別にOSPの責任制限に関して規定を設け，次のような4つの独立した類型を置いている。

① 第512条(a)

これは，完全に受動的な役割の場合の免責，即ちOSPの役割は素材（material）の送信を自動的に経由するというものでしかなく，送信される素材の選択・変更等に関わっていないといった場合についての免責規定である。その場合における素材の送信，転送，接続や，その過程での中間的・過渡的な蓄積についてOSPは免責の対象となる。

② 第512条(b)

これは，システム・キャッシングについての免責，即ち，OSPが，OSP以外の者の素材を，他のユーザーの要求に応じてOSPのシステムを介して送信する場合に，OSPが中間的・一時的な蓄積をすること（キャッシング）についての免責である。この場合も，素材の内容に変更がないことなどのほか，本条が適用されるための細かな条件が定められている。

③ 第512条(c)

これは，一時的ではない蓄積，即ち，ユーザーの要求に応じ，システムやネットワーク上に素材を蓄積する場合についての免責であり，ウェブ・ページやチャットルームなどについて該当する。ここで免責されるには，OSPが侵害について知らず，また，OSPが素材の取扱いについてコントロールする権利と能力を有している場合は，その侵害素材から経済的利益を得ていないことが条件とされている。なお，侵害について「知らない」というのは，問題とされている素

材が著作権を侵害していることを実際に知らない場合のほか，侵害行為が分かるような情報も知らないことを含み，また，そのような情報等を得た場合には速やかにその素材を取り除き，またはアクセスできないようにすることが必要とされている。

④　第512条(d)

これは，サーチエンジンなどを提供し，他のオンライン上の場所にリンクできるようにしている場合についての免責であり，たとえリンク先が著作権侵害を行なっている場合であっても，OSPは責任を免れるというものである。本条項が適用されるための条件は，第512条(c)とほぼ同じである。

以上の免責を受けうるための条件としては様々なものが課せられているが，免責の対象となるOSPの基本的な条件として，侵害を繰り返し行なうユーザーに対してのサービスを中止するというポリシー（方針）を採用しているとともに，著作物を特定し保護するのに使用される標準的な技術手段を採用していることが必要とされている（第512条(i)）。その上で，4つの類型ごとに定められている条件を満たす必要があり，その中でも特徴的なものが，「ノーティス・アンド・テイクダウン」の手続きである。これは，侵害にかかる通知（ノーティス）を受けた場合，OSPは速やかに問題とされている素材を除去し，またはアクセス不能にするという対応（テイクダウン）を取らなければならないという手続きであり，第512条(c)(1)(C)に掲げられている。「ノーティス・アンド・テイクダウン」は，第512条(c)(c)の免責条項とともに第512条(d)にも準用され，また第512条(b)についても一定限度で準用されている。なお，素材を除去・アクセス不能にした後の手続き（除去された素材の復活など）は第512条(g)に定められている。

(5) 抗弁として成り立たないもの（善意侵害）

「侵害行為は知らなかった」とか「侵害していないと思っていた」等，侵害について不知又は善意であったことが抗弁として成り立たないことは，判例上確立しているものと思われる。De Acosta v. Brown[15]では，被告出版社が盗作であることを知らずに出版した事案において，裁判所は「侵害の意図は本法の下においては不可欠ではない」とした最高裁判決を引用し，善意（知らないこと）は抗弁にはならないことを確認している。また，本件は未発行であったコモン・ロー上の著作権の侵害についての事案であったが，裁判所は制定法の著作権侵害の場合と区別する根拠に乏しいとして，善意である場合についてもコモン・ロー上の著作権の侵害となることを認めた。

(二) 具体例

(1) Napster ケース

Napster ケースでは，間接侵害の訴えに対して，考えうる様々な抗弁が提出された。以下では，本訴訟で出された代表的な抗弁について判決の概要を紹介する。

判例 A&M Records, Inc. v. Napster, Inc., 239 F.3d 1004 (9th Cir.2001)
1. 事案の概要
Napster は，ユーザー同士が MP3 (MPEG-3) と呼ばれるデジタル

---

[15] De Acosta v. Brown, 146 F.2d 408 (2d Cir. 1944), *cert denied* 325 U.S. 862, 65 S.Ct. 1197 (1945)

第4章　権利の侵害と救済

形式のファイルを共有しやすくすることを行なっていた。これは「ピア・ツー・ピア」(peer-to-peer) と呼ばれるファイル共有・交換の仕組みであり、ここでは、Napster から無料で配布される MusicShare というソフトウエアを使用することにより、(1)ユーザーは Napster の他のユーザーと共有したい MP3 の音楽ファイルをそれぞれのコンピュータのハードドライブに保存し、(2)他のユーザーのコンピュータに保存されている MP3 音楽ファイルを検索し、(3)他のユーザーのコンピュータのハードドライブから直接に、MP3 音楽ファイルのコピーをインターネット上で転送することを可能としていた。また、Napster のサーバーはMP3 ファイルの名前を全てリスト化しており、各ユーザーの検索に対応していた。なお、検索は MP3 ファイルの内容を検索するものではなく、ファイル名 (ユーザーが付けたファイル名で、ファイル名にはインデックスが付されている) を検索するものである。

ただ、ユーザー同士による MP3 音楽ファイルのコピー及びその送信行為は、著作権者の同意を得て行なっているものではない。そこで、このような Napster のユーザーによる著作権侵害について Napster は間接責任があるものとして、A&M Records から仮差止・仮処分請求の訴えが提起された。

2. 判旨

Napster は、間接侵害で訴えられたが、Napster は、そもそも自らの責任の基礎となるユーザーによる直接侵害はないと主張。その理由として Napster は、(1)フェア・ユース (第 107 条) と(2)家庭内録音法 (第 1008 条)の適用を主張した。

---

16) フェア・ユースが成立するか否かの判断は、利用の目的や性格 (第 1 ファクター)、被利用著作物の性格 (第 2 ファクター)、被利用部分の分量 (第 3 ファクター)、被利用著作物の潜在的な市場に与える影響 (第 4 ファクター) などを検討し、全体を総合的にみて行なわれる。フェア・ユースを判断する際の各ファクターについての考え方の詳細は、後述する (後掲・本章本節 3)。

第1節　権利の侵害

(1) フェア・ユース（第107条）：抗弁不成立

　第9巡回区控訴裁判所は、フェア・ユース[16]の第1ファクターの検討の中で、ユーザーによる利用には変形的な性格がみられないこと（not transformative）、また、ユーザーはその無許諾のコピー・ファイルの無料交換により出費を免れているのであり、商業的な利用であることを認定した。第2・第3のファクターについても、各音楽の著作物は創作性があり、また各著作物の全体がコピーされているとして、フェア・ユースの成立には不利に働き、また、第4のファクターについても、大学生の間でCD売上が現実に減少していること、また著作権者側が音楽のデジタル形式でのダウンロードに市場参入することを困難にしていることを認定して、結論として、フェア・ユースの成立を否定した。

(2) 家庭内録音法（第1008条）：抗弁不成立

　第1008条は1992年の家庭内録音法（AHRA）による改正で設けられた規定であり、「デジタル音楽録音物又はアナログ音楽録音物を作るための装置又は媒体の消費者による非商業的な利用を理由として……本編（著作権法）に基づき著作権侵害を主張して訴訟を提起することはできない」と規定している。Napsterは、消費者の利用は「非商業的な利用」であり同条が適用されるものと主張した。

　しかし、コンピュータの主たる目的はデジタル音声の録音コピーを作ることではないから、コンピュータ（及びそのハードドライブ）は同条にいうデジタル音声録音装置には該当しない。そしてそもそもコンピュータは家庭内録音法で定義されているような「デジタル音楽録音物」を作るものではない[17]。裁判所はこのような理由から、家庭内録音法は、MP3ファイルをコンピュータ・ハードウエアにダウンロードすることまで含まないものとし、Napsterの主張を退けた。

---

17) 後掲・第5章第2節2（「家庭内録音法」）参照

第4章　権利の侵害と救済

裁判所は，Napster のユーザーが，ファイル名をアップロードして他のユーザーが検索できるようにしている点で頒布権を侵害し(第106条(3))，著作権のある音楽を含むファイルをダウンロードしている点で複製権（第106条(1)）を侵害しているものであるとして，ユーザーによる直接侵害を認めた。

そこで，次に，Napster について間接責任の発生が問題になるが，間接侵害には，(1)寄与侵害と(2)代位侵害の二種類があり，それぞれについて成立要件が異なる。Napster はその成否について争った。

(1) 寄与侵害（contributory infringement）：抗弁不成立

寄与侵害が成立するためには，直接侵害を知っている（know）か，又は知っていることに合理性がある（have reason to know）といえることが必要である。Napster は，会社としてはユーザー間で交換されている各ファイルが著作権侵害のものかどうかは区別できないとし，また Sony 判決に従えば，違法なファイル交換がなされるかもしれないという程度の認識では寄与責任を問うのに不十分だとして争った。

これに対して裁判所は，Sony 判決を前提にしつつも，Napster のシステム構造と Napster が実際にとった行動とは明確に区別するべきであるとし，システムの運営能力を考慮した。即ち，コンピュータ・システムの構造上，著作物の違法コピーがありうるということだけで寄与責任は発生しないが，具体的な侵害物がシステム上で利用可能となっていることを知りながら，また除去できたのに放置している場合には，寄与責任は発生しうるとした。そして本件では，Napster は，特定の侵害ファイルがシステム上で利用可能になっていたことを実際に知っていること，その侵害ファイルの提供者がシステムにアクセスすることを阻止できたこと，にも拘らずそのファイルを除外しなかったこと，が認定されている。

また，「認識」の要件ばかりでなく，「重要な貢献」についての要件

も満たすものとされた。即ち，ユーザー間のファイル交換は Napster のサービスがあってこそのことであり，Napster は侵害行為に対して重要な貢献を行なっているものである。

(2) 代位侵害（vicarious infringement）：抗弁不成立

代位責任の成立には，経済的利益を受けていること，監督の権利・能力があることの要件を満たす必要がある。経済的利益の面については，ユーザーが増えることで Napster の将来の歳入増加が見込まれることから，これは認定されるとした。また，Napster はウェブ・サイト上でも自らが監視をする権利と能力を有するものであることを表明していたが，片や，Napster のシステムは，ファイルの名前を検索するものであり，その内容まで読み込むものではない。

しかし，Napster は，リストに載っている侵害ファイルを特定する能力を有し，ユーザーによるシステムへのアクセスを終了させる権利を有していた。裁判所は，代位責任を免れるためには，監督の権限が最大限行使されていたことが必要であるとし，本件では Napster はその監督を行なえていなかったものとした。

以上のほかに，Napster は，デジタル・ミレニアム法（DMCA）上のOSP の責任制限（特に第 512 条(d)）を理由とした抗弁も展開した。第 9 巡回区控訴裁判所は，間接侵害が成立しうる場合でも第 512 条の適用がありうることは認めつつも，その判断は本案審理において十分に検討されるべき問題だとして，この争点に関する具体的な判断はここでは示していない。ただ，原告から提起されている争点として，(1) Napster は第 512 条(d)にいうインターネット接続業者の定義に当てはまるのか，(2)著作権者は，システム上での侵害行為を知っているといえるために「公式な」通知を接続業者に与えなければならないものなのか，(3) Napster は，第 512 条(i)に定める著作権適合のための詳細な方針を適時に採用しているといえるか，という問題点があることを確認している。

実は，Napsterは当初，Napsterが第512条(a)に該当することの略式裁判を地方裁判所で求めていた。しかし，同条項はOSPが自らのシステムを介して素材を送信，転送，接続をする場合の規定であり，Napsterの場合のように，ユーザー同士がMP3ファイルをインターネット上で直接交換する場合は該当しないとして，既に否定されている[18]。

なお，WIPO著作権条約第8条は，著作物を公衆による利用が可能となるような状態に置くことについての権利（利用可能化権）を定めている。WIPO実演・レコード条約第10条においても，固定された実演に関して同様の権利が規定されている。米国著作権法は，これに対応した排他的権利を特別に定めているものではないが，第106条の排他的権利は，自ら複製，頒布等を行なうことについての権利であるとともに，他人に許諾（オーソライズ）する場合の権利も含むものである。このため，他人にオーソライズする行為内容の捉え方によって，利用可能化権は，複製権，頒布権又は実演権として保護されているとみることもできるだろう。Napster判決では，ユーザーがMP3の音楽ファイル名をアップロードして他のユーザーが検索できるようにしている行為は，頒布権を侵害するとしている[19]。

(2) 輸入行為とファースト・セール・ドクトリン

第602条(a)は著作物の輸入に関する規定であり，アメリカ合衆国以外で取得された著作物のコピー又はレコードを著作権者の許可なしに輸入することは，コピーやレコードを頒布する，第106条のも

---

18) A&M Records, Inc. v. Napster, Inc., 54 U.S.P.Q.2d 1746 (N.D.Cal.2000)
19) このような米国著作権法の扱いに対し，日本の著作権法は，送信可能化権を個別に規定している（日本著作権法第23条，第92条の2）。

とにおける排他的権利を侵害するものであり，第501条に基づいて訴えを提起することができる旨規定している。これは一種「輸入権」ともいえるが，同条項はあくまでも第106条の排他的権利の一つである頒布権（第106条(3)）の枠内で捉えているものであるといえる。なお，ここでは「著作権者の許可なしに輸入すること」が禁止されているのであって，コピーが適法なものか否かには関わらない。

一方，頒布権については第107条以下に権利制限規定が置かれており，とりわけファースト・セール・ドクトリン（第109条(a)）は頒布権の制限として重要なものである。ファースト・セール・ドクトリンが第602条(a)の場合についても権利制限として適用になるのかが争われたのが，次のケースである。

判例 **Quality King Distributors, Inc. v. L'anza Research International, Inc., 523 U.S. 135, 118 S.Ct. 1125（1998）**

1. 事案の概要

L'anzaはシャンプーやコンディショナーなどヘアケア用品を製造・販売する会社で，米国内では高めに値段設定をし，宣伝や販売促進活動も積極的に行なっていた。一方，海外市場向け商品は米国内向けよりも35％から40％低い価格を設定し，宣伝活動も積極的には展開していなかった。こうしたところ，L'anzaにより米国内で製造され，海外へ販売された商品が，L'anzaの許可なしに米国内に輸入され販売されたというのが本件の事案である。

L'anzaはそれら商品を頒布していたQuality King Distributorsなどに対し，第106条，第501条及び第602条に基づいて訴訟を提起したが，ファースト・セール・ドクトリンはこの場合にも抗弁として適用されるのかが争点となった。

2. 判旨

第 4 章　権利の侵害と救済

　最高裁判所は，以下のように判断してファースト・セール・ドクトリンの適用を認めた。

> 　ファースト・セール・ドクトリンを規定する第 109 条(a)は，著作権法のもと「適法に作成された (lawfully made)」物品の所有者は，それを「著作権者の許可なく販売できる」と規定しているが，物品を譲り受けた者は，国内から譲り受けた場合であると国外から譲り受けた場合であるとを問わず，明らかに「所有者 (owner)」である。加えて，第 602 条(a)は，無許可の輸入が「第 106 条のもとにおける」排他的権利の侵害になるとしているのみであり，適法な所有者による転売についてまで禁止しているものではないから，第 602 条(a)の文言は，L'anza の商品を輸入して米国内で転売しようとする国内外の所有者に対しては適用にならないものである。
>
> 　また，第 602 条(a)は，違法コピーの輸入だけでなく，適法コピーの無許可の輸入にも及ぶものであり，また，米国著作権法ではなく，外国法上，適法に作成されたコピーを含むものである。これに対して第 109 条(a)は，米国著作権法下で適法に作成されたコピーについてのみ適用がある。従って，適用されるコピーの種類についてみると，第 602 条(a)の方が第 109 条(a)よりも広く，第 109 条(a)が適用されるからといって，第 602 条(a)による輸入制限が骨抜きになるわけではない。

　なお，外国で製造された商品を，商標権者の許諾なしに米国の有効なトレードマークを付けて輸入することは，「グレイマーケット」とか「並行輸入」などと呼ばれている。これについて裁判所は，「この用語が，国内外での商品の価格に差別をつけて国内での販売を促進しようとするアメリカの製造業者の決定の成り行きを適切に言い表しているものかは定かではないが，いずれにしても，そのような

第1節　権利の侵害

価格差別について法定の保護を与えるのが適切かどうかを考えることは，著作権法の文言の解釈を行なう我々の義務に関わる問題ではない」として，これらの議論が本件でも当てはまるのかについては，裁判所は判断を避けている。

3．フェア・ユース

㈠　考　え　方

(1)　概　　要

フェア・ユース (Fair Use) は，利用目的，著作物の性格等に鑑み，著作物の利用が公正であるといえる場合には著作権侵害とはならないとする法理であり，米国著作権法 (1976年法) 第107条において規定されている。フェア・ユースはそもそも判例において確立されてきた法理[20]であり，同条に掲げるファクターを考慮して，ケース・バイ・ケースにより判断されるべきものである。第107条は，そのようなフェア・ユースについての既存の判例法理を明文化したものであり，既存の判例法理を変更したり狭小化したり，あるいは拡大したものではない[21]。

第107条は前文で，著作権侵害にならない利用形態として，批評，論評，ニュース報道，教育（教室での使用のために複数コピーする場合

---

20) 例えば，初期の判例としては，Folsom v. Marsh, 9 Fed.Cas. 342 (No. 4901) (C.C.D.Mass.1841) が実質的にフェア・ユースについて説示している。ここでは，「選択が行なわれたものの性格や目的，使用されている素材の量や価値，使用により原著作物の販売を害したり，利益を減じたり，取って代わったりしうる程度」を考慮するとしており，第107条に掲げられているファクターと同じものといえる。
21) H.R.Rep. No. 94-1476, p.66 (1976)

も含む），研究などを列挙しているが，これは，このようなものが一般にフェア・ユースとして認められることが多いということに鑑みて列挙されているものであって，それ以上の意味合いを有するものではない[22]。従って，列挙されているこれらの利用形態についても，第107条に掲げるファクターに照らしてフェア・ユースといえるかが個別に判断される必要がある。

具体的なファクターは次の4つである。
　(1) 利用の目的や性格（その利用が商業的な性格のものであるか，非営利の教育目的のものであるかということも含む）（第1ファクター）
　(2) 被利用著作物の性格（第2ファクター）
　(3) 被利用著作物全体としてみた場合の，被利用部分の量や本質性（第3ファクター）
　(4) 被利用著作物の潜在的な市場又は価値に対して利用が与える効果（第4ファクター）

これら4つのファクターは排他的なものではなく，裁判所が必要に応じて新たなファクターを考慮することもありうる。また，これら4つのファクターはそれぞれのファクターごとに個別に検討され，全体を総合的にみて著作権の目的に照らしてフェア・ユースの判断が行なわれる。

なお，*Eldred*判決（前掲・第1章第2節2）でも述べられていたように，著作権法は米国憲法修正第1条（表現の自由）に組み込まれて

---

[22] Campbell v. Acuff-Rose Music, Inc., 510 U.S. 569, 114 S.Ct. 1164 (1994) は，第107条前文の列挙は「実例であって，非制限的な」例示という機能を有し，裁判所や連邦議会が多くの場合フェア・ユースとして認めるコピーの種類について，一般的に示す以上のものではない，としている。

いるといえるが,フェア・ユースは,表現・アイデア二分法の考え方とともに,利用者の「表現の自由」に配慮した法理であるといえる。ある第2巡回区控訴裁判所の判決でも「修正第1条と著作権法により保護される利益との間の衝突は,これまでフェア・ユース法理の適用により解決されてきた」としている[23]。

(2) 各ファクターの考え方

フェア・ユースについての代表的な重要判例は,***Harper & Row***判決である。本判例において,各ファクターの考え方が述べられている。

|判例| Harper&Row, Publishers, Inc. v. Nation Enterprises, 471 U.S. 539, 566（1985）

1. |事案の概要|

本件は,公人（public figure）による未発行の原稿が第三者により勝手に使用された事案であり,フェア・ユースの適用範囲が問題となった。

Harper & Row 社らは,フォード元大統領の回顧録（"A Time to Heal"）を出版することについて Harper & Row 社らが著作権を有しており,独占出版を条件に,その出版について Time 誌と契約を結んだ。しかし,その回顧録のコピーを Nation 社が秘密裏に入手し,Nation 社は,その回顧録から抜粋したものを雑誌 The Nation の記事として,Time 誌による出版に先立ち公開した。その結果,Harper & Row 社らは Time 誌から契約不履行を理由に契約を破棄されることになった。そこで Harper & Row 社らは,Nation 社に対し著作権侵害に基づいて本件訴訟を提起した。

連邦地裁では Nation 社は著作権侵害と認定されたが,原審の第2巡

---

23) Wainwright Securities, Inc. v. Wall Street Transcript Corp., 558 F.2d 91 (2d Cir. 1977)

回区控訴裁判所はフェア・ユースを認め，地裁の判決を覆した。

2. 判旨

最高裁判所は結論としてフェア・ユースの適用を否定した。ただ，判決では，フェア・ユースの各ファクターについて検討する前に，前提として，本件でみられるいくつかの特徴について次のように述べている。

　　本件回顧録は未発行のものであるが，「未発行」(unpublished) ということは，決定的ということでは必ずしもないけれども，フェア・ユースを否定するキーとなる要素である。フェア・ユースの法理は，著作者が著作物を発行した時点で，「合理的かつ慣行的な」利用については著作者は同意しているものと推定されることに基づく法理であるといえ，未発行の著作物については伝統的にフェア・ユースは認められてこなかった。また，発行に関する権利は1976年法においては第106条(3)（頒布権）で保護されており，著作権者は，著作物の適法なコピーを最初に公衆に頒布することについてコントロールする権利を有しうる。最初に発行するという権利は，たった一人のみが最初の発行者になりうるという点で他の排他的権利と本来的に異なるものであり，その権利は一人の権利者に独占されてこそ商業的な価値を有するものである。

　　フォード元大統領は公人であり，かつ当該回顧録についてはニュース性もある。しかし，著作権法は，本件の"A Time to Heal"のように事実を語ったものについても，そこに含まれているオリジナルな表現については市場に売り出すことを可能としているものであり，もしそのような保護が否定されることになれば，回顧録を執筆することについてのインセンティブは殆どないことになり，公衆にとって，重大な歴史的情報についての重要な情報源が絶たれることになる。また，表現を売買するという経済的なインセンティブは著作権法が目的とするところであり，ニュース性があるという一言

第1節　権利の侵害

だけで,発行前の著作物が許可なしにコピーされることが許されるものではない。

また,修正第1条は,表現する自由に加えて,表現しない自由も含んでいるが,著作権,とりわけ最初に発行する権利は,修正第1条のこの対抗する価値に資するものである。著作権法は,(著作権保護が可能な)表現と(著作権保護は不可能な)事実とを区別し,また,学問や論評などについては伝統的にフェア・ユースになるとして修正第1条の視点を組み入れている。公人といえるものについて特別に著作権保護の例外としようとするのは,根拠を欠いていると当裁判所は判断する。

最高裁判所は,以上のことを確認したうえで,フェア・ユースの各ファクターの検討に移り,次のように述べている。

(1) 利用の目的(第1ファクター)

The Nation による利用は,一般的にはニュース報道を目的としているといえる。しかし,「ニュース報道」は第107条で例示されているものではある(また,生産的な利用ともいえる)が,だからといって当然にフェア・ユースが認められるものではなく,フェア・ユースの検討において判断される一要素に過ぎない。最終的にフェア・ユースと判断されるかは,他のファクターについてケースごとに検討する中において決定される。一方,発行が商業的(営利的)なものである場合,それはフェア・ユースの認定に否定的な要素となる。但し,営利・非営利の区別の判断は,その利用の唯一の動機がお金を得ることにあるかということではなく,慣例上の代価を支払わずに他者の著作物を利用することで利益を得るものであるか,ということにある。

(2) 著作物の性質(第2ファクター)

本件の"A Time to Heal"は,未発行の歴史的叙述又は自伝とし

213

て性格付けることができる。法は一般に,事実的な作品については,フィクション作品や空想的作品（ファンタジー）よりも世の中により広めるべきだという認識に立っている。しかし,本件でThe Nationは,単に事実ではなく,表現性が見られる部分も抜粋しており,それは事実を広めるという必要性を超過しているものである。

一方,著作物が未発行であるということは,その「性質」において重要な要素である。表現を最初に公にすることについての著作者の権利は,その公表以前における他者による著作物の利用に対し,否定的に働くことになる。最初に発行する権利は,そもそも発行するか否の選択だけでなく,いつ,どこで,そしてどのような形で発行するかということの選択も含むものである。

(3) 利用された部分の量及び本質性（第3ファクター）

利用部分が侵害作品にとって本質部分ではないということは,著作権侵害を否定する理由にはならない。Hand判事が適切に述べたように,「剽窃者は,自分の作品のうちどれくらいの部分が剽窃されていないものであるかを示すことにより,自らの悪行についての責任を免れることはできない」。逆に,侵害作品の重要な部分が全くのコピーであるという事実があれば,それはそのコピーされた部分が,原著作者及び剽窃者のどちらにとっても質的な価値があることの証拠となる。

本件では,未発行の原稿（"A Time to Heal"）から直接利用された部分は,もとの原稿全体からすれば量的には多いものではないが,侵害作品（The Nationの記事）についてみれば全体の少なくとも13%を占め,当該記事は,その引用された抜粋部分に焦点を当てた構成となっている。また,The Nation側は正確に抜粋部分を引用したが,これはその部分が,フォード元大統領の特徴的な表現を質的に表しているからにほかならず,回顧録の本質部分を取ったものといえる。

(4) 市場への影響（第4ファクター）

このファクターは疑いもなく，フェア・ユースの最も重要な要素である。The Nation 誌により記事が出されたことによって Time から契約を破棄され，Harper & Row 側は Time から得られる予定であった $12,500 を得られなくなったという実際の効果（害悪）がある。

ただ，ここでより重要なことは，フェア・ユースの否定のためには，「問題とされている利用行為が広く行なわれたならば，（被利用）著作物の『潜在的』な市場に対して不利な影響を与えうる」ということを示しさえすればよいということである。そして，原著作物についてだけでなく，派生的著作物の市場への害悪についても考慮しなければならない。

本件では，The Nation の記事は，Harper & Row らの未発行の原稿から発言内容などを丸写しで抜粋しているが，これにより The Nation の記事に信憑性を与えるものとなっており，読者も，それはフォードが話しているのであって The Nation 誌が作り上げた内容ではない，ということを知りうるものである。著作権者の同意を得ずに未公開の原稿から未発行の引用をすることを広く許すことになれば，最初から順番に発行するという権利一般の市場性に対し，潜在的な害悪を実質的に惹き起こすことになる。

最高裁判所は，以上のような各ファクターの検討を経た上で，結論として，本件の未発行の原稿からの丸写しの引用はフェア・ユースには当たらないと判断した。

(3) 各ファクターのまとめ

フェア・ユースの第1のファクターは，利用の目的や性格につい

ての判断である。ここでの大きな考慮要素は，① 利用によりどれだけ変化・変形させうるものであるか (transformative)，生産的な利用であるか (productive) ということである。原著作物の内容をより変化させうるものであり，より生産的な利用であればあるほど，第1ファクターはフェア・ユースの成立に有利に働くことになる。逆に，ニュース報道のように，著作物の内容を変更することなしに伝達する場合は，フェア・ユースの成立には不利に働くことになる。もう一つ重要な要素として，② 非商業目的（非営利目的）であるかということがある。商業目的 (commercial) であればあるほど，第1ファクターについてはフェア・ユースの成立に不利に働くことなる。逆に，非商業目的，あるいは非営利の教育目的である場合は，フェア・ユースの成立に有利に働くことになる。

第2のファクターは，被利用著作物の性格である。ここでは，① 著作物が事実を述べた作品であるのか，フィクション作品であるのか，ということが考慮される。上記判決のような回顧録や伝記など，より事実に即した作品であれば，他の著作者もその事実を踏まえて自分の作品を展開する必要がある場合があるから，その利用には第2ファクターは，フェア・ユースの成立に有利に働くことになる。これに対し，著作物がフィクションである場合は，そのような利用の必要性は弱く，第2ファクターはフェア・ユースの成立に不利に働くことになる。また，② 著作物が未発行であるか否かも考慮され，未発行であれば第2ファクターはフェア・ユースの成立に不利に働くことになる。

第3のファクターは，被利用部分の分量や本質性である。ここでは，被利用著作物を全体としてみた場合の，被利用部分の分量や本質性を見る。被利用部分が少なければ少ないほど，このファクター

第1節　権利の侵害

はフェア・ユースの成立に不利になるが，分量が少ない場合であっても，その被利用部分が著作物の本質 (heart, essence) を捉えるものであれば，依然としてフェア・ユースの成立には不利に働くことになる。なお，第107条は，第3のファクターにおいては，「被利用」著作物を基準として被利用部分の分量や本質性を考慮するとしているが，第107条規定の4つのファクターは排他的なファクターではないから，「利用」著作物（侵害著作物）を基準として被利用部分の分量を考慮することも排除されるべきものではない。現に，上記 ***Harper & Row*** 判決においても，利用著作物（侵害著作物）である The Nation の記事全体に占める割合が重要な判断材料とされている。また，これは第1と第4のファクターにも影響する事柄である。即ち，利用著作物の相当部分が他の著作物の丸写しであればあるほど，第1のファクターにおいては変化の度合いが薄いとされるし，次にみる第4のファクターにおいては，侵害著作物が被利用著作物に取って代わることにより，被利用著作物の潜在的な市場に害をもたらすものであるとして，フェア・ユースにはやはり不利に働くことになるであろう。

　第4のファクターは，被利用著作物の潜在的な市場又は価値に対して利用が与える効果である。ここでは，第三者による無制限で広範な利用行為が，原著作物の潜在的な市場又は価値に実質的に不利な影響をもたらすか，ということが検討事項とされる。そして，***Harper & Row*** 判決において示されているとおり，原著作物のみならず派生的著作物についての潜在的な市場や価値への影響も考慮することになる。なお，第4ファクターでは，害悪が現実に発生していることは要件とされていない。この点について ***Sony*** 判決（前掲・本章本節1㈡）は，もしそのようなことになれば，著作権者は予

217

想される損害について防御する手立てがなくなってしまうからであると説明している。また同判決は，ここにおいては，いくらか意味をなす将来の害悪の恐れが存在することが，有利な証拠により示されれば足りるとしている。

なお，*Sony* 判決では，ベータマックス（VTR）の消費者による家庭での「時間移動」(time-shifting) を目的とした録画行為が，フェア・ユースに該当するのかが争われた。本判決で最高裁は，家庭での私的使用のための時間移動は，非商業的・非営利的な活動として性格付けるべきだとした（第1ファクター）。また，そこで問題となっているのはテレビ番組であり，それはもともと無料で放送されているという性格のものであったこと（第2ファクター），そして「時間移動」は，そのような番組について時間をずらして見ることができるようにするものに過ぎないから，番組全体が録画により複製されるということ（第3ファクター）は，本件ではフェア・ユースの認定に不利に作用するという通常の効果は有しないとした。但し，非商業的な目的であっても，著作物の潜在的市場への将来の害悪の恐れは発生しうる。そこで，第4ファクターにおける将来の害悪の恐れについての判断が必要になるが，最高裁は，この場合の立証責任について，商業目的の利用の場合は将来の害悪の恐れは推定されるが，非商業目的の場合は，著作権侵害を主張する側がその恐れを立証しなければならないとした。そして，本件では，「時間移動」による将来の害悪の恐れについての立証がなされえなかったため，「時間移動」はフェア・ユースであると結論付けられている。

ところで，以上4つのファクターはどれが決定的な要素というわけではないが，実際は，*Harper & Row* 判決でも示されているように，4つのファクターの中では特に第4のファクターが伝統的に重

視されてきた。ただ，傍論ながら，Infinity Broadcast Corp. v. Kirkwood[24]で第2巡回区控訴裁判所は，「最高裁判所は第4ファクターが最も重要な要素であるという立場から後退しているように見受けられる」と指摘。次にみるCampbellv. Acuff-Rose Music, Inc.[25]でも最高裁判所は，「市場への害悪は程度問題であって，害悪の量だけでなく，その他のファクターの相対的な強さとあわせて判断され，このファクターの重要性は上下しうる」としている。

なお，***Harper & Row***判決は未発行の著作物について，フェア・ユース上その保護に特別な配慮をしていたが，その後の第107条の改正で，未発行の著作物についてもフェア・ユースの対象になる（他の著作物と同様に4つのファクターに照らしてケース・バイ・ケースに判断する）ことが明確にされている[26]。

㈡　パロディ

フェア・ユースの適用において特別な考慮が必要になってくるのが，パロディ（parody）である。パロディについてのフェア・ユース上の各ファクターの考え方については，有名なCampbell v. Acuff-Rose Music, Inc.において示されている。

> 判例　Campbell v. Acuff-Rose Music, Inc., 510 U.S.569, 114 S.Ct. 1164（1994）
>
> １．事案の概要
>
> 　本件は，映画「プリティ・ウーマン」の主題歌にもなった歌，「Oh, Pretty Woman」のパロディに関する事案である。"Oh, Pretty

---

24) Infinity Broadcast Corp. v. Kirkwood, 150 F.3d 104（2d Cir. 1998）
25) Campbell v. Acuff-Rose Music, Inc., 510 U.S.569, 590 note 21（1994）
26) Pub.L. 102-492, 106 Stat. 3145（1992）

Woman"(以下,「原曲」)の著作権は Acuff-Rose 社が有しているが,2 Live Crew というラップ音楽の人気グループが,その歌をコミカルな歌詞で茶化したラップ音楽を作った(タイトルは"Pretty Woman")(以下,「パロディ曲」)。なお,原曲は通りすがりの綺麗な女性(pretty woman)に対する憧れを込めたようなロマンスな歌詞であるのに対し,パロディ曲の方は,出だしの一節("Pretty Woman, walking down the street")が原曲と同じなだけで,歌詞としては,髪の毛がやたらと多い女性,丸坊主の女性,男を掛け持ちする女性をも題材にして,コミカルでショッキングな内容に仕立てている。楽曲については,原曲はバラード系であり,パロディ曲はラップ系であるという違いがあるが,特徴的な前奏部分はよく似ている。

2 Live Crew は,Acuff-Rose に原曲の使用許諾を要請したが,拒否されていた。しかしそれにも関わらず,2 Live Crew は,当該パロディ曲を自らのアルバムに収録して,レコード,カセット,CD を発売したことから,このパロディ曲について,フェア・ユースが適用になるのかが争われた。

2. 判旨

最高裁判所は,次のようにフェア・ユースの各ファクターについて検討・判断している。

(1) 利用の目的について(第 1 ファクター)

このファクターでは利用が商業的な性格のものであるかが判断される。しかし,中心となる判断は,新しい作品が単に原作品に取って代わるものであるのか,あるいは代わりに,何か新しいものを加えるものであり,より進んだ目的や別の性格によって,新しい表現,意味又はメッセージを付加し最初のものを変えるものであるのか,についてである。別の言い方をすれば,新しい作品の「変形」度(transformative)についての検討である。そのような変形的な

利用はフェア・ユースの認定に絶対必要なものというわけではないが，著作権の目標とする学術及び技芸（science and the arts）の発展は，変化のある著作物が創作されることで一般に促進されるものである。そのような著作物はフェア・ユース法理による保証の中心部に位置するものであり，新しい著作物がより変化があるものであればあるほど，商業性といったフェア・ユースに有利となる他の要素の重要性は薄まることになる。そして，パロディは，明らかに変形についての価値を有している。パロディは，第107条で列挙されている論評や批評と同じように，先行作品に光を当て，新しい作品を作り出すことで社会的利益を提供しているものである。

　また，パロディは，既存の著作者の作品の要素をいくらか利用し，その著作者の作品へのコメントを行なうことで，新しい作品を創作するものである。従って，パロディではオリジナルを真似する必要がある。これに対して，風刺（satire）は，自らの二本足で立つことができる（他の作品に依拠する必要性がない）ので，他の作品を利用することについては正当化根拠が必要となる。但し，パロディといっても作品ごとに性格付けが難しいから，ケース・バイ・ケースで考えなければならない。

　本件における 2 Live Crew のパロディ曲は，地方裁判所が認定したように，原曲の予想できる歌詞をショッキングな歌詞に置き換えることで，原曲の歌詞が彼らにとってはいかに退屈で陳腐なものであるかを示すものとなっており，全体として社会について何か物申すものであるにせよ，原曲をコメントし批判するものであり，パロディを含んでいるものである。また，パロディがフェア・ユースの抗弁として出されている場合は，パロディの性格を合理的に覚知できるかが問題になるのであって，パロディの質は問題ではない。

　なお，控訴審は，利用が商業的な性格であることを重視してフェアな利用ではない（不公正）と認定したが，商業的目的かあるいは非営利の教育目的であるかといったことは，第1ファクターでの単

なる1要素に過ぎないものである。

(2) 著作物の性質について（第2ファクター）

これは「利用素材の価値」を検討するものであり，公衆に広く知られている原曲の創作的な表現も，著作権が保護の目的とするところの核心に含まれるものといえる。しかし，パロディというのは通常，世間に知られた表現的な作品をコピーするものであるから，そのようなパロディの性格上，本件ではこのファクターはあまり意味をなさない。

(3) 利用された部分の量及び本質性（第3ファクター）

ここでは，量的観点の他に，質や重要性も考慮し，著作物の核心（heart）部分を引用するものであるかが重要な判断要素となる。また，侵害作品の実質部分がコピーであるかどうかも関連する問題である。

ただ，パロディが特定のオリジナルな作品を標的にする場合，パロディは最低限，そのオリジナル作品を想起させる（conjure up）に足るものであることが必要である。本件では，原曲のオープニングの特徴的なリフ（音楽フレーズ）と歌詞の第一文がコピーされており，それらは原曲の「核心」(heart)であるとしても，その核心こそがパロディが標的とするところであるから，原曲の核心部分をコピーしたということだけで，コピーが度を超えたものとなるわけではない。コピーが公正なものといえるのかは，どれだけオリジナルなものを付け加えたかにかかってくるのである。本件では歌詞については必要最小限のコピーであるといえるが，楽曲について過剰なコピーがあったかの判断については，下級審に差し戻す。

(4) 市場への影響（第4ファクター）

ここでは，原作品だけでなく，派生的著作物の市場に対する害悪も考慮するべきものである。

第1節　権利の侵害

　ところで、Sony 判決では、商業的な目的がある場合には害悪の恐れが推定されるものとしたが、これは原作品全部をそのままコピーするケースにおける議論であり、常識的なことを言っているに過ぎない。商業的な目的で著作物を丸ごとコピーした場合は、明らかに原作品に取って代わるものとなるからである。しかし、これとは対象的に、作品が原作品を変化・変形させたものであれば、市場の代替性は必ずしもあるとはいえないから、原作品の市場への害悪が単純に推定されるものではないであろう。そして、純粋に批判を目的とする作品（パロディ）であれば、どの著作者も自分の作品の利用許諾はしたがらないはずであるから、批判のための派生的著作物の市場は原著作者が保護を受けうる市場ではない。

　もっとも、パロディといっても、純粋に批判だけではなく、それが原著作者に保護が与えられるべき派生的著作物である場合もある。本件の 2 Live Crew の曲はパロディであると同時にラップ音楽でもある。従って、ラップ音楽についての派生的著作物の市場はここでは適切な考慮事項であり、その市場への影響について検討する必要がある。

最高裁判所は以上のように述べたうえで、控訴審の判断には誤りがあったとした。即ち、控訴審では、2 Live Crew によるパロディ曲の商業的性格から、利用の不公正さが推定されていたが、パロディのように変形的な利用についてはそのような推定は第1及び第4のファクターでは働かないこと、また、控訴審は過剰なコピーがあったとしていた点でも誤りがあったとして、最高裁は原審の判決を破棄し、差し戻した。

　パロディは、作品として独り立ちしているものではなく、他の作品（オリジナル作品）に依拠し、それに変化を加えることでコメントを加えるものであり、性質上、パロディが依拠しているオリジナル作品が想起できるものである。このようなことから、フェア・ユー

223

スの第2及び第3のファクターは，フェア・ユースの判断においては，それ程重要性を持つものではないといえる。パロディ作品からオリジナル作品が想起できるためには，オリジナル作品はある程度有名な特徴ある表現物である必要があるし，また，オリジナル作品の特徴・核心部分がコピーされている必要があるからである。パロディのそもそもの性格から，パロディについては，著作物の性質（第2ファクター）及び利用された部分の本質性（第3ファクター）は，フェア・ユースを否定する要素としてあまり重視されていない。

従って，フェア・ユースを判断する際には，主として第1のファクターと第4のファクターを検討することになるだろうが，*Campbell*判決でも述べられている通り，パロディは原著作物を変形するものであるから，"transformative"の価値が高いといえるし（第1ファクターでフェア・ユースに有利な要素），また一般にはパロディとオリジナルの著作物（及びその派生的著作物）とでは市場を異にするといえるから，潜在的市場への害悪の恐れも少ないといえる（第4ファクターでフェア・ユースに有利な要素）。こうして，一般的にはフェア・ユースの成立に有利であるといえる。もっとも，パロディといってもその個々の作品の性格は様々でありうるから，ケース・バイ・ケースの判断が当然必要になってくるところであり，「パロディ」の名のもとに無制限の無断利用が許されるわけではない。

なお，*Campbell*判決でも述べられているとおり，パロディ（parody）は風刺（satire）とは区別される。両者の基本的な違いは，コメント（批評）を行なう対象であり，パロディがオリジナル作品へのコメントを行なうものであるのに対し，風刺は社会へのコメントを行なうものである。従って，風刺は，パロディと異なり，他の既存の作品に依拠する必要がない。このため，社会へのコメントのために他の作品を道具として利用する場合には，フェア・ユースの判

第1節　権利の侵害

断においてパロディほどの有利な扱いは受けえないことになる。

(三)　複写機によるコピー (photocopying)

(1)　組織的コピー

個人が保存目的で著作物を1部複写機でコピーする場合，営利性も見られず，原著作物の潜在的市場や価値に害を与える恐れも少ないといえ，通常はフェア・ユースが認められるといえる。しかし，企業などにおいて組織的にコピーが行なわれる場合，フェア・ユースの成立は怪しくなってくる。

American Geophysical Union v. Texaco Inc.[27]はまさにそのような事案であり，本件で Texaco 社は，自社の研究者がいつでも利用できるように，ある科学雑誌から個々の論文をコピーしておくということを組織的に行なっていた。第2巡回区控訴裁判所は，これらのコピーが保存目的であり (archival)，従業員の研究者らが個別にお金を払うこともなく複数のコピーができることを組織的に可能にしていることから，これらのコピーはオリジナルな創作の対象物に単に取って代わるものであり，また間接的ながら商業性も認められるとして，フェア・ユースの第1のファクターは不利に働くとした。一方，各論文自体は事実的な性格の強いものであり，第2ファクターはフェア・ユースの成立に有利なものである。第3ファクターについては，各記事が丸ごとコピーされていることを認定し (よって，フェア・ユースの成立には不利)，また，利用された部分の量及び本質性に焦点を当てることで，利用 (コピー) の目的についても洞察でき

---

27) American Geophysical Union v. Texaco Inc., 60 F.3d 913 (2d. Cir. 1994), *cert. dismissed*, 516 U.S. 1005, 116 S.Ct.592 (1995)

るものであるとして，第1ファクターについて再度確認した。第4ファクターについては，潜在的な市場を考える上では，原著作物について通常想定されうる市場に限定して考えるべきであるとした。その上で，雑誌については，CCC（著作権複写センター）を通じて複写ライセンスを行なう慣行もあることなどから，雑誌のライセンスによるコピー利用は，想定される潜在的な市場であるとした。そして，ライセンス料が出版社に支払われていないことは，雑誌の著作権の価値に対する実質的な害悪であるとし，第4のファクターについてもフェア・ユースの成立には不利となると判断している。裁判所は，以上のように特に重要な第1と第4のファクターも含め，3つのファクターが出版社に有利（フェア・ユースには不利）であることに鑑み，本件の組織的な保存用のコピー行為はフェア・ユースではないと判断した。ただし，判決は同時に，だからといって，個人による私的な利用のための複写まで本判決は射程としているものではない，としている。

なお，本判決で言及されているCCC（著作権複写センター，Copyright Clearance Center）は，1978年に設立された非営利の団体であり，著作物の複製及び頒布についてのライセンスのシステムを提供している。使用料は，コピー1枚当たりの値段か，包括ライセンスにより支払われる仕組みである。CCCは175万点の著作物を管理し，出版社でいえば9,600社以上を代表しており，これまで1万以上の会社・組織にライセンスをしてきている[28]。

(2) 非営利・教育目的コピー

第107条は，「教育（教室での使用のために複数コピーする場合を含

---

28) なお，CCCのウエブサイトは，〔http://www.copyright.com〕

第1節　権利の侵害

む），学問，調査」をフェア・ユースが適用される可能性のある例として掲げており，また非営利・教育目的のコピーについては，第1ファクターにおいてもフェア・ユースに有利な判断要素として予定されているといえる。とはいえ，それらについて実際にフェア・ユースが適用されるのかについては，個々の事例ごとの判断が必要になるであろう。

ただ，授業での使用のために行なうコピーについては，1976年法の制定に合わせ，著作者・出版社等の利害関係者が交渉して決定したガイドラインが策定されている。例えば，書籍や定期刊行物をコピーする場合についてのガイドラインは，「非営利教育機関における教室コピーのためのガイドラインに関する合意」（Agreement on Guidelines for Classroom Copying in Not-For-Profit Educational Institutions）[29]において示されている。このガイドラインでは，先生が授業の準備等のために一部コピーする場合のコピー可能な範囲や，教室での使用のために複数コピーする場合の条件などについて定めている。なお，後者の場合は，当ガイドラインで定める"brevity"（短さ，簡潔さ），"spontaneity"（自発性），"cumulative effect"（累積効果）の各基準をクリアし，かつ"notice of copyright"（著作権の表示）を付すことがフェア・ユースとして認められるための条件となっている[30]。

一方，教室で使用するためのコピーだからといって，それが直ち

---

[29] H.R. Rep. No. 94-1476, 94th Cong., 2d Sess. 68-70 (1976)
[30] もっとも，ガイドラインの冒頭でも示されているとおり，これは教育的なフェア・ユースと認められる場合の最低限の範囲のものであり，このガイドラインに該当しない場合であっても，フェア・ユースとして認められる場合もありうる。

に非営利目的のコピーとみなされる訳ではないことはいうまでもない。Princeton University Press v. Michigan Document Services[31]は，コピー業者であるMichigan Document Services (MDS) が，ミシガン大学のクラス教材として，書籍（著作物）の抜粋のコピー（抜粋は17頁から95頁にもわたるもの）を含む「コースパック」を作成・販売していたケースであり，販売のための無断コピーである点から，商業的目的であることが認定されている（第1ファクター）。また，MDSによる無断コピーは，書籍の販売低下はもとより，出版社によるコピーについてのライセンス収入減にもかかわることから，潜在的市場にも不利な影響を与えているものであり（第4ファクター），また，被利用著作物の性格においても（第2ファクター），被利用部分・分量においても（第3ファクター），フェア・ユースの成立には不利に働くものと認定され，フェア・ユースの成立は否定されている。

他方，図書館や文書館における非営利のコピーについては，第108条において特別に権利制限の規定が設けられ，一定限度で複製・頒布が許容されている[32]。しかしここで許容される範囲は非常に限定されたものである。まず，図書館や文書館又は職務の範囲内で行動するその従業員が，1部に限り複製又は頒布することは許容されているが，この場合，複製又は頒布は非商業目的であること，図書館や文書館の所蔵物は公衆にも利用可能であること，等が求められている（第108条(a)）。また，保存目的や損傷・紛失等の場合の交換目的によるコピーについては3部複製することが可能であるが，この

---

31) Princeton University Press v. Michigan Document Services, Inc., 99 F.3d 1381 (6th Cir.1996)
32) 前掲・第3章第1節2㈥参照

第 1 節　権利の侵害

場合にも，代替品の入手困難性，デジタル形式で複製されたコピー・レコードについては，デジタル形式で公に入手困難であること，等の要件をクリアする必要がある (第 108 条(b)(c))。また，図書館等の利用者の求めに応じてできるコピーの範囲・要件については第 108 条(d)(e)に規定が置かれている。108 条(g)は，別々の機会における同一著作物のコピーの複製や頒布が，それぞれ「独立しかつお互い関連していない」(isolated and unrelated) 場合に許されるものとし，逆に，同一著作物についての関連する複製・頒布や，図書館等が組織的に行なう複製・頒布については許されないものとする。但し，図書館等が相互協定 (interlibrary arrangement) を結びコピーの交換をすることは一定限度で許される。(第 108 条(g)(2))。

なお，非営利教育機関，図書館又は文書館や，職務の範囲内で行動するそれらの従業員による複製については，例えそれが著作権侵害を構成する場合であっても，自らの複製行為はフェア・ユースであると信じ又は信じることについて合理的な根拠がある場合においては，裁判所は法定損害賠償額を減額しなければならないとされており，この点においてもフェア・ユース上の配慮がなされているといえる (第 503 条(c)(2)(ⅰ))。

㈣　リバース・エンジニアリング

コンピュータ・プログラムのリバース・エンジニアリングは，上記の非営利教育目的のコピーなどと異なり，フェア・ユース上の扱いが第 107 条に掲げられているわけではない。たが，一般的には，リバース・エンジニアリングはフェア・ユースで認められる傾向にあるといえる。

その代表例が，<u>Sega Enterprises Ltd. v. Accolade, Inc.</u>[33]である。

第4章 権利の侵害と救済

本件は Accolade 社が，Sega が販売していた "Genesis" というゲーム機（コンソール）で遊べるゲームを売り出したいと考え，互換性の必要条件を探るために，まずリバース・エンジニアリングを行なった。その過程で Accolade 社は，市販されている Sega のゲームカートリッジに含まれているオブジェクトコード（機械が読解できるもの）をソースコード（人間が読解できるもの）に変換した。これは，「ディスアセンブル（逆アセンブル）」や「デコンパイル」と呼ばれるプロセスを用いたもので，ここにおいてはプログラムの複製行為を伴う。このような作業を経て，互換性の必要条件についての情報を盛り込んだマニュアルを作り，それをもとに "Genesis" と互換性のある独自のゲームを作った。なお，Accolade 社によると，互換性の必要条件についての情報を盛り込んだマニュアルは機能的な記載だけであって Sega のコードを含むものではなく，また，最終的に独自のゲームを開発した段階では Sega のプログラムは複製していない。

ただ，最終的な段階では複製はないとはいえ，逆アセンブルの過程では複製が行なわれている。この点について第9巡回区控訴裁判所は，著作権法の文言上，無断複製がどの段階で行なわれたかということについて区別していないことから，本件のような中間的な (intermediate) 複製も著作権侵害を構成しうるものとした。また，逆アセンブルの対象となっているオブジェクトコードについても著作物性があることを確認した。しかし，裁判所は，以下のように判断してフェア・ユースの成立を認めた。

まず，フェア・ユースの第1のファクター（利用の目的）については，究極的には Sega のゲーム機種 "Genesis" と互換性のあるゲームを販売することが究極の目的であるから商業目的であることは認

---

33) Sega Enterprises Ltd. v. Accolade, Inc., 977 F.2d 1510 (9th cir. 1992)

めつつも，直接的な目的は，互換性に必要な機能的な条件を研究することにあるのであり，商業目的があるという側面はそれほど重要ではないとした。むしろ，そのような行為により様々なゲームが市場に出ることが可能になるのであり，アイデアをもとにした様々な創作的な表現が成長することを意味する。これは著作権法が目的とするところに合致するのであり，公共の利益（public interest）にも適うものとした。また，第4のファクター（市場への影響）についても，Segaによる"Genesis"と互換性のあるゲーム市場に間接的な影響がありうることは認めつつも，これはAccoladeが合法的な競争相手となることを目的としているものであり，むしろ市場を独占しようとする行為は創作的な表現物を促進するという法の目的に相反することになるとした。こうして，第1と第4のファクターについては，Accoladeに有利なものであるとした。

第2のファクター（著作物の性質）については，裁判所はコンピュータ・プログラムの特性を確認。コンピュータ・プログラムは，人間には読解不能なオブジェクトコードの形式で頒布されていることが普通であるから，プログラムに含まれるアイデアや機能的な観念にアクセスしようとする場合，まずはオブジェクトコードを逆アセンブル（それには複製行為を伴う）をせざるを得ないものである。即ち，オブジェクトコードの逆アセンブルが，コードに含まれているアイデアや機能的な観念にアクセスするための唯一の手段であり，もしこれが違法であるとされるならば，プログラムの著作権者は，著作権では保護されないはずの機能的な側面についても事実上独占できることになってしまう。裁判所はこのように判断して，第2ファクターについてもAccoladeに有利なものであるした。

一方，逆アセンブルはSegaのプログラム全部を対象とするものであるから，第3ファクター（利用された部分の量及び本質性）はSega

第4章　権利の侵害と救済

に有利なものである。しかし，Sega に有利なのはこのファクターだけであり，以上を総合的に判断すると，本件はフェア・ユースであるとした。

　結局，表現とアイデアの区別を前提に，リバース・エンジニアリングが，著作権法で保護されないアイデアや機能的な要素にアクセスするために唯一の手段であり，そのアクセスについて合法的な利益がある場合に，フェア・ユースが認められている[34]。

　なお，デジタル・ミレニアム法（DMCA）は技術的保護手段を回避することを禁止しているが[35]，リバース・エンジニアリングについては例外規定が置かれている（第 1201 条(f)）。但し，ここで免責の対象となっているのは，他のコンピュータ・プログラムとの互換性を確保するのに必要な特定や解析を行なう目的の場合だけに限定され

---

34) このほか，Sony Computer Entertainment Inc. v. Connectix Corp., 203 F. 3d 596 (9th Cir.), *cert. denied*, 531 U.S.871 (2000) も，リバース・エンジニアリングについてフェア・ユースが認められた事案である。本件で，Connectix は，ソニーの PlayStation 用のゲームソフトを PC でも使用できるようにするためのプログラム（Virtual Game Station）を開発・販売したが，当該プログラム自体は，ソニーのソフトウエアを含んではいなかった。しかし，当該プログラムを開発する過程で，ソニーのソフトウエア・プログラムを繰り返しコピーしていたことから，このような中間的複製（intermediate copying）にフェア・ユースが認められるのかが問題となった。第 9 巡回区控訴裁判所は，中間的複製は，プログラムに含まれるアイデアや機能的要素にアクセスするために必要であるならばフェア・ユースとして保護されうるものであるとし，また，本件において Connectix の開発したプログラムによりソニーの PlayStation の売上は多少打撃を受けるかもしれないが，Connectix の開発したものは全く新しい商品としてソニーの PlayStation と合法的な競争関係にあることから，ソニー側への経済的損失はフェア・ユースを否定する理由にはならないとした。

35) 後掲・第 5 章第 2 節 4 （DMCA）参照

ている。従って，アイデアや機能的な要素を理解・研究することを純粋な目的とする場合については，同条項では免責の対象とはされないことになる。

第2節　訴訟手続と救済方法

I. 訴訟手続 (procedural matters)

㈠　訴訟提起要件

(1)　当事者適格

著作権に基づく排他的権利の「法的」(legal) 権利者又は「受益的」(beneficial) 権利者が，著作権侵害に対し訴えを提起できる（第501条(b)）。

「法的」権利者には，もともとの著作権者はもとより，その権利を譲り受けた者も該当するし，また，排他的ライセンスを受けた者も含まれる。なお，第201条(d)は著作権の可分性を前提に，各排他的権利はそれぞれ権利移転しうるとしているから，各排他的権利の譲受人，排他的ライセンシーも当事者適格を有している。また，共同著作者もそれぞれ訴訟を提起しうるが，同一著作物の他の共同著作者を著作権侵害で訴えることはできない[36]。

一方，「受益的」権利者とは，著作権の売上やライセンス収入などから一定額のロイヤルティを受け取ることと交換に，著作権の法的権利を手放した著作権者をいう。

(2)　前提要件

米国著作物についての著作権侵害訴訟は，著作権局への著作権の

---

36) Oddo v. Ries, 743 F.2d 630 (9th Cir. 1984)

登録(registration)が前提条件として必要である(第411条(a))。但し,仮に登録が拒絶された場合であっても,侵害の通知を訴状の写しと共に著作権局長に送達することで,訴訟提起は可能とされている(第411条(a))。なお,著作者人格権(第106条A(a))の侵害に基づいて著作者が訴える場合や,米国外の著作物についての著作権侵害訴訟を提起しようとする場合は,登録は訴訟提起の要件とはされていない。

また,民事訴訟を提起するには請求が生じた時から3年以内に訴訟を提起しなければならない,といった時期的な要件もある(第507条(b))。

(二) 裁判管轄 (jurisdiction)

(1) 事物管轄 (subject matter jurisdiction)

著作権法は連邦法であり,著作権法に基づく訴えは,連邦裁判所の専属管轄である。

28 U.S.C.§1338(a)は裁判管轄について次のように規定している。

(a) 連邦地方裁判所は,特許,植物変種保護,著作権及び商標に関連して行なう連邦議会の法律のもと生じるいかなる民事訴訟についても原管轄権を有する。そのような管轄権は,特許,植物変種保護及び著作権の事件については州の裁判所を排除する。

ただ,「著作権」についての訴訟であっても,純粋に著作権だけが争点になる訴訟ばかりではない。著作権は他の知的財産権その他の請求とも絡んで主張されることがありうるのであり,その場合に裁判管轄が連邦地裁となるのか州地裁となるのかは,訴えの核心部分を判断する必要がある。契約法は州法の領域であり,例えば,契約に基づいて著作権のライセンス料の支払を求めることが訴えの中心

であるならば州地裁の管轄となるが，契約の解釈に当たって著作権法の規定の解釈・適用が中心になるという場合は連邦地裁の管轄ということになるであろう。この点，不正競争法の主張が，著作権法，特許法，植物変種保護法又は商標法の実質的な関連する主張と併合されている民事訴訟については，連邦地方裁判所が原管轄権を有すると明記されている (28 U.S.C.§1338(b))。

なお，特許は著作権と同様の連邦地裁の管轄であるが，控訴裁判所レベルでは両者は裁判所が分かれ，著作権訴訟は各巡回区 (Circuit) の控訴裁判所で審理が行なわれるのに対し，特許訴訟は「連邦控訴裁判所」(Federal Circuit) という特許訴訟を主として扱う裁判所で統一的な審理が行なわれている。

(2) 人的管轄 (personal jurisdiction)

事物管轄は，訴訟物に着目して連邦裁判所か地方裁判所かを決定するものであるのに対し，訴訟当事者との関係で裁判所が管轄権を有するかを決定するものが，人的管轄 (personal jurisdiction) の問題である。

著作権についての人的管轄を直接定めた連邦法の規定はないものと思われるが，各州にはロング・アーム法 (long-arm statute) が存在する。これは，通常は管轄外であるような事件であってもその州の裁判所が被告に人的管轄を及ぼしうる場合を規定したものであり，連邦裁判所での著作権訴訟の際にも考慮される。加えて，人的管轄を判断する際は，米国憲法上の要請である「デュー・プロセス」(due process) が併せて考慮される。

この点について，ある第2巡回区控訴裁判所の判決では次のように整理して述べられている[37]。

第2節　訴訟手続と救済方法

「州法の問題として州ロング・アーム法により裁判管轄を行使しうる場合であっても、『裁判所は次に、その管轄権の行使がデュー・プロセスの要件に合致しているか否かを判断しなければならない。』……当事者と裁判が行なわれる州との間に『一定の最低限度の接触（minimum contacts）があり、……訴訟維持が、フェア・プレーと実質的正義（fair play and substantial justice）という伝統的な理念に背くものでないもの』でない限り、デュー・プロセス条項はその当事者に対しての人的管轄権の行使を許すものではない。最低限度の接触が存在するかの判断に当たっては、裁判所は『被告、裁判地（forum）及び当該訴訟の関係』を見る。裁判所は、その管轄権の行使が『（その）特定の事件の状況下で合理的である（reasonable）』かどうかに焦点を当てなければならない。」

このように「最低限度の接触」があるかがキーポイントとなっているが、インターネット上の行為から起因する紛争の場合は、どのような場合にこれを認めることができるかが問題となりうる。この点、ドメインネームに関する紛争であるが、Zippo Manufacturing Co. v. Zippo Dot Com, Inc[38]が、インターネットと裁判管轄について述べている考え方が参考になる。この判決は、インターネット上での商業的活動の性格や質の段階に応じて判断する考え方であり、被告がインターネット上で明らかに事業を行なっている場合にはそこに人的管轄を認めることは適切であるとする。逆に、被告が単に情報をウエブ・サイト上に載せて関心のある人がアクセスできるようにしているだけ（受動的なウエブ・サイト）の場合は、そこに人的管轄を認める基礎にはならないとする。そしてこれらの中間的に位

---

37) Fort Knox Music, Inc. v. Baptiste, 203 F.3d 193, 196-197 (2d Cir. 2000)
38) Zippo Manufacturing Co. v. Zippo Dot Com, Inc., 952 F.Supp. 1119, 1124 (W.D.Pa.1997)

置するのが，インタラクティブなウエブ・サイト（ユーザーがホスト・コンピュータと情報の交換が可能なもの）であり，これには幅があるとする。この場合には，ウエブ・サイト上での情報交換のインタラクティブ性と商業的な性格の程度をみて判断されることになる。

(3) 法廷地（venue）

事物管轄，人的管轄によって裁判所が管轄権を及ぼしうる範囲が確定できたとしても，管轄権のあるどの裁判所に訴訟提起をするのが最適であるかということとはまた別の話であり，これを決定するのが法廷地（venue）の問題である。

著作権訴訟についての法廷地は 28 U.S.C.§1400(a)で規定され，「被告又はその代理人が，居住し又は発見された管轄区で提起できる」とされている。このように居住地などを基本に判断され，侵害行為地は考慮の対象から外れている。

2．救済方法（remedies）

著作権侵害に対する民事的救済として，著作権法は，①差止（第502条），②没収・破棄（第503条），③損害賠償及び利益（504条），④訴訟費用及び弁護士費用（第505条）を規定している。

(一) 差止請求ほか（第502条，第503条）

第502条の差止救済は著作権侵害訴訟において伝統的に活用されてきたものであり，仮差止め，終局的差止めのいずれの場合にしても，著作権侵害を「防止し又は抑制するのに相当な条件のもと」認められる（第502条(a)）。仮差止命令が認められるためには，伝統的に次の4つの要素が考慮されている。即ち，①本案審理で勝訴できることの見込みがあること，②差止救済が認められない場合に取り

返しのつかない害悪が発生すること，③差止救済が認められないことによる目前の損害が，反対当事者に対する差止請求が認められることにより生じる損害より勝ること，④差止により公共の利益へ害悪をもたらすものではないこと，という4つの要素である。これらの事情なくして裁判所が仮差止請求を認めた場合は，裁量権の濫用があるとされることになる[39]。但し，「取り返しのつかない害悪 (irreparable harm)」については，詳細に立証しなければならないものではなく，著作権侵害に関して一応の推定 (prima facie) がなされる場合は，通常は仮差止めが認められる[40]。

第503条の没収・廃棄は，侵害があると主張されるコピーやレコードについて裁判所が相当と認める条件のもと没収し，また終局判決の一部として廃棄を命ずることができるとする救済方法である。

⇔ 損害賠償（第504条）

損害賠償として著作権法は，現実損害及び利益の賠償（第504条(b)）と法定損害賠償（第504条(c)）のいずれかを予定しており，このどちらで救済されるかについては，終局判決前であれば原告はいつでも選択できる[41]。

(1) 現実損害及び利益の賠償（第504条(b)）

これは，原告に現実に生じた損害 (actual damages) 及び被告が得た利益 (profits) を損害賠償として請求できるとするものである。し

---

39) Warren Pub., Inc. v. Microdos Data Corp., 115 F.3d 1509, 1516 (11th Cir. 1997)
40) Rushton v. Vitale, 218 F.2d 434, 436 (2d Cir. 1995) 参照
41) 著作権法第504(a), (c)(1)参照

かし，ダブルカウントは認められない。即ち，被告が得た利益として損害賠償として請求できるのは，侵害に起因するもので，かつ原告側の現実損害の算定において考慮されていないものに限られる。従って，例えば著作権者と侵害者とが同じ市場で競合している場合は，著作権者が侵害者の販売行為から被った現実損害で損害は全てカバーされているといえるから，それ以上に同一侵害物の販売からの侵害者側の利益を請求することはダブルカウントとなり，認められない。

「利益」の立証にあたっては，原告である著作権者としては侵害者の「総収入」(gross revenue) を証明することで足りる。一方，侵害者はこれを切り崩していく立証を行なうことになり，具体的には，①控除可能な費用や，②当該著作物以外の要因に基づく利益の要素（侵害行為に基づいた利益ではないこと）を立証していくことになる。

(2) 法定損害賠償（第504条(c)）

法定損害賠償制度 (statutory damages) は，法律が定める一定の範囲内で，裁判所が裁量により損害額を認定するというものである。現実損害及び利益の賠償の立証が困難である場合にも一定の範囲内での救済が保障されるということであるから，権利救済により資するものであるといえる。但し，法定損害賠償を受けるためには，著作権の登録 (registration) があることが前提である（第411条）。

法定損害額は原則として，各著作物について750ドル以上3,000ドル以内の範囲で裁判所が認定する（第504条(c)(1)）。しかし，侵害が故意による場合（willfully）は，最高額は150,000ドルまで増額されうる（第504条(c)(2)）。これに対し，著作権侵害について善意であり，または侵害していると信じる理由がないと認められる場合には，200ドルを限度として減額することができる（第504条(c)(2)）。また，非営

利の教育機関や図書館などが複製行為をする場合や，公共放送事業者などが発行された非演劇的言語の著作物を実演する場合などで，その著作物の利用がフェア・ユースであると信じ，又は信じたことに合理的な根拠がある場合にも減額の対象とされる(第504条(c)(2)(i)(ii))。

なお，州法である不法行為法の世界では，抑止効果を意図し，故意がある侵害者などに対して懲罰的な損害賠償を認めるのが一般的であるといえ[42]，また，特許法も懲罰的損害賠償を規定して，3倍までの増額を可能としている(特許法第284条)。これに対して，著作権法の場合はそのような懲罰的損害賠償に関する規定がなく，同法に基づく著作権法侵害訴訟において懲罰的損害賠償を求めることができないことは判例でも確認されている[43]。しかし，法定損害賠償は，故意による著作権侵害の場合は増額されうるのであり，しかもこの最高額は改正によって徐々に増額されてきている。著作権法上，懲罰的損害賠償の制度そのものは置いていないけれども，次に見る訴訟費用及び弁護士費用の認定が裁判所の裁量に委ねられていることも併せて考えると，著作権法も実質的には懲罰的損害賠償の趣旨を取り込んでいるものといえるであろう。

㈢ **訴訟費用及び弁護士費用**（第505条）

訴訟費用(costs)及び弁護士費用(attorney's fees)を認めるかは，裁判所の裁量に委ねられている。ただし，訴訟費用については，勝

---

[42] 不法行為法のリステイトメント(Restatement 2d of Torts)は懲罰的損害賠償に関する規定を置いている（第908条）。
[43] Oboler v. Goldin, 714 F.2d 211, 213 (2d Cir. 1983)(「懲罰的損害賠償は法定の著作権侵害訴訟においては利用できない」)

訴当事者・敗訴当事者のどちらにどの程度負担させるかについて一切裁判所の裁量に委ねられているのに対し，弁護士費用については，「勝訴当事者」(prevailing party) に与えられうるものである。なお，弁護士費用の救済についても著作権の登録が要件とされている（第412条）。

3．刑事罰（第506条）

故意に著作権を侵害した場合で，商業的な利益や私的な経済上の利益を得ることを目的としている場合などは，刑事責任を問われうる。また，他人を欺く目的で虚偽の著作権表示をしたり，著作権表示を除去したり，また著作権局への登録申請に際して虚偽の表示をした場合には，2,500ドル未満の罰金を科せられる。なお，著作者人格権（第106条A(a)）を侵害した場合については，本条は適用されない。

第 5 章　著作権以外の保護

本章は,「著作権」としては保護されないが, 著作権と同じ USC の第 17 編 (Title 17)（米国著作権法：1976 年法）に規定されている各種の権利について, その概略を示すこととする。

具体的には,
① 著作者人格権（米国著作権法第 106 条 A）
② 半導体チップの保護（米国著作権法第 9 章）
③ 家庭内録音法（米国著作権法第 10 章）
④ 音楽の固定（米国著作権法第 11 章）
⑤ DMCA（米国著作権法第 12 章）
⑥ 船体デザインの保護（米国著作権法第 13 章）
について取り上げる。

第 1 節　著作者人格権（第 106 条 A）

1．ベルヌ条約第 6 条の 2 (Article 6 bis)

著作者人格権 (moral rights of authors) については, ベルヌ条約がその第 6 条の 2 において規定を置いている。同条で予定されているのは, ①「著作者であることを主張する権利」(right to claim authorship of the work) と ②「著作物の歪曲, 切除その他の改変又は著作物に対するその他の侵害で自己の名誉又は声望を害するおそれのあるものに対して異議を申し立てる権利」(right to object to any distortion, mutilation or other modification of, or other derogatory action in relation to, the said work, which would be prejudicial to his honor or reputation) の 2 種類である。権利の内容は厳密には同じではないが，前者が日本の著作権法における「氏名表示権」（日本著作権法第 19 条）に，後者は「同一性保持権」（日本著作権法第 20 条）に対応しているものといえる。なお，日本の著作権法は，著作者人格権の内容として「公表権」（日本著作権法第 18 条）も保護しているところである。

著作者人格権は，財産的権利とは区別されるものであり，著作者は財産権的権利が移転された後においても，上記のような権利を主張できる（ベルヌ条約第 6 条の 2(1)）。このように，著作者人格権は著作者一身専属的な権利である。但し，著作者人格権自体は，著作者の死後においても，少なくとも財産的権利が消滅するまで存続するとされている（ベルヌ条約第 6 条の 2(2)）。

2．米国のスタンス

米国法で著作者人格権を保護している規定は，第 106 条 A である。この規定が設けられた深淵的な契機は，米国が 1989 年にベルヌ条約に加盟したことにあると思われるが，実は米国は著作者人格権の明文化には非常に消極的であった。実際，第 106 条 A は，1989 年のベルヌ条約執行法（BCIA）においてではなく，1990 年の，視覚芸術の著作者の権利に関する法律（VARA）においてあり，その保護内容も非常に制限的なものとされている[1]。

著作者人格権に対する米国の基本的なスタンスは，著作者人格権はあえて明文化しなくても，既存の連邦法や州法をあわせてみれば事実上保護されている，とするものである。例えば連邦法では，著

第1節　著作者人格権（第106条A）

作権法上も，翻案権（派生的著作物を作成する権利）についての第106条(2)，非演劇的な音楽の著作物の強制許諾についての第115条(a)(2)（「著作権者の明示の同意がある場合を除き，編曲は，著作物の根本的なメロディー（旋律）や根本的な性格を変えてはならない」と規定されている），著作者による権利付与があった場合の，権利付与の終了に関する第203条が，著作者人格権の保護に資するものであるといえる。ほかにも，連邦商標法（ランハム法）において出所等の不正表示について定める第43条(a)のほか，州法においても，パブリシティの権利，契約違反，詐欺と虚偽表示，不正競争法，名誉毀損及びプライバシー侵害に関連した権利の保護は，著作者人格権の保護に資するものである。一部の州（カリフォルニア州，ニューヨーク州等）では，一定の芸術の著作物について著作者人格権の保護立法を置いている。また，いくつかの判例では，著作者人格権に相当する権利が認められてきた。

　米国は，以上のような判断から，ベルヌ条約執行法においては，著作者人格権を連邦法上規定することはしなかった[2]。

　例えば，著作者人格権に関する代表的な判例としては，第2巡回区控訴裁判所による Gillman v. AmericanBroadcasting Co.[3] がある。モンティ・パイソンというイギリスのコメディ・グループがBBC放送局の番組用の台本を作成し，BBCはそれに基づいてテレビ番組を放送していたが，合意により，BBC側はマイナーな変更を除き台

---

1 ）著作者人格権についての米国著作権法と日本法との対比については，拙稿 Tsunashige Shirotori, *The Harmonization of Moral Rights －Comparative study of Moral Rights Protection in the United States and Japan*, 10 CASRIP Newsletter 11 (Spring-Summer 2003, Issue 2) も参照。
2 ）H.R.Rep. No. 609, 100th Cong., 2d Sess. 32-34 (1988)
3 ）Gillman v. American Broadcasting Co., 538 F.2d 14 (2d Cir. 1976)

第5章 著作権以外の保護

本の内容を勝手に変更してはならないとされていた。その後，米国内でのBBC番組の放送許可を獲得したTime-Life Films社から，ABC放送局が，モンティ・パイソンの番組の実演権（放送権）を獲得した。これについてモンティ・パイソンとBBC側は，ABCがモンティ・パイソンの各30分の番組を「そのまま（in its entirety）」放送するものと想定していた。しかし，ABCは3話をあわせて90分の特別番組とし，そこからコマーシャルに費やすべき時間を確保するため，番組のうち猥褻で問題のある部分を合計24分間分カットして放送した。そこで，当時は著作権法上認識されていなかった著作者人格権の侵害が問題となった。本件は勝手に番組内容を変更・切除するものであり，同一性保持権が明示的に問題になっている。

この点について第2巡回区控訴裁判所は，契約（ライセンス）違反であること，勝手に派生的著作物を作成しことによる翻案権の侵害があることを認めた。また，氏名表示権の面については，自己が作成したものではない著作物について著作者として表示されることは出所等についての不正表示があるものであり，ランハム法第43条(a)違反であるともしている。

また，Smith v. Montoro[4]は，俳優Paul Smithが出演した映画の配給会社（被告）が，映画のクレジットと広告物から，「Paul Smith」の名前を削除し，代わりに別の俳優「Bob Spencer」の名前を記載したというケースである。ランハム法第43条(a)（商標法第1125条(a)）は出所についての不正表示等を禁じているものであることから，Paul Smithが同条などに基づいて訴えを提起した。なお，このように本件は，氏名表示権が問題になっているといえる。

この点について第9巡回区控訴裁判所は，ランハム法第43条(a)

---

4) Smith v. Montoro, 648 F.2d 602 (9th Cir.1981)

は，被告が自己のものに他者の名前を付ける，いわゆる詐称通用 (passing off)（なお，palming off ともいう）だけでなく，本件のように，被告が他者（原告）のものからその名前を削除する，いわゆる逆詐称通用（reverse passing off）も含むとした。逆詐称通用（なお本件の場合，別の俳優の名前を明示的に付しており，これは「明示的逆詐称通用」(express reverse passing off) と呼ばれる）の場合は，名前を削除することによってその名前の広告的・商業的価値を奪うことになり，また，消費者（視聴者）は製品の本来の出所を知る機会を奪われ，出所について誤認をすることにもなりうるからである。出演した映画のクレジットに正しく名前が表示されることは，映画俳優にとって，自分の「サービス」即ち演技を売ることを可能にする上で非常に重要なことであり，本判決は，詐称通用と「経済的に同等な (economically equivalent)」行為である逆詐称通用についても，ランハム法第43条(a)に基づいて訴えることができると判示したものである。

以上のように，直接的ではないにしろ，様々な観点から著作者人格権保護が可能であり，著作者人格権の保護としては，米国としては当初はそのような保護で満足していたようである。ただ，著作者人格権について連邦法上の明文規定が全くないということに疑念が生じたためであろうか，ベルヌ条約執行法から1年後の1990年の改正では，非常に制限的なものではあるが，州制定法におけるのとほぼ同じような内容の著作者人格権に関する規定を第106条Aとして置くことになった[5]。

---

5) これにより，第106条Aと重なる内容の州法の保護は，第106条Aにより専占されることになる点に注意（第301条）。

3．権利の内容・範囲（第106条A）

㈠　権利の種類

(1)　氏名表示権（right of attribution）

著作権法は，氏名表示権として，ベルヌ条約第6条の2で定めている「著作者であることを主張する権利」のほかに，自分が作成していない視覚芸術の著作物について自己の名前が著作者名として表示されないようにする権利を定めている（第106条A(a)(1)）。また，著作者は，自己の名誉又は声望を害するような歪曲，切除その他の改変があった視覚芸術の著作物について，自己の名前が著作者名として表示されないようにする権利も有している（第106条A(a)(2)）。

(2)　同一性保持権（right of integrity）

著作権法は，ベルヌ条約第6条の2に対応し，同一性保持権として，意図的に自己の名誉又は声望を害するおそれのあるような歪曲，切除その他の改変がなされないようにする権利を定めている。故意の歪曲，切除その他の改変はそのような権利の侵害になる（第106条A(a)(3)(A)）。また，著作者は，名声が認められる著作物が意図的に破壊されないようにする権利を有しており，故意または重過失によるそのような著作物の破壊は，この権利の侵害となる（第106条A(a)(3)(B)）。

もっとも，建築物に組み込まれ又は建物の一部となっている視覚芸術の著作物の場合，著作者人格権は制限されており（第113条(d)），同一性保持権は同条項による制限の範囲内で保護されることになる。第113条(d)はそのような視覚芸術の著作物の除去に関する規定であ

り，その除去が，著作物の破壊又は歪曲，切除その他の改変をどうしても伴う場合については，同一性保持権は制限される（第113条(d)(1)(A)）。また，著作物の除去により著作物の破壊又は歪曲，切除その他の改変がなされることについて，1990年12月1日より前の場合は著作者の同意，それ以降の場合は著作者が署名（サイン）した文書による同意がある場合は，同一性保持権は制限されることになる（第113条(d)(1)(A)）。一方，そのような破壊又は歪曲，切除その他の改変なしに著作物を除去できる場合には，建物の所有者が著作物除去の意思を著作者に通知することについて誠実かつ善意の努力を行なったが通知できなかった場合，又は，そのような通知の受領者が，通知受領後90日以内に著作物の除去又は除去費用の支払を行なわなかった場合には，同一性保持権（氏名表示権についても）は制限される（第113条(d)(2)）。

㈡　権利の及ぶ範囲

(1)　適用される著作物の範囲

ベルヌ条約第6条2は，著作者人格権の適用される著作物の範囲を制限してはいないが，著作権法第106条Aは，その範囲を視覚芸術の著作物（work of visual arts）に制限している。しかも，第101条にその範囲が定義されているとおり，非常に狭い範囲の著作物となっている。

「視覚芸術の著作物」は以下の条件を満たすものをいう（第101条："work of visual art"の定義）。

① 絵画，デッサン，版画又は彫刻であり，1点のみ存在するか，著作者により署名（サイン）とともに通し番号が付された200点以下の限定版として存在するものをいい，彫刻の場合は，

第5章　著作権以外の保護

　　　鋳造され，彫刻され又は組み立てられた200点以下の彫刻で，著作者により通し番号が付され，書名（サイン）その他著作者を表すマークを有するものをいう。又は，
② 展示のみを目的として制作されたスチール写真画像であって，著作者に署名（サイン）されたものが1点のみ存在するか，著作者により署名（サイン）とともに通し番号が付された200点以下の限定版として存在するものをいう。
③ 但し，視覚芸術の著作物には次のものは含まない[6]。
　(A) (i) ポスター，地図，地球儀，海図，技術図面，図表，模型，応用美術，映画その他の視聴覚著作物，書籍，雑誌，新聞，定期刊行物，データベース，電子情報サービス，電子出版物，
　　　　若しくは類似の出版物
　　 (ii) 販売用商品，又は，広告用，販売促進用，説明用，表紙用若しくは包装用の中身や容器
　　 (iii) (i)又は(ii)に掲げる物品の一部

---

6) 適用関係が問題になったケースとしては，例えば，Carter v. Helmsley-Spear, Inc., 71 F.3d 77 (2nd Cir.1995), *cert. denied*, 517 U.S. 1208 (1996) がある。原告の彫刻家らは，ビルの所有者との契約により，賃金や税控除，保険の恩恵などを受けつつ，ビルのロビーに彫刻作品を作っていたが，ビルの所有者の倒産後，新しいビルのマネージャーからは，当該作品を解体するように求められた。そこで当該彫刻家らは，第106条Aに基づき，作品の解体を禁じる訴えを提起した。なお，この作品は何百という部分から構成され，ビルの上の方まで広がりをもつ"walk-through"式の彫刻作品であった。第2巡回区控訴裁判所は，各部分ごとの作品でなく，全体を1つの作品として判断すべきであるとし，また，本件は純粋美術（fine art）であり，応用美術（applied art）ではなく，たとえ展示品の一部が実用品に取り付けられた場合であっても，応用美術の要素を取り入れているというだけで視覚芸術についての著作者人格権が否定されるものではないことを明らかにしている。もっとも，本件作品の場合，彫刻家らは，賃金を毎月支払われ雇われていたことから「職務著作物」であり，結局は第106条の保護は受けられないケースであった。

250

第1節　著作者人格権（第106条A）

(B)　職務著作物
(C)　著作権法による著作権の保護の対象とはならないもの

(2)　権利の行使者

　著作者人格権は、誰が著作権者であるかに関わらず著作者が行使しうるものであり、共同著作物の場合は、共同著作者は著作者人格権の共有者となる（第106条A(b)）。

(3)　移転・放棄

　著作権は著作者に一身専属の権利であるということからすれば、著作者人格権は移転とともに放棄もできないはずである。しかし著作権法は、移転は不可能としつつも、一定の条件のもと放棄を可能とした（第106条A(e)(1)）。これは、アーティストの代表者、商業的利用者その他の利害関係者からのヒアリングを経たうえで連邦議会が判断した結果である。即ち、連邦議会は、アーティストらの著作者人格権は絶対的なものであるべきではなく、アーティストが不当にその権利を放棄させられるようなことがない限り商業的現実により軽減されるべきものであると考え、放棄の対象となる著作物を特定して文書に署名（サイン）した場合に限り、放棄ができるものとしたものである[7]。また、共同著作物の場合、著作者の一人が行なう権利の放棄は、全ての著作者について当該権利を放棄するものとされている。

---

7) Final Report of the Register of Copyrights "Waiver of Moral Rights in Visual Artworks" (March 1, 1996) at i. なお、この報告書は、「放棄」条項についての研究報告書を連邦議会が著作権局長に求めていたもので、要約部分（Executive Summary）は著作権局のウェブ・サイト〔http://www.copyright.gov/reports/exsum.html〕で参照できる。

第5章　著作権以外の保護

なお，著作者人格権は著作権とは明確に区別されるものであることは，第106条Aにおいて明確に述べられている（第106条A(e)(2)）。従って，著作権（排他的権利）を移転したからといって著作者人格権が移転・放棄されるわけではないし，著作者人格権が放棄されたからといって著作権が移転・放棄されるわけでもない。

㈢　保護期間

視覚芸術の著作物の保護期間は，VARAの定める発効日（1990年12月1日）より前に創作されたか否かにより異なっている（第106条A(d)）。

1990年12月1日以降に創作されたものについては，著作者の生存期間が保護期間である。

一方，1990年12月1日より前に創作されたもので，その権原がその日より前に移転されていない場合については，著作権と同じ期間（従って，原則として著作者の死後70年まで）存続し，著作権と同時に消滅する。

一方，共同著作物であり著作者が複数いる場合は，最も長生きした著作者の生存期間が保護期間である。なお，終期については，保護期間が満了することとなる暦年の終わりまで存続する。

第2節　その他の保護（第900条以下）

1. 半導体チップの保護（第9章）

　これはマスク・ワークを保護するため1984年の半導体チップ保護法（Semiconductor Chip Protection Act of 1984）（略称：SCPA）によって創設された規定である。これは著作権とも特許とも異なる，「独自の」(sui generis) 保護である。第900条台（第9章）に規定が置かれている。マスク・ワークとは，半導体チップに組み込まれている様式・デザインのことであり，保護されるためには半導体チップに「固定」される必要があり（第901条(a)(3)），また，「オリジナルでない」ものや，「汎用，平凡又はよく知られている」(staple, com-monplace, or familiar) デザインについては保護されない（第902条(b)(2)）。なお，マスク・ワークの所有者の名前のほか，"mask work" の語，＊M＊の記号，あるいは，丸の中にMを書いたものをもってマスク・ワークの表示をすることができるが，表示は保護の要件ではない（第909条）。

　マスク・ワークについての排他的権利としては3種類が予定され，①光学，電気その他の手段によるマスク・ワークの複製，②マスク・ワークが組み込まれている半導体製品の輸入又は頒布，③①又は②の行為を他人にそそのかし，または知りながら他人に行なわせしめたこと，についてマスク・ワークの所有者は排他的権利を有する（第905条）。但し，これについてはリバース・エンジニアリングによる制限規定があり，分析や評価を目的としたマスク・ワークの複製のほか，その者が分析や評価を行なった成果を，彼らオリジナルのマスク・ワークに組み込むことも許されている（第906条(a)）。その他

にも，ファースト・セール・ドクトリン（第906条(b)）や善意の侵害（第907条）などについて権利制限規定が置かれている。

マスク・ワークは著作権局で保護請求の登録ができるが（第908条)，その登録があった日，又はマスク・ワークが世界のどこかで最初に商業化された日の早い日から起算して10年間が保護期間である（第904条)。

2．家庭内録音法（第10章）

これは，デジタル録音技術の急速な発展に対応するため1992年に登場した改正法である（Audio Home Recording Act of 1992)。第1000条台（第10章）に規定が置かれている。ここで対象としているのは，ひとつにはコピー制御（コントロール)，もうひとつはロイヤルティ（補償金）の支払である。

第1002条はコピー制御についての規定であり，連続コピー制御システム（SCMS）を内蔵しないデジタル音声録音装置（digital audio recording device）やデジタル音声インターフェース装置を輸入，製造又は頒布することを禁止し，また，そのシステムを実行するプログラムを回避することを主たる目的とする装置を輸入，製造又は頒布したり，そのようなサービスを提供しようとすることなどを禁止している。

なお，「デジタル音声録音装置」とは，「私的使用のデジタル音声コピー録音を行なうことを主たる目的とする」個人が使用する装置をいい，個人が使用するコンピュータは含まれない。これは ***Napster*** 判決[8]で示されているとおりであるが，この点はそもそも，<u>Recording Industry Ass'n of America v. Diamond Multimedia Systems,</u>

8）前掲・第4章第1節2㈡

Inc.[9] に依拠したものである。同ケースでは，Rio というポータブルなデジタル音声プレーヤーが「デジタル音声録音装置」といえるのかが問題になった。Rio は，MP3 音楽ファイルをコンピュータ・ハードドライブからコピーしておいて後から聞けるようにできるプレーヤーである。Rio には SCMC は内蔵されておらず，その販売について補償金も支払われていなかった。しかし，「デジタル音声録音装置」は上記の定義の通り，「デジタル音声コピー録音を行なうことを主たる目的とする」装置であり，「デジタル音声コピー録音」とは「デジタル音楽録音物」の複製をいう。なお，ここで「デジタル音楽録音物」とは，「音声及び固定されたそれらの音声に附属する資料，記述又は説明のみがデジタル録音形式で固定された有体物」をいう(第1001条)。第9巡回区控訴裁判所は，コンピュータ・ハードドライブはデジタル音声コピー録音を行なうことを主たる目的とするものではないから「デジタル音声録音装置」には該当しないとし，コンピュータ・ハードドライブに固定された音楽ファイルも，定義上，「デジタル音楽録音物」には含まれないものとした。そして，Rio は「デジタル音楽録音物」をコピーしたものではないから「デジタル音声録音装置」には当たらない，としている。

第1003条以下は，ロイヤルティの支払についての規定である。デジタル音声録音装置やデジタル音声録音媒体を製造，輸入して販売する場合には，第1004条に定めるロイヤルティを支払うことが義務付けられている（第1003条）。ロイヤルティを受けうる資格・分配方法については第1006条，具体的な分配手順については第1007条において定められている。

---

9) Recording Industry Ass'n of America v. Diamond Multimedia Systems, Inc., 180 F.3d 1072 (9th Cir. 1999)

なお，デジタル音声録音装置，デジタル音声録音媒体，アナログ録音装置，アナログ録音媒体を製造，輸入，販売（配布）することや，デジタル音楽録音物やアナログ音楽録音物を作成するそれらの装置・媒体の消費者が非商業目的で利用することについては，著作権侵害として訴えられることはないことが明記されている（第1008条）。一方，第1002条及び第1003条違反がある場合には，損害賠償を求めて連邦地裁に民事訴訟を提起することができる（第1009条）。

3．音楽の固定（第11章）

これは1994年のウルグアイ・ラウンド協定法（Uruguay Round Agreements Act of 1994）において設けられたものであり，第11章に規定が置かれている。といっても第11章には第1101条しか存在しない。

第1101条は，録音物及び音楽ビデオの無許諾の固定や取引を禁じた規定である。ここで対象とされているのは実演家の権利であり，実演家の許諾なしに以下の行為をすることが禁じられている。

(1) 生の音楽実演の音声や映像をコピーやレコードに固定したり，無許可で固定したものからその実演のコピーやレコードを複製すること。
(2) 生の音楽実演の音声や映像を公衆に送信その他伝達すること。
(3) (1)により固定（固定は米国内で行なわれたものであるかを問わない）されたコピーやレコードを頒布，販売又は貸与したり，頒布，販売又は貸与を申し出ること。また，それらのコピーやレコードを，対価を得て他者に輸送，移転等したり，輸送，移転等を企図して作成・支配したりすること。

これらの行為を行なった者は，著作権の侵害者と同じ範囲で，第

第2節　その他の保護（第900条以下）

502条から第505条に定める救済方法の規定が適用される（第1101条(a)(b)）。

著作権法は保護の要件として「固定」を必要としているのであり，米国憲法第1編第8条第8項（特許・著作権条項）が固定物（Writing）のみを予定していると解するのであれば，未固定の実演を保護しようとする本条は，著作権とは別のものとして捉えざるをえないように思われる。むしろ，本規定は海賊版対策としての意義が強く，無断に固定されたコピーやレコードの取引の禁止を意図している点で，憲法上の根拠としても，「特許・著作権条項」よりも，商標法などと同じ「コマース条項」に親和性があるものといえる。また，条文の文言をみても著作権とは区別されているようであるし（「……著作権の侵害者と同じ範囲で……」），特に重要な特徴は，保護期間に関する規定（制限）がないということである。従って，「特許・著作権条項」にいう「限られた期間」（limited times）を設定していないのであるから，いずれにしても「特許・著作権条項」を根拠とする著作権であるとみることは困難であると考えられる。

なお，本条は州法による保護を専占するものではない（第1101条(d)）。本条は，ウルグアイ・ラウンド協定法の制定日である1994年12月8日以降の行為に適用されている（第1101条(c)）。

4．DMCA（第12章）

㈠　概　要

1998年のDMCA（デジタル・ミレニアム法）では，OSPの責任制限規定（第512条）と合わせて，技術的な保護手段の回避についての規定（第1201条）と，著作権の権利管理情報の改ざんに関しての規

257

定 (第 1202 条) を設けている。これは, WIPO 著作権条約及び WIPO 実演・レコード条約における規定に対応したものである[10]。

(1) 技術的保護手段の回避の禁止 (Anti-circumvention)

DMCA で対象とする技術的保護手段の回避の禁止 (第 1201 条) については, まず技術的保護手段の種類により, (a)アクセス・コントロール (著作物へのアクセスを制限) のためのものであるか, (b)著作権者の権利を保護 (著作物のコピー制限など) するためのものであるかによって場合分けがされている。また, 技術的保護手段の回避行為の形態を見た場合, (1)回避行為を直接行なう場合と, (2)間接的に行なう場合とが考えられる。間接的に行なう場合としては, 技術的保護手段を回避することを主たる目的とした装置等について, 製造, 輸入, 提供その他の流通・取引を行なう場合が該当する。従って, 以上を組み合わせることにより, 技術的保護手段の回避についての DMCA の規定は次のように整理できる。

	(a)アクセス・コントロール措置	(b)権利保護措置
(1) 回避行為	第 1201 条(a)(1)	(該当規定なし)
(2) 回避装置等の流通	第 1201 条(a)(2)	第 1201 条(b)

このように, 権利保護の為の技術的措置の回避行為については, 回避装置等の流通のみが禁止対象とされ, 回避行為自体については

---

10) 前掲・第 1 章第 3 節参照 (技術的保護手段回避規定は WCT 第 11 条及び WPPT 第 18 条, 権利管理情報の改ざんについては WCT 第 12 条及び WPPT 第 19 条で規定している)。

特に規定は設けられてはいない。

アクセス・コントロールの保護手段の回避行為については第1201条(a)(1)(A)に規定が置かれており、それに続く第1201条(a)(1)(B)及び(C)ではその例外を定めている。ここにおいては、連邦議会図書館長が著作権局の建議に基づき、同条項の禁止の対象から除外されるべき種類の著作物を規則において定めるべきことが規定されており、具体的には、言語の著作物（コンピュータ・プログラムやデータベースを含む）であって、機能不全、損傷又は老朽化によりアクセス不能になったものなどについては、第1201条(a)(1)(A)から除外されるものとされている[11]。なお、第1201条(a)(1)(A)はDMCAの施行（1998年10月28日）の2年後から発効している。

DMCAはこの他にも、第1201条(d)以下で、回避の禁止が及ばない例外規定を置いている。例えば、非営利の図書館が著作物のコピーを入手するか否かを決定するために、他の方法では合理的に入手することのできない著作物についてアクセスを行なうことは免責されている（第1201条(d)(1)）。また、リバース・エンジニアリングについても例外規定を置き、他のコンピュータ・プログラムとの互換性を確保するのに必要な特定や解析を行なうという目的の場合に限り、著作権侵害とならない範囲で技術的手段を回避し、又は回避のための技術的手段を開発することが免責されている（第1201条(f)）[12]

また、以上のような例外規定は適用の対象が限定されている場合があるので注意を要する。例えば、第1201条(d)(1)は上記の技術保護

---

11) [http://www.loc.gov/copyright/1201/anticirc.html] 参照。なお、これは2000年10月28日から2003年10月28日までの例外規定である。このような例外事項についての定めは、3年ごとに連邦図書館長によって行なわれることになっている（第1201条(a)(1)(C)）。
12) 前掲、第4章第1節3㈣参照（リバース・エンジニアリング）

手段の回避についての DMCA の 3 つの類型のうち，第 1201 条(a)(1) についてのみの適用除外となっている。

　ここで重要なのは，技術保護手段回避についてのこれらの禁止，また次にみる著作権管理情報の改ざんは，あくまでも著作権とは区別されるということである。それらの禁止違反は「著作権」侵害ではないから，著作権に関する法理であるフェア・ユースその他は適用がない（第 1201 条(c)）。また，*Sony* ケース（ベータマックス事件）では，著作権についての寄与侵害の判断に際し，「実質的な非侵害の使用」であるかを考慮していたが[13]，このような考え方もここでは適用されないことになる。

(2) 著作権管理情報（Copyright Management Information）

　著作権管理情報（Copyright Management Information）は，別名"CMI"と呼ばれることもある。技術的保護手段回避の場合と同様に，著作権管理情報の改ざん等の禁止（第 1202 条）は，著作権とは区別されるものである。本条で具体的に禁止の対象となるのは，①虚偽の著作権管理情報を提供し又は頒布（頒布のために輸入する場合を含む）すること（第 1202 条(a)），②著作権管理情報を除去し又は改変すること（第 1202 条(b)）である。但し，政府職員などによる正当な調査等など一定の場合には適用が除外・制限されている（第 1202 条(d)(e)参照）。

(3) 救済方法（第 1203 条）

　以上の DMCA の規定は著作権とは区別されるということは，救済方法を著作権法とは別に定めているという点にも端的に表れてい

---

[13] 前掲，第 4 章第 1 節 1 (二)(3)（「寄与責任」）

る。

同条はまず，第1201条違反及び第1202条違反については連邦裁判所（連邦地方裁判所）が民事訴訟の裁判管轄である旨を明示している。損害賠償命令としては，著作権の場合と同様に，現実的損害賠償と法定損害賠償の2種類を予定しているが，法定損害賠償の法定額の枠は，著作権の場合に比べてかなり低く設定されている（2,500ドル以上25,000ドル以下）。また，現実的損害賠償・法定損害賠償の別を問わず，3年以内に再度違反した場合は，損害賠償額を3倍まで加重できるとしている。法定損害賠償制度の枠内で意図的な侵害を捉える著作権の場合と異なり，DMCAにおいては懲罰的損害賠償制度を救済方法として取り入れているといえるであろう。

(4) 刑事罰（第1204条）

商業的な利得や私的な経済的利益を得ることを目的として第1201条や第1202条を意図的に違反した場合は，初犯の場合は500,000ドル以下又は5年以内の禁固，複数犯の場合は1,000,000ドル以下又は10年以下の禁固が課せられることになる。但し，本条に基づく刑事手続きは，訴因発生後5年以内に行なわれなければならないという時期的な制約がある。

㈡ **DMCAの合憲性**

DMCAは1988年に出されたものなのでまだ十分な数の判例が積み重なっていないといえるが，その中で，表現の自由との関係で合憲性が争われたケースがある。それが，<u>Universal City Studios, Inc. v. Corley</u>である。

第5章　著作権以外の保護

判例 **Universal City Studios, Inc. v. Corley, 273 F.3d 429（2nd Cir. 2001）**

---

1. 事案の概要

DVDの映画のコピー制御のためにCSS（Content Scramble System）という暗号システムが採用されていたが，Jon Johansenというノルウェーの10代の少年が，DVDプレーヤーをリバース・エンジニアし，暗号解読プログラム「DeCSS」を開発した。本件は，CorleyがそのDeCSSのコピーを自分のウエブ・サイトに載せ（post），また，自分のウエブ・サイトに，DeCSSを見つけることのできる他のウエブ・サイトへのリンクを貼り付けた（linking）。

連邦地裁では，原告らの求めに応じ終局的差止請求を認め，Corleyに対し，DeCSSをウエブ・サイトに載せないこと，またDeCSSを含むほかのウエブ・サイトにハイパーリンクをすることで故意にリンクさせないことを命じた[14]。連邦地裁はまた，DeCSSは，アクセス・コントロール手段を回避するための技術であり第1201条(a)(2)の違反であるとし，Corleyによる合憲性の反論や差止命令についての反論なども退けている[15]。

そこでCorleyは，控訴審ではDMCAの合憲性についての論点に特化した。Corleyは，コンピュータ・コードも「スピーチ」であり，DeCSSを広めることがDMCAに該当して違法であるというのは修正第1条（表現の自由）に違反する，などと主張した。

2. 判旨

裁判所はまず，合憲性のための限定解釈を行なっている。例え

---

[14] Universal City Studios, Inc. v. Reimerdes, 111 F. Supp. 2d 346 (S.D.N.Y. 2000)

[15] Universal City Studios, Inc. v. Reimerdes, 111 F. Supp. 2d 294 (S.D.N.Y. 2000)

第 2 節　その他の保護（第 900 条以下）

ば，第 1201 条(c)(1)は，本条の規定はフェア・ユースに影響がないとしているが，この点について Corley は，フェア・ユースが適用される著作物の暗号技術回避は行なってもよいはずだとする広い解釈を展開していた。しかし裁判所はこれを否定。DMCA は明らかに，著作権がある素材を保護するデジタルウォールの「回避」（及び回避装置の流通）を標的としているのであって，回避が行なわれた後のその素材の利用については規律していない。第 1201 条(c)(1)は，DMCA に抵触して違法に取得した情報であっても，その情報を「フェア・ユース」することまで DMCA は禁じてはいないことを確認しているものである，とした。

また，Corley は，DMCA はパブリック・ドメイン（公有）に属する著作物まで独占できることになってしまう，と主張していたが，裁判所は，時期尚早で不確かな（premature and speculative）議論であるとして一蹴した。

表現の自由との合憲性の議論については概要，次のように述べている。

裁判所はまず，人間が読めない言語で書かれているコンピュータ・コードであっても修正第 1 条にいう「スピーチ」に該当する（人間が理解できるかは関係ないから）とし，コンピュータ・プログラムについても「スピーチ」であるとした。そして，スピーチ制限の合憲性の判定基準は，内容規制（content-based restrictions）か内容中立規制（content-neutral restriction）によって異なり，後者の場合は前者よりも基準が緩やかであることを示している。但し，コンピュータ・コードは，人がコードを含んだディスクをコンピュータに挿入して初めて作動するものであるという機能上の特殊性があることから，修正第 1 条の保護においても制限がありうるのであ

第5章 著作権以外の保護

り，そのような制限は，不正（違法）にアクセスすることを目的とする暗号解読コードにしても同じであるとした。

Corley の行為のうち，ウエブ・サイト上へ載せたこと (post) については，これを禁じうる DMCA の流通禁止規定 (anti-trafficking provision) は内容中立規制であることを裁判所は確認した。これは，DeCSS がコンピュータを指示して CSS を解読できるという機能 (nonspeech の側面) に着目した規制であり，どの程度解読できるかということ (speech の側面) を問題にする規制ではないからである。そして，内容中立規制の合憲性判断基準としては，①規制が実質的な政府の利益に合致すること，②その利益は表現の抑圧に関わるものではないこと，③付随的にスピーチを制限する場合であっても①の目的達成のために必要最小限度のものであること，が求められるとした。本件では，不正アクセスを防止することについて①②の要件はクリアするとし，③についても，目的達成のために他にも取りうる手段はありうることは認めつつも，目的達成のために必要最小限の措置であるとして，DeCSS をウエブ・サイトに載せることを禁じた行為は，これらの基準を満たすものとした。

次に，Corley による，ハイパーリンクによるリンク付け (linking) の制限についての合憲性の検討を行なった。裁判所は，下級審の考え方を紹介し，ハイパーリンクはスピーチの要素とスピーチではない要素を併せ有していること，ハイパーリンクの機能的な能力のみに着目した制限であるから内容中立規制であることを確認。上記①〜③の基準も満たすとし，合憲性を認めた。

なお，Corley は，DMCA は著作物のフェア・ユースを非合憲的に排除するものであるとも主張していた。しかし，裁判所は次のような理由からこの主張も否定した。

第2節　その他の保護（第900条以下）

> 　まず，これまでの最高裁判決ではフェア・ユースが憲法上の要請であると判示したものはないとしている（もっとも，本裁判所は，いくつかの最高裁判決の意見はそのような要件を示していると見うる余地があることは認めている）。また，Corley らは著作権のある素材のフェア・ユースを主張しているものではなく，それらの素材に不正にアクセスできるための暗号解読コードの流通を禁じられているに過ぎないが，DMCA のそのような流通禁止条項によるフェア・ユースへの影響については，未だ問題を指摘するのに熟した証拠がないとした。また，Corley は，DVD の映画のフェア・ユースは，憲法上，オリジナルのフォーマットでオリジナルの作品をコピーすることを要請するものであると主張していたが，フェア・ユースは，最高の方法によって，又はオリジナルと全く同じ形式でコピーすることまで保証するものではないとした。
>
> 　第2巡回区控訴裁判所は，以上のように判断して連邦地裁の判決を支持した。

　以上のように，本判決によって DMCA の合憲性が確認されたところであるが，課題は依然として残されているといえる。特に，本判決は，DMCA はパブリック・ドメイン（公有）に属する著作物まで独占できることになってしまうのではないかという Corley の主張について，時期尚早で不確かな議論であるとして判断してはいないが，実際問題としては，これが一番大きな問題といえるであろう。また，DMCA のこれらの規定は著作権ではないが，それでは果たしてその憲法上の根拠はどこに求められるのかという問題もある。

5．船体デザインの保護（第13章）

　実はこの保護は，デジタル・ミレニアム法の一つとして設けられ

第 5 章 著作権以外の保護

たものであるが, 船体デザイン保護法 (Vessel Hull Design Protection Act of 1998) としても知られるものである。第 1300 条台 (第 13 章) に規定が置かれている。

これまでも, 船体のデザインの保護は意匠特許による保護が可能であったが, 保護要件は厳しいものであるし, 保護は限られていたといえる。一方, 州において, 例えばフロリダ州は, 船体デザインを真似するためのモールディング方法の使用等を禁じる立法をかつて制定していた。しかし最高裁は, これは州法で特許類似の保護を設けるものであり, 憲法の最高法規条項のもと当該州法は連邦法により専占されると判断した。これが第 1 章で紹介した ***Bonito Boat*** 判決[16]である。このような判決も経て,「独自の」(*sui generis*) 保護として船体デザインが保護されるに至ったものである。

ここで保護の対象となる実用品のデザインは, それを「購入又は使用する公衆に対して, その外観において惹きつけ又は特徴的な」オリジナルなデザインであることが, 大前提として必要である (第 1301 条(a)(1))。そして, マスク・ワークの保護と同じように,「オリジナルでない」ものや,「汎用, 平凡」なデザインは保護されないし, また, 実用的な機能だけから導かれるデザインも保護されない (第 1302 条)。デザインは, 展示・頒布・販売された時点で公にされたことになるが (第 1310 条(b)), デザインを公にする場合には表示をすることが求められている (第 1306 条)。表示するべき内容は, ① "Protected Design" 等の言葉・記号 (他に可能なものとしては, 省略語 "Prot'd Des." 又は*D*の文字, あるいは, 丸の中にDを書いたもの), ②デザイン保護が始まる年, ③保有者の名前, である。また, ここ

---

16) Bonito Boats, Inc. v. Thunder Craft Boats, Inc., 489 U.S. 141 (1989) (前掲・第 1 章第 1 節 2)

第 2 節　その他の保護（第900条以下）

では登録が保護条件として必要とされ，デザインが最初に公にされた日から 2 年以内に登録の申請をしない場合は，保護が失われることになる（第1310条）。保護期間は，登録の日又はデザインが最初に公にされた日の早い日から起算して 10 年間である（第1304条，第1305条）。

権利内容は第1308条に規定されている。即ち，デザインの保有者は，① デザインが組み込まれている実用品の販売又は取引上の使用のため，作成したり，作成させたり，又は輸入すること，若しくは ② その実用品を販売したり，販売若しくは取引上の使用のために頒布すること，について排他的権利を有している。但し，善意による侵害の場合や教育・分析目的での複製の場合などは，侵害にはならない（第1309条(a)(g)）。侵害に対する救済は，第1321条以下に定めが置かれている。差止請求も可能である（第1322条）。

なお，以上の保護は意匠特許に比べるとより簡便でコストもかからない保護であるといえるが，意匠特許も取得できた場合の扱いはどうなるか。この点について第1329条は，「特許法に基づく意匠特許の保護が発生した場合は，本章によるオリジナルなデザインの保護は終了する」と規定している（第1329条）。

I 判例索引

A

A&M Records, Inc. v. Napster, Inc., 239 F.3d 1004 (9th Cir.2001)
　[*Napster*ケース] ···201-206
ABKCO Music, Inc. v. Stellar Records, Inc., 96 F.3d 60 (2d Cir.1996) ······155
American Geophysical Union v. Texaco Inc., 60 F.3d 913 (2d. Cir. 1994),
　cert. dismissed, 516 U.S. 1005 (1995) ··225-226
Amsterdam v. Triangle Publications, 93 F. Supp. 79 (E.D. Pa. 1950), *aff'd
　on opinion below*, 189 F.2d 104 (3rd Cir. 1951) ·······································120
Apple Computer, Inc. v. Franklin Computer Corp, 714 F.2d 1240 (3d Cir.
　1983), *cert. dismissed*, 464 U.S. 1033 (1984) ····································111-112
Apple Computer, Inc. v. Microsoft Corp., 35 F.3d 1435 (9th Cir. 1994),
　cert. denied, 513 U.S. 1184 (1995) ··118
Arnstein v. Porter, 154 U.S. 464 (2d Cir. 1946) ······················180-184, 185-187
Ashton-Tape Corp. v. Ross, 916 F.2d 516 (9th Cir. 1990) ·····························168
*Altai*ケース (→ Computer Associates International, Inc. v. Altai, Inc.)

B

Baker v. Selden, 101 U.S. 99 (1889) ···77-79
BellSouth Advertising & Pub. Co. v. Donnelley Information Pub. Inc., 999
　F.2d 1436 (11th Cir.1993) ···130
Bleistein v. Donaldson Lithographing Co., 188 U.S. 239 (1903) ···················121
Bonito Boats, Inc. v. Thunder Craft Boats, Inc., 489 U.S. 141 (1989) ···7, 266
Brandir International, Inc. v. Cascade Pacific Lumber Co., 834 F.2d 1142
　(2d Cir. 1987) ··125
Burrow-Giles Lithographic Co. v. Sarony, 111 U.S. 53 (1884) ·············120-121

C

CCC Information Services, Inc. v. Maclean Hunter Market Reports, Inc.,
　44 F.3d 61 (2nd Cir. 1994) ···131-132
Campbell v. Acuff-Rose Music, Inc., 510 U.S.569 (1994) ············210, 219-224
Carol Barnhart Inc. v. Economy Cover Corp., 773 F.2d 411 (2d Cir.
　1985) ··124-125

1 判例索引

Carter v. Helmsley-Spear, Inc., 71 F.3d 77 (2nd Cir.1995), *cert. denied*, 517 U.S. 1208 (1996) ···250
Chamberlain v. Feldman, 300 N.Y. 135 (1949) ··160
Childress v. Taylor, 945 F.2d 500 (2d Cir. 1991) ····································168
Columbia Pictures Industries, Inc v. Redd Horne, Inc., 749 F.2d 154 (3d Cir. 1984) [*Redd Home* ケース] ···149
Columbia Pictures Industries, Inc. v. Professional Real Estate Investors, Inc., 866 F.2d 278 (9th Cir. 1989) [*Real Estate* ケース] ·························148
Community for Creative Non-Violence v. Reid, 490 U.S. 730 (1989) ···163-166
Compco Corp. v. Day-Brite Lighting, Inc., 376 U.S. 234 (1964) ···················6
Computer Associates International, Inc. v. Altai, Inc., 982 F.2d 693 (2d Cir. 1992) [*Altai* ケース] ··99, 114-117, 118, 180
Continental Casualty Co. v. Beardsley, 253 F.2d 702 (2d Cir. 1958) ············80

D

De Acosta v. Brown, 146 F.2d 408 (2d Cir. 1944), *cert denied*, 325 U.S. 862 (1945) ···201
Donaldson v. Beckett, 4 Burr. 2408 (H.L. 1774) ··57

E

Eldred v. Ashcroft, 123 S. Ct. 769 (2003) ··42-46, 68
Entertainment Research Group, Inc. v. Genesis Creative Group, Inc., 122 F.3d 1211 (9th Cir.1997), cert. denied,118 S.Ct. 1302 (1998) ···136-137
Erickson. v. Trinity Theatre, Inc., 13 F.3d 1061 (7th Cir. 1994) ···168
Erie Railroad Co. v. Tompkins, 304 U.S. 64 (1938) ······························27-28
Estate of Hemingway v. Random House, 23 N.Y. 2d 341 (Court of Appeals of New York, 1968) ··34
Estate of Martine Luther King, Jr., Inc. v. CBS, Inc, 194 F.3d 1211 (11th Cir. 1999) ···32-33

F

Feist Publications, Inc. v. Rural Telephone Service Co., 499 U.S. 340 (1991) [*Feist* ケース] ··83-85, 117, 130, 134
Folsom v. Marsh, 9 Fed.Cas. 342 (No. 4901) (C.C.D.Mass.1841) ···············209
Fonovisa, Inc. v. Cherry Auction, Inc., 76 F.3d 259 (9th Cir.1996) ······191, 194

270

Fort Knox Music, Inc. v. Baptiste, 203 F.3d 193 (2d Cir. 2000) ·············237

G

Gershwin Publishing Corp. v. Columbia Artists Management, Inc., 443
  F.2d 1159 (2d Cir. 1971) ···189
Gillman v. American Broadcasting Co., 538 F.2d 14 (2d Cir. 1976)······245-246
Goldstein v. California, 412 U.S. 546 (1973) ···8,86
Gracen v. Bradford Exchange, 698 F.2d 300 (7 th Cir. 1983) ···················136

H

Harper & Row Publishers Inc. v. Nation Enterprises., 471 U.S. 539
  (1985) ··43,211-219
Herbert Rosenthal Jewelry Corp.v. Kalpakian, 446 F.2d 738 (9th Cir.
  1971) ···82
Hines v. Davidowitz, 312 U.S. 52 (1941) ···5
Hoehling v. Universal City Studios, 618 F.2d 972 (2d Cir.), *cert. denied*,
  449 U.S. 841 (1980) ···101-105,183

I

Infinity Broadcast Corp. v. Kirkwood, 150 F.3d 104 (2d Cir. 1998) ············219
International News Service v. Associated Press, 248 U.S. 215 (1918)
  [*INS*ケース]···27

K

Kewanee Oil Co. v. Bicron Corp., 416 U.S. 470 (1974) ·······························8
Key Publications, Inc. v. Chinatown Today Publishing Enterprises, Inc.,
  945 F.2d 509 (2nd Cir. 1991) ···131
Kieselstein-Cord v. Accessories by Pearl, Inc, 632 F.2d 989 (2d Cir. 1980) 124
King Features Syndicate v. Fleischer, 299 F. 533 (2d Cir. 1924) ···············108
*Krofft*ケース (→ Sid & Marty Krofft Television Productions, Inc. v.
  McDonald's Corp.)

L

Lee v. A.R.T. Company, 125 F.3d 580 (7th Cir. 1997) ······················137-138
Lewis Galoob Toys, Inc. v. Nintendo of America, Inc., 964 F.2d 965 (9th
  Cir.), *cert. denied*, 113 S.Ct. 1582 (1993) ···145
Lotus Development Corp. v. Borland International, Inc, 49 F.3d 807 (1st

1 判例索引

Cir. 1995), aff'd per curiam, 516 U.S. 233 (1996) ·················118-119
L. Batlin & Son, Inc. v. Snyder, 536 F.2d 486 (2nd Cir.), cert. denied, 429 U.S. 857 (1976) ··136

M

MAI Systems Corp. v. Peak Computer, Inc., 991 F.2d 511 (9th Cir. 1993) [*MAI*ケース] ···144, 157-158
Magic Marketing, Inc. v. Mailing Services of Pittsburgh, Inc., 634 F.Supp. 769 (W.D.Pa.1986) ··100
Mason v. Montgomery Data, Inc., 967 F.2d 135 (5th Cir. 1992) ·············120
Matthew Bender & Co. v. West Pub. Co., 158 F.3d 693 (2nd Cir. 1998), cert. denied, 526 U.S. 1154 (1999) ····································130
Mazer v. Stein, 347 U.S. 201 (1954) ·····················41, 122-123
Midler v. Ford Motor Co., 849 F.2d 460 (9th Cir. 1988) ·····················30
Micro Star v. Formgen Inc., 154 F.3d 1107 (9th Cir.1998) ·····················145
Millar v. Taylor, 98 Eng. Rep. 201 (K.B. 1769) ·····················58
Mirage Editions, Inc. v. Albuquerque A.R.T. Co, 856 F.2d 1341 (9th Cir. 1988) ··137
Morrissey v. Procter & Gamble Company, 379 F.2d 675 (1st Cir, 1967)　80-81

N

*Napster*ケース (→ A&M Records, Inc. v. Napster, Inc.)
Nash v. CBS, Inc., 899 F.2d 1537 (7th Cir. 1990) ·····················104-106
National Basketball Association v. Motorola Inc., 105 F.3d 841 (2nd Cir. 1997) ··28
New York Times Company, Inc. v. Tasini, 533 U.S. 483 (2001) [*Tasini*ケース] ··132-134
Nichols v. Universal Pictures Corp., 45 F.2d 119 (2nd Cir 1931) [*Nichols*ケース] ··96-98, 113, 115, 180, 183

O

Oboler v. Goldin, 714 F.2d 211, 213 (2d Cir. 1983) ·····················241
Oddo v. Ries, 743 F.2d 630 (9th Cir. 1984) ·····················167, 234
On Command Video Corp. v. Columbia Pictures Industries, 777 F.Supp. 787 (N.D.Cal.1991) [*Command Video*ケース] ·····················150-151

P

1 判例索引

Playboy Enterprises, Inc. v. Frena, 839 F.Supp. 1559 (M.D.Fla.1993) ······198
Princeton University Press v. Michigan Document Services, Inc., 99 F.3d 1381 (6th Cir.1996) ··228
Pushman v. New York Graphic Society, Inc, 287 N.Y. 302 (1942) ······159-160

Q

Quality King Distributors, Inc. v. L'anza Research International, Inc., 523 U.S. 135 (1998) ··207-208

R

Recording Industry Ass'n of America v. Diamond Multimedia Systems, Inc.,180 F.3d 1072 (9th Cir. 1999) ···254-255
Religious Technology Center v. Netcom On-Line Communication Services, Inc., 907 F. Supp. 1361 (N.D.Cal.1995) [Netcomケース]························198
Reyher v. Children's Television Workshop, 533 F.2d 87 (2d Cir.), cert. denied, 429 U.S. 980 (1976) ··98
Rosemont Enterprises, Inc. v. Random House, Inc, 366 F.2d 303 (2d Cir. 1966), cert. denied, 385 U.S. 1009 (1967) ··102
Rushton v. Vitale, 218 F.2d 434 (2d Cir. 1995) ·······································239

S

Sears, Roebuck & Co. v. Stiffel Co., 376 U.S. 225 (1964) ···························6
Sega Enterprises Ltd. v. Accolade, Inc., 977 F.2d 1510 (9th cir. 1992) 229-232
Shapiro, Bernstein & Co. v. H.L. Green Co., 316 F.2d 304 (2d Cir. 1963) ···189-191
Shaw v Lindheim, 919 F.2d 1353 (9th Cir. 1990) ·····················110,1877-188
Sid & Marty Krofft Television Productions, Inc. v. McDonald's Corp., 562 F.2d 1157 (9th Cir. 1977) [Krofftケース] ·······································186-187
Smith v. Montoro, 648 F.2d 602 (9th Cir. 1981) ························25,246-247
Sony Computer Entertainment Inc. v. Connectix Corp., 203 F.3d 596 (9th Cir.), cert. denied, 531 U.S.871 (2000) ···232
Sony Corp. of America v. Universal City Studios, Inc., 464 U.S. 417 (1984) [Sonyケース] ···40,192-194,217-218
Steinberg v. Columbia Pictures Industries, Inc., 663 F.Supp. 706 (S.D.N.Y., 1987) ···184-185
Stern Electronics, Inc. v. Kaufman, 699 F.2d 852 (2d Cir. 1982) ·········95,117
Stewart v. Abend, 495 U.S. 207 (1990) ···175-176

273

1 判例索引

S.O.S. Inc. v. Payday, Inc. 886 F.2d 1081 (9th Cir.1989) ······················168,196

T

Tasini ケース (→ New York Times Company, Inc. v. Tasini)
Toksvig v. Bruce Publications Corp., 181 F.2d 664 (7th Cir. 1950)
··103,105-106,162
Twentieth Century Music Corp. v. Aiken, 422 U.S. 151 (1975) ·····················41

U

Universal City Studios, Inc. v. Corley, 273 F.3d 429 (2nd Cir. 2001) ···261-265
Universal City Studios, Inc. v. Reimerdes, 111 F. Supp. 2d 294 (S.D.N.Y. 2000)···262
Universal City Studios, Inc. v. Reimerdes, 111 F. Supp. 2d 346 (S.D.N.Y. 2000)···262

W

Wainwright Securities, Inc. v. Wall Street Transcript Corp., 558 F.2d 91 (2d Cir. 1977) ···211
Walt Disney Productions v. Air Pirates, 581 F.2d 751 (9th Cir. 1978), *cert. denied*, 439 U.S. 1132 (1979) ···109
Warner Brothers Pictures v. Columbia Broadcasting System, 216 F.2d 945 (9th Cir. 1954), *cert. denied*, 348 U.S.971 ··109
Warner Brothers, Inc. v. AmericaBroadcasting Companies, Inc., 720 F.2d 231 (2nd Cir. 1983) ···107
Wayne K. Pfaff v. Wells Electronics, Inc., 525 U.S. 55 (1998) ·····················16
West Publishing Co. v. Mead Data Central, Inc., 799 F.2d 1219 (8th Cir. 1986), *cert. denied*, 479 U.S. 1070 (1987) ···130
Wheaton v. Peters, 33 U.S. 591 (1834) ···59
Whelan Associates, Inc. v. Jaslow Dental Laboratory, Inc., 797 F.2d 1222 (3d Cir. 1986), *cert. denied*, 479 U.S. 1031 (1987) ············112-115,117
White v. Samsung Electronic America, Inc, 971 F.2d 1395 (9th Cir. 1992) ···30
Williams v. Crichton, 84 F.3d 581 (2d Cir. 1996) ································100-101

Z

Zippo Manufacturing Co. v. Zippo Dot Com, Inc., 952 F.Supp. 1119 (W.D.Pa. 1997)···237-238

2 事項索引

あ 行

アクセス・コントロール (access control) ……………………258-260
米国憲法第1編第8条第3項 (→「コマース条項」) ……………20,87
米国憲法第1編第8条第8項 (→「特許・著作権条項」) ……19-20,40,121
米国憲法第6編第2項 (→「最高法規条項」) ……………………………5
「ありふれた場面」("scenes a faire")の法理 …………………100-101
アン制定法 (Statute of Anne) 57-59
依拠していないこと (independent creation) ………………82,196
ウルグアイ・ラウンド合意法 …………………66-67,256-257
映画その他の視聴覚著作物 (motion pictures and other audiovisual works) ………………90,94-96
演劇の著作物 (dramatic works) ……………………………90,94
「公」(publicly)の意味 ………143-151
オリジナル性(originality) …71,82-85
音楽の固定 …………67,87,256-257
音楽の著作物 (musical works) ……………………………90,91-92
オンライン・サービス・プロバイダ (Online Servise Provider) ………………198-201,205-206

か 行

絵画, グラフィック及び彫刻の著作物 (pictorial, graphic, and sculptural works) ……………90,119-126
外来的テスト (extrinsic test) ……………………………186-188
家庭内録音法 (AHRA) ……66,203, 254-256
過渡的複製 (temporary/transitory reproduction) ………………88,157
カラー化 (colorization) …………129
間接侵害 (indirect infringement) ……………………………188-194
外国著作物の保護 (foreign works) ………………67,74,139-141
合衆国政府の著作物 (United States Government Works) ……141-142
可分性 (divisibility) …………………161
希釈化理論 (dilution) …………26-27
機能的 (functional) ……………20-21
キャラクター (characters) ……………106-110,136-137
救済方法 (remedies) ………238-242
強制許諾 (compulsory license) ……………………………94,154-156
共同著作物 (joint works) ………161, 166-169
虚偽広告 (false advertisement) …25
寄与責任 (contributory infringement) ………………189,192-194,204-205
刑事罰 (criminal penalties) ……242
懈 怠 (laches) ……………………197
建築の著作物 (architectural works) ……………………………90,126-127
権利回復著作物 (restored works)

275

..................140-141
権利制限規定 (limitations on exclusive rights) 151-158,195
権利付与の終了 (termination of transfers) 170-171
権利の移転 (transfer) 169-170
権利の譲渡 (assignment) 169
権利の帰属形態(ownership) 161-169
言語の著作物 (literary works)
..........................89,99-119
現実損害(actual damages) ...239-240
更　新 (renewal) 174-176
抗　弁 (defenses) 195-209
公　有 (public domain).........10-11,
57-61,173
固定性 (fixation) 13,38,71,
86-89,257
コピー (copy) 86
「コマース条項」(Commerce Clause)
.....................................20,87
コモン・ロー上の著作権 (common law copyright) 4,32-35,57-61,159
コンセプトと雰囲気 (concept and feel) 188
コンピュータ・プログラム (computer programs) 63,110-119
―オブジェクトコード (object code) 111-112,230-231
―三段階テスト([抽象化－ろ過－対比]) 115-117,180
―ソースコード (source code)
..................................111,230
―ユーザー・インターフェース (user interface) 117-119

さ　行

最恵国待遇 (Most Favored Nation Treatment) 54
「最高法規条項」(Supremacy Clause)
.....................................5
サイバー・スクワッティング (cyber squatting) 17-18
詐　欺 (fraud) 179
差止請求 (injunction) 238-239
産業政策的アプローチ..............
三段階テスト (three step test)
..........................115-117,180
1909年法 (Copyright Act of 1909)
.....................................59-60
1976年法 (Copyright Act of 1976)
..............60-64,64-68,159-161
CCC（著作権複写センター）......226
視覚芸術の著作権の権利に関する法律 (VARA) 64,244-252
視覚芸術の著作物 (works of visual arts) 158,249-250
「時間移動」("time-shifting") 194,218
自然権的アプローチ......................35
シビル・ロー系とコモン・ロー系 (civil law and common law) 36-39
実演権 (performance right)
.........................143-144,146-151
「実質的な非侵害の使用」("substantial noninfringing use") 193
実質的類似性 (substantial similarity)
....179-186
実用品 (useful art) 122-126
事物管轄(subject matter jurisdiction)
....235-236
写　真 (photographs) 120-121
集合著作物 (collective works)
....128,162
修正第1条 (First Amendment) (→「表現の自由」) 42-46,210-211,

........................213, 261-264
小規模事業における例外規定
........................153-154
商事上の誹謗・中傷（commercial disparagement）........................25
商　標（trademark）..........4, 16-23
職務著作物（works made for hire）
........................38, 162-166
ジュースボックス（jukebox）...63, 156
人的管轄（personal jurisdiction）
........................236-238
製造条項（manufacturing clause）
........................48, 138-139
正当化根拠（justification）......40-47
専　占（preemption）...4-12, 61, 197
船体デザイン（Vessel Hull Design Protection Act of 1998）7, 265-267
善意侵害（innocent infringement）
........................201
ソースコード 111, 230
組織的コピー........................225-226
訴訟手続（procedural matters）
........................234-238
訴訟費用（costs）.............241-242
ソニー・ボノ法（CTEA）...42-47, 68

た　行

代位責任（vicariously infringement）
........................189-191, 205
タイプフェイス（typeface）...121-122
大陸法系と英米法系（シビル・ロー系とコモン・ロー系）.................36-39
建物の著作物（architectural work）
........................90, 126-127
地　図（Maps）........................120
知的財産権（Intellectual Property）
........................3-4

抽象化テスト（abstraction test）
........................96-99
懲罰的損害賠償（punitive damages）
........................241
直接侵害（direct infringement）
........................179-188
－アクセス（access）.........179-186
－外来的テスト（extrinsic test）
........................186-188
－「コンセプトと雰囲気」（"concept and feel"）........................188
－実質的類似性（substantial similarity）................179-186
－本来的テスト（intrinsic test）
........................186-188
著作権局（Copyright Office）...75-76
著作権（copyright）...4, 13-14, 19-23
－管理情報........................260
著作者人格権（moral rights）
........................50, 158, 243-252
－氏名表示権（right of attribution）
........................243-244, 248
－同一性保持権（Right of Integrity）
........................243-244, 246, 248-249
データベース（database）...134-135
デジタル・ミレニアム法（DMCA）
........................232
－アクセス・コントロール（Access control）........................258-260
－技術的保護手段の回避の禁止（anti-circumvention）...258-260
－著作権管理情報（Copyright Management Information）.........260
デュー・プロセス（due process）
........................140-141, 236
当事者適格........................234
「特別な要素」（extra elements）

277

2 事項索引

....11-12
「特許・著作権条項」(Patent-Copyright Clause) 19-20,40,121
特　許 (patent) 4,14-16,19-23
トレード・シークレット (Trade Secret) 4,8,28-30
「独自の」保護 ("*sui generis*" protection) 4,64,134-135,253,266
TRIPS協定 53-54
展示権 (display right) 143-144, 146-151

な 行

内国民待遇 (National Treatment) 49,53
生の音楽実演 (live music) (→「音楽の固定」) 67-68,256-257
ノーティス・アンド・テイクダウン (notice and takedown) 200

は 行

排他的権利 (exclusive rights)の種類 143-151
派生的著作物 (二次的著作物) (derivative works) 128-129,135-138
排他的ライセンス (exclusive license) 169
発　行 (publication) ...32-34,59-62
パッシング・オフ (詐称通用) (passing off) 24-25
派生的著作物を作る権利 (→「翻案権」) 143-146
パブリシティの権利 (right of publicity) 4,29-30
パブリック・ドメイン (公有) (public domain) ix,6,10-11,57-61,173
パロディ (parody) 219-226

万国著作権条約 (U.C.C.) 50-51
半導体チップ (semiconductor chips) 122,253-254
パントマイム及び舞踊の著作物 (pantomimes and choreographic works) 90,94
頒布権 (distribution right) 143-144,146
非営利・教育目的コピー 226-229
「額に汗」("sweat of the brow") 85,104,120
表現の自由 (freedom of expression) 42-46,210-211,213,261-264
表現・アイデア二分法 (expression/ idea dichotomy) 76-79,96
ファースト・セール・ドクトリン (first sale doctrine) 65,152-153, 206-209
フェア・ユース (fair use) ...151,195, 203,209-233,263-265
　―核心 (heart) 217,222
　―第1ファクター (利用の目的) (purpose of use) 210,213, 215-216,218
　―第2ファクター (著作物の性質) (nature of copyrighted work) 210,213-214,216,218
　―第3ファクター (利用された部分の量及び本質性) (substantiality and amount of portion) 210,214,216-218
　―第4ファクター (市場への影響) (potential market, effect of use) 210,215,217-219
　―風刺 (satire) 221,224-225
　―変形 (transformative use) 216,220-221,224

278

複製権(reproduction right) …143-144
複写機によるコピー（photocopying)
　………………143-144,225-229
不正競争法 (unfair competition law)
　………………………4,17,23-31
不正利用の理論 (misappropriation)
　……………………………27-28
フリーランサー(freelancer)…132-134
編集著作物 (compilation) …128-129,
　　　　　　　　　　　　130-135
ベルヌ条約執行法（BCIA）…62-64,
　　　　　　　　　　　　　244
ベルヌ条約 (Berne Convention)
　……………………………49-50
弁護士費用 (attorney's fee) ……74,
　　　　　　　　　　　241-242
法廷地 (venue) ……………………238
放　棄 (abandonment) …………197
方式主義と無方式主義 …………59-64
方式 (formalities) ………72-76,88-89
　－登記 (recordation) ………63.74
　－登録 (registration) ………63,72,
　　　　　　　　　　　　　73-76
　－納付 (deposit) …………………73
　－表示 (notice) ………59-60,72-73
法定損害賠償 (statutory damages)
　………………63,74,240-241
保護期間 (duration) ………42-47,61,
　　　　　　　　　　　172-177
保護対象 (subject matter) ……71-89
保護要件 (statutory requirements)
　……………………………90-142
本　国 (country of origin) ………63
「ほんの少しの創作性」("modicum of
　creativity") ………………82-85,119
本来的テスト (→intrinsic test)
翻案権 (adaptation right) …143-146

ビデオゲーム ………………95-96,145
　ま 行
マスクワーク (mask works)
　………………………4,122,253-254
ミスユース (misuse) ……………196
未利用のアイデア (undeveloped idea)
　……………………………31-32
　や 行
ユーザー・インターフェイス…117-119
融合法理（マージ理論)(merger
　doctrine) …………………79-81
輸　入 (import) ……………206-209
　ら 行
ライセンス (license) ………166-167,
　　　　　　　　　　　169,196
　－排他的ライセンス (exclusive
　　license) ……………………169
　－非排他的ライセンス (none-
　　xclusive license) ……………169
ランハム法 (Lanham Act) ………17
利　益 (profits)………………239-240
リバース・エンジニアリング (reverse
　engineering) ………………229-233
リバース・パッシング・オフ（逆詐称
　通用)(reverse passing off) 25,247
利用可能化権 ………………………206
歴史研究 (historical research)
　……………………………101-106
レコード (phonorecord) …………86
連邦法と州法との関係 (federal law
　and state law) …………………4-12
録音物のデジタル実演権に関する法律
　……………………………67,154
録音物 (sound recordings)

279

2 事項索引

·················8,91-93,154,173
ロング・アーム法（long-arm statute）
·································236-237

わ 行

WIPO実演・レコード条約（WPPT）
·································54-56
WIPO著作権条約（WCT） ······54-56

3 英文索引

A

abandonment（→放棄）............197
abstraction test（→抽象化テスト）
　..................................96-99
access（→アクセス）............179-186
access control（→アクセス・コントロール）..........................258-260
actual damages（→現実損害）
　.................................239-240
adaptation right（→翻案権（派生的著作物を作る権利））............143-146
Agreement on Trade-Related Aspects of Intellectual Property Right（→TRIPS協定）........53-54
architectural works（→建築の著作物）
　..............................90,126-127
assignment（→権利の譲渡）......164
attorney's Fee（→弁護士費用）
　............................74,241-242
Audio Home Recording Act of 1992（→家庭内録音法（AHRA））
　.....................66,203,254-256
anti-circumvention（→技術的保護手段の回避の禁止）...............258-260

B

Berne Convention Implementation Act of 1988（→ベルヌ条約執行法（BCIA））................62-64,244
Berne Convention（→ベルヌ条約）
　....................................49-50

C

characters（→キャラクター）
　.......................106-110,136-137
civil law and common law（→大陸法系と英米法系（シビル・ローとコモン・ロー系））...................36-39
classroom use（→非営利・教育目的コピー）...........................226-229
collective works（→集合著作物）
　..................................128,162
colorization（→カラー化）.........129
Commerce Clause（→コマース条項）
　.....................................20,87
commercial disparagement（→商事上の誹謗・中傷）....................25
common law copyright（→コモン・ロー上の著作権）....4,32-35,57-61,159
compilation（→編集著作物）
　...........................128-129,130-135
compulsory license（→強制許諾）
　.............................94,154-156
computer programs（→コンピュータ・プログラム）..............63,110-119
concept and feel（→コンセプトと雰囲気）...................................188
contributory infringement（→寄与責任）............189,192-194,204-205
Copyright Act of 1909（→1909年法）
　....................................59-60
Copyright Act of 1976（→1976年法）
　...............................60-68,159-161
Copyright Clearance Center（→CCC

281

(著作権複写センター)))············226
Copyright Office (→著作権局)
···75-76
copyright (→著作権) 4,13-14,19-23
copy (→コピー)································86
Copyright Management Information
 (→著作権管理情報)···············260
costs (→訴訟費用)··············241-242
country of origin (→本国)·········63
criminal penalties (→刑事罰)····242
cybersquatting (→サイバー・スクワッ
 ティング)································17-18

D

database(→データベース)···134-135
defenses (→抗弁)················195-209
deposit (→納付)·····························73
derivative works (→派生的著作物(二
 次的著作物))········128-129,135-138
display right (→展示権)···143-144,
 146-151
distribution right (→頒布権)
···143-144,146
Digital Millennium Copyright Act of
 1998 (→デジタル・ミレニアム法
 (DMCA))············68,232,257-265
Digital Performance Right in Sound
 Recording Act of 1995 (→録音物の
 デジタル実演権に関する法律)
···67,154
dilution (→希釈化理論)·········26-27
direct infringement (→直接侵害)
···179-188
divisibility (→可分性)·················161
dramatic works (→演劇の著作物)
···90,94
due process (→デュー・プロセス)
···140-141,236
duration (→保護期間)······42-47,61,
 172-177

E

exclusive license (→排他的ライセン
 ス)···169
exclusive rights (→排他的権利)
···143-151
expression/ idea dichotomy (→表現・
 アイデア二分法)············76-79,96
extra elements (→特別な要素) 11-12
extrinsic test (→外来的テスト)
···186-188

F

fair use (→フェア・ユース)
······151,195,203,209-233,263-265
false advertisement(→虚偽広告)···25
federal law and state law (→連邦法
 と州法との関係)····················4-12
First Amendment (→修正第1条(表
 現の自由))······42-46,210-211,213,
 261-264
first sale doctrine (→ファースト・セ
 ール・ドクトリン)······65,152-153,
 206-209
fixation (→固定性)·········13,38,71,
 86-89,257
foreign works (→外国著作物の保護)
···67,74,139-141
formalities (→方式)······72-76,88-89
fraud (→詐欺)···························179
freedom of expression (→表現の自
 由)······42-46,210-211,213,261-264
functional (→機能的)············20-21

H

historical research（→歴史研究）
................................101-106

I

import（→輸入）...............206-209
indirect infringement（→間接侵害）
................................188-194
injunction（→差止請求）......238-239
innocent infringement（→善意侵害）
......................................20
Intellectual Property（→知的財産権）
....................................3-4
intrinsic test（→本来的テスト）186-188

J

joint works（→共同著作物）......161
jukebox（→ジュークボックス）
................................63,156
justification（→正当化根拠）...40-47

L

laches（→懈怠）........................197
Lanham Act（→ランハム法）......17
license（→ライセンス）...166-167,196
limitations on exclusive rights（→権利制限規定）..........................195
literary works（→言語の著作物）...89
live music（→生の音楽実演（音楽の固定））....................67-87,256-257
long-arm statute（→ロング・アーム法）
................................236-237

M

manufacturing clause（→製造条項）
......................................48

maps（→地図）.....................120
mask works（→マスクワーク）　4,122
merger doctrine（→融合法理）...79-81
misappropriation（→不正利用の理論）
.................................27-28
misuse（→ミスユース）............196
"modicum of creativity"（→『ほんの少しの創作性』）.....................119
moral rights（→著作者人格権）
................................50,158
Most Favored Nation Treatment（→最恵国待遇）..........................54
motion pictures and other audio-visual works（→映画その他の視聴覚著作物）.............................90
musical works（→音楽の著作物）　90

N

National Treatment（→内国民待遇）
......................................53
nonexclusive license（→非排他的ライセンス）.............................169
notice（→表示）............59-60,72-73
notice and takedown（→ノーティス・アンド・テイクダウン）............200

O

object code（→オブジェクトコード）
........................111-112,230-231
Online Service Provider（→オンライン・サービス・プロバイダ（OSP））
................................205-206
originality（→オリジナル性）......71
ownership（→権利の帰属形態）
................................161-169

P

pantomimes and choreographic works（→パントマイム及び舞踊の著作物）……………90
parody（→パロディ）………219-226
passing off（→パッシング・オフ（詐称通用））………………24-25
patent（→特許）………………4
Patent-Copyright Clause（→特許・著作権条項）………………121
performance right（→実演権）
………………143-144, 146-151
personal jurisdiction（→人的管轄）
………………236-238
phonorecord（→レコード）………86
photocopying（→複写機によるコピー）…………………225-229
photographs（→写真）………120-121
pictorial, graphic, and sculptural works（→絵画,グラフィック及び彫刻の著作物）………………90
preemption（→専占）………61, 197
procedural matters（→訴訟手続）
………………234-238
profits（→利益）………………239-240
public domain（→パブリック・ドメイン（公有））………10-11, 57-61, 173
publication（→発行）………32-34
publicly（→公の意味）………143-151
punitive damages（→懲罰的損害賠償）
………………241

R

recordation（→登記）………63, 74
registration（→登録）…63, 72, 73-76
remedies（→救済方法）……238-242
renewal（→更新）………………174-176
reproduction right（→複製権）
………………143-144
restored works（→権利回復著作物）
reverse engineering（→リバース・エンジニアリング）………………229-233
reverse passing off（→リバース・パッシング・オフ（逆詐称通用））…247
right of attribution（→氏名表示権）
………………243-244, 248
right of integrity（→同一性保持権）
………………243-244, 246, 248-249
right of publicity（→パブリシティの権利）………………4
right to prepare derivative works（→翻案権（派生的著作物を作る権利））
………………143-146

S

Sonny Bono Copyright Term Extension Act of 1998（→ソニー・ボノ法（CTEA））………42-47, 68
Statute of Anne（→アン制定法）
………………57-59
Supremacy Clause（→最高法規条項）
………………5
satire（風刺）………………221, 224-225
scenes a faire（→ありふれた場面の法理）………………100-101
semiconductor chips（→半導体チップ）………………122, 253-254
sound recordings（→録音物）
………………8, 154, 173
source code（→ソースコード）
………………111, 230
statutory damages（→法定損害賠償）
………………63, 74

statutory requirements (→保護要件)
subject matter (→保護対象)…71-89
subject matter jurisdiction (→事物管轄)……………………………………
"substantial noninfringing use"(→『実質的な非侵害の使用』)………193
substantial similarity (→実質的類似性)……………………………179-186
sui generis (→『独自の』保護)
……………………4,64,134-135,253,266
"sweat of the brow" (→『額に汗』)
……………………………………104,120

T

temporary/ transitory reproduction (→過渡的複製)………………………88
termination of transfers (→権利付与の終了)………………………170-171
The Chace Act……………………48,138
three step test [abstraction-filtration-comparison] (→三段階テスト([抽象化-ろ過-対比]))
………………………………115-117,180
"time-shifting" (→『時間移動』)…194
trademark (→商標)………………………4
trade secret (→トレード・シークレット)………………………………4,8
transfer (→権利の移転)……169-170
transformative use (変形) ……216, 220-221,224
typeface (→タイプフェイス) 121-122

U

U.C.C. ……………………………50-51
undeveloped idea (→未利用のアイデア)………………………………31-32
unfair competition law (→不正競争法)……………………………………4,17
United States government Works (→合衆国政府の著作物)………141-142
Universal Copyright Convention (U.C.C.) (→万国著作権条約) …50-51
Uruguay Round Agreements Act of 1994 (→ウルグアイ・ラウンド合意法)………………………………256-257
useful art (→実用品) ………122-126
user interface (→ユーザー・インターフェース)……………………117-119

V

venue (→法廷地) ……………………238
vessel hull design(→船体デザイン) 7
vicariously infringement (→代位責任)
……………………………………189-191,205
Visual Artists Rights Act of 1990 (→視覚芸術の著作権の権利に関する法律 (VARA)) ……………………………64

W

WIPO Copyright Treaty (WCT) (→WIPO著作権条約) ……………54-56
WIPO Performances and Phonograms Treaty (WPPT (→WIPO実演・レコード条約) …54-56
works of visual arts (→視覚芸術の著作物)……………………………………158
works made for hire (→職務著作物)
………………………………………………38

285

4 条文索引

米国著作権法（Title 17 of USC, Copyright Act of 1976）

102条 ……………62	106条A(e) ……251-252	205条(d) ……………74
102条(a) …71,90,127,158	107条…………121,195,209-210,226-227	301条 ……9-12,61,93,173,197
102条(a)(1) …………99	108条 ……156,228-229	302条……………………68
102条(a)(2) ……91,158	108条(h) ……………46	302条(a) ………61,173
102条(a)(3) …………94	109条(a) …152,207-208	302条(b) …………173
102条(a)(4) …………94	109条(b) ……63,152	302条(c) …………61
102条(a)(5) ………119	109条(c) …………153	303条(a) …………173
102条(a)(6) …………94	110条 ……………153	303条(c) …………173
102条(a)(7) …………92	110条(5)(b) ……46,154	304条(a) …………174
102条(a)(8) ………126	111条 ……………155	304条(b) …………174
102条(b) ……10,76-77	113条 ……………156	304条(c) …………170-171
103条 ……………128-138	113条(d) ……156,158,248-249	304条(d) …………170-171
103条(a) …………130	114条 ……………154	401条 ……………72-73
103条(b) …………124	115条 …………154,245	401条(a) …………61
104条………61,139-140	116条……………63,156	402条 ……………72-73
104条A ……67,140-141	117条(a) …………157	405条 …………61,72
105条 ……………141-142	117条(c) …………157	406条……………………72
106条 ……………143-146	118条 ……………156	407条 …………62,75
106条(1) ………143-144	119条 ……………156	408条(a) …………73
106条(2) …143-144,245	120条 ……………158	408条(b) …………75
106条(3) …143-144,207	201条(a) …………161,166	410条(a) …………75
106条(4) ………143-144	201条(b) …………161-162	410条(c) ……74,179
106条(5) ………143-144	201条(c) …………132,162	411条(a) ……74,179,235,240
106条(6) ………67,93,143-144	201条(d) …161,169,234	412条 ……………63,74
106条A ……………39	202条 ……………159	501条(a) …………179
106条A(a)(1) ……248	203条 …………170,245	507条 ……………179
106条A(a)(2) ……248	203条(b) ………161,171	512条……………………68
106条A(a)(3) ……248	204条 …………167,169	512条(a) ……199,206
106条A(b) …………251	205条 ……………170	512条(b) ……199,200
106条A(d) …………252	205条(c) …………74-75	512条(c) ……199-200

4 条文索引

512条(d) ········200,205	902条 ··············253	1201条(a)(2) ····;····258
512条(g) ············200	904条 ··············254	1201条(b) ···········258
512条(i) ········200,205	905条 ··············253	1201条(c) ···········260
602条(a) ········206-208	906条 ··············253	1201条(d) ···········259
501条 ···············207	907条 ··············254	1201条(f) ······232,259
502条 ··········238-239	908条 ··············254	1202条 ··········68,260
503条 ···············239	1001条··············255	1203条·········260-261
503条(c) ············229	1002条··············254	1204条··············261
504条 ···············238	1003条··············255	1301条··············266
504条(a) ············239	1004条··············255	1302条··············266
504条(b) ········239-240	1006条··············255	1304条··············267
504条(c) ········240-241	1007条··············255	1305条··············267
505条 ··········241-242	1008条··············256	1306条··············266
506条 ···············242	1009条··············256	1309条··············267
507条(b) ············235	1101条···67,87,256-257	1310条·········266-267
601条 ···············138	1201条 ··········68,257	1322条··············267
901条 ···············253	1201条(a)(1)···258-260	1329条··············267

〈著者〉

白鳥綱重（Tsunashige SHIROTORI）

1996年　早稲田大学法学部卒業
1998年　早稲田大学大学院法学研究科修士課程修了
1998年　文部省（現文部科学省）入省
2002年　ワシントン大学ロースクール修士課程（知的財産権法専攻）
　　　　（IP LL.M.）終了
現　在　文部科学省高等教育局私学部私学行政課

アメリカ著作権法入門

2004（平成16）年8月30日　初版第1刷発行	5558.0101

著　者　　白　鳥　綱　重
　　　　　（しろ　とり　つな　しげ）
発行者　　今　井　　　貴
発行所　　信山社出版株式会社
　　〒113-0033 東京都文京区本郷6-2-9-102
　　　　　　電　話　03(3818)1019
　　　　　　Fax　03(3818)0344
　　　　　　info@shinzansha.co.jp
制　作　　株式会社　信　山　社
　　　　　　　笠間来栖支店
　　〒309-1625 茨城県笠間市来栖2345-1
　　Tel 0296(71)0215　Fax 0296(72)5410
　出版契約No.5558.01010　Printed in Japan

Ⓒ白鳥綱重, 2004, 印刷・製本／東洋印刷・大三製本
ISBN 4-7972-5558-7 C 3332
5558-120-080-020
NDC 分類 328.510

Ⓡ〈日本複写権センター委託出版物〉本書の無断複写は、著作権法上での例外を除き、禁じられています。本書からの複写は、日本複写権センター（03-3401-2382）の許諾を得て下さい。

ドイツ法からの示唆

知的財産法の基礎理論

布井要太郎 著

定価：本体 5,600円（税別）

ドイツの特許権・商標権・著作権の用尽理論
商品の形態保護、従業者発明の法理論的考察
ファイファー博士　フェルツァー教授
「企業秘密」・「ドメイン名」の論文を翻訳・紹介
わが国知的財産法の理論水準を高揚する

3224　定価:本体 5,600円(税別)　信山社

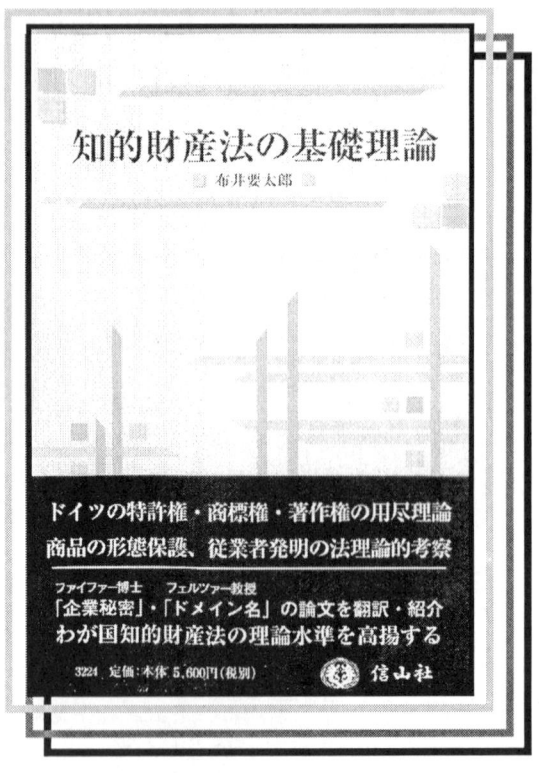

★★★★日本の知的財産法を高揚する名著★★★★
　近年議論の激しい問題群にドイツ法の観点から新しい道筋を示す。「ドイツにおける特許権／著作権の用尽理論」、「『青色発光ダイオード』事件の一試論」等、鋭い法理論を展開。